독자의 1초를 아껴주는 정성!

세상이 아무리 바쁘게 돌아가더라도
책까지 아무렇게나 빨리 만들 수는 없습니다.
인스턴트 식품 같은 책보다는
오래 익힌 술이나 장맛이 밴 책을 만들고 싶습니다.

땀 흘리며 일하는 당신을 위해
한 권 한 권 마음을 다해 만들겠습니다.
마지막 페이지에서 만날 새로운 당신을 위해
더 나은 길을 준비하겠습니다.

독자의 1초를 아껴주는
정성을 만나보십시오.

미리 책을 읽고 따라해 본 2만 베타테스터 여러분과
무따기 체험단, 길벗스쿨 엄마 기획단,
시나공 평가단, 토익 배틀, 대학생 기자단까지!
믿을 수 있는 책을 함께 만들어주신 독자 여러분께 감사드립니다.

(주)도서출판 길벗　　　www.gilbut.co.kr
길벗이지톡　　　www.eztok.co.kr
길벗스쿨　www.gilbutschool.co.kr

한 권으로 끝내는
테마주
투자

한 권으로 끝내는 테마주 투자

초판 1쇄 발행 · 2020년 4월 15일
초판 7쇄 발행 · 2021년 3월 13일

지은이 · 박민수(샌드타이거샤크)
발행인 · 이종원
발행처 · (주)도서출판 길벗
출판사 등록일 · 1990년 12월 24일
주소 · 서울시 마포구 월드컵로 10길 56 (서교동)
대표전화 · 02)332-0931 | **팩스** · 02)322-0586
홈페이지 · www.gilbut.co.kr | **이메일** · gilbut@gilbut.co.kr

기획 및 책임편집 · 오시정(sjoh14@gilbut.co.kr)
영업마케팅 · 최명주, 전예진 | **웹마케팅** · 이정, 김진영
제작 · 손일순 | **영업관리** · 김명자 | **독자지원** · 송혜란, 홍혜진

디자인 및 전산편집 · 엔드디자인
CTP 출력 및 인쇄 · 북토리 | **제본** · 신정문화사

ⓒ 박민수, 2020

ISBN 979-11-6521-108-0 13320
(길벗 도서번호 070405)

정가 22,000원

독자의 1초까지 아껴주는 정성 '길벗출판사'

(주)도서출판 길벗 | IT실용서, IT/일반 수험서, IT전문서, 경제실용서, 취미실용서, 건강실용서, 자녀교육서
더퀘스트 | 인문교양서, 비즈니스서
길벗이지톡 | 어학단행본, 어학수험서
길벗스쿨 | 국어학습서, 수학학습서, 유아학습서, 어학학습서, 어린이교양서, 교과서

네이버포스트 · https://post.naver.com/gilbizigy
유튜브 · https://www.youtube.com/ilovegilbut
페이스북 · https://www.facebook.com/gilbutzigy

한 권으로 끝내는 테마주 투자

박민수(샌드타이거샤크) 지음

무관심에 사서
뜨거운 관심에
팔아라!

 길벗

테마주 가치투자로
삶의 방향을 바꾸다

투자전문가로 발돋움하기까지

만 20년차 샐러리맨인 나는 10년 전 종잣돈 3천만 원으로 시작한 주식투자로 8억 원 이상 수익을 거뒀다. 투자 원금 3천만 원이 1년 후 1억 원으로, 이듬해에는 2억 원으로 매년 차곡차곡 불어났고 수익도 커졌다. 주식투자 수익 8억 원으로 부채 없이 30평대 목동 재건축 아파트도 마련했다. 지방 촌동네 흙수저의 대반전이다. 처음 직장생활을 시작했던 20년 전 전세금 5천만 원의 다세대주택 전세살이에서 장족의 발전이다. 내 주식투자 경험이 특별했는지 2014년에는 머니투데이, 한국경제 등에 뉴스화되기도 했다.

이번이 두 번째 책이다. 평범한 직장인이지만 20년 투자 내공 덕에 작가로도 불린다. 수많은 언론에 책이 소개되었고 작가 인터뷰도 했다. 투자전문가로 머니투데이방송(MTN), 토마토TV 등에 다수 출연했다. 특히, 테마주 가치투자법

투자 경험 노하우를 모티브로 (좌) 머니투데이 토요일자 지면, (우) 한국경제신문 인터넷판에 관련 기사가 실렸다.

머니투데이방송(MTN) 아침 생방송 '출발 마켓온'에 출연해 테마주 가치투자에 대해 강연하기도 했다.

도 두 번이나 방송에 소개되었다. 앞으로 책 출간과 동시에 테마주 가치투자 시리즈 증권방송도 예정되어 있다.

내가 다니고 있는 회사에는 5년 전부터 투자 제한이 있다. 내 경우 투자 원금은 최대 5~6천만 원이다. 수익금은 재투자할 수 없다. 수익이 발생할 경우 수익금을 덜어내고 재투자가 가능하다. 집필로 인해 투자를 쉬기 전인 2019년 5월까지 지난 2년간, 약세장임에도 수익률은 매년 100%에 육박한다. 투자 원금이 더 컸다면 더 큰 수익이 가능했으리라.

2017년 5월부터 2년간 평균 투자액 5,500만원으로 총 1억 524만원 수익을 냈다. 매매일자는 연간 10~20일로 월 1~2일 매매했다.

주식투자를 시작하게 된 이유

20년째 다니고 있는 회사는 여의도 증권유관기관이다. IMF 외환위기 시절 밤잠 안자고 공부해서 어렵게 얻은 금융권 직장이다. 좋은 직장이기에 입사 후 10년간 주어진 길로만 가면 성공한다고 믿었다. 인생을 걸어볼 만한 안전한 길이라고 생각했다. 직장에서 성공하기 위해 매순간 열심히 일했다. 몸을 혹사시켜 가며 야근하고 자기계발한 덕에 동기들보다 승진도 2년이나 빨랐다.

헌데, 10년 전 어머니가 물으신 "넌 무얼 잘하느냐?"는 질문에 '안전불감증' 인생 판이 뒤집혔다. 10년간 성공 비결이 몸 생각 안하고 하루 종일 회사일만 한 것인데 평생 그리 살아야 한다고 생각하니 깜깜했다. 그동안 마음의 여유가 없으니 가정, 건강, 취미, 노후준비 등은 포기해왔다. 꼬박꼬박 부어온 개인연금 2천만 원을 중도 해약해 부랴부랴 주식판에 뛰어들었지만, 공부 없이 투자한 기업은 상장폐지되었고 대출받아 산 경기도권 아파트의 집값은 반토막이 났다. 그때서야 안전운행이 보장되었다고 확신했던 기차궤도도 나이가 들면 가팔라지고 때로는 끊긴다는 불안감이 난생 처음 들었다.

경제학에서 말하는 생산의 3요소는 노동, 자본, 토지다. 헌데, 지난 37년 동안 나는 안정된 직장 내에서 초고속 승진을 위해 오직 노동만 혹사시켰다. 토지와 자본도 맞물려야만 톱니가 잘 돌아가는데 말이다. 문제는 늙어죽을 때까지 노동만 할 것이라는 사실이다. 삶의 판을 360도 바꿔 보기로 했다. 38살부터 현재까지, 지난 10년간 '투자 습관'이라는 궤도로 기찻길을 옮겼다. 절차탁마하고 원칙을 세워 준비된 투자를 하니 기찻길이 그리 가파르지만은 않았다. 이제는 꾸준한 수익 덕에 탈선 불안감도 없다. 월급에만 내 노후를 맡기지 않으니 아끼려고 아둥바둥하지 않아도 되었다. 월급은 저축에 구애받지 않고 영리하게 소비하되, 투자 수익으로 노후를 준비하는 가성비 높은 삶을 살고 있다.

수익은 올리고 리스크는 낮춘 테마주 가치투자를 시작하다

나는 기업 재무가치를 바탕으로 저평가 여부를 판단하는 가치투자자다. 하지만 가치투자 방식에는 몇 가지 치명적인 단점이 있다. 잃지 않는 안전함을 높여주지만 저평가 소외주의 경우에는 주가가 상승할 때까지 오래 기다려야 한다. 또한, 기업의 실적이 좋아도 글로벌 약세장에는 장사가 없다. 실적과 산업 환경은 변화무쌍하다. 투자 당시에는 호실적이었지만 갑자기 적자로 돌변하는 경우도 발생했다. 약세장과 실적 변화에도 견딜 대안이 필요했다.

그 답은 반복되는 경험치가 쌓여 만들어진 '테마 학습 효과'였다. 학습 효과 Studying Effect의 사전적 정의는 특정한 작업을 여러 번 '반복'함으로써 더욱 숙달되는 현상이다. 투자의 포인트는 '반복'에 있다. '투자 기회는 돌아온다'는 의미다. 품종 개량을 위해 접붙이기를 하듯 가치투자에 테마를 붙였다. 엄격한 가치투자 기준도 테마주임을 감안해 조금 완화시켰다. 망할 기업, 주가버블, 고점 물량폭탄만 발라냈다. 여기에 약세장에도 테마 투자기회는 돌아오니 정체된 박스피 주식시장에서도 높은 수익률을 낼 수 있었다.

그동안 쌓아 온 경험을 바탕으로 이 책에 테마주 가치투자의 모든 것을 담았다. 테마주와 가치투자를 어떻게 연결할 수 있는지, 테마주에 적합한 분석법과 각종 전략은 무엇인지, 어떤 종목들이 있는지 궁금하다면 책장을 넘겨 보자.

저자 **박민수**

· 차례 ·

테마주를 선택할 때 테마만 강조하면 안 된다. 기업을 보지 않고 테마에만 집중하면 전체를 보지 못하고 일부만 보게 된다. 투자의 기본은 투자할 기업의 가치를 판단하는 것부터 시작한다. 단순히 테마 매력에만 빠져 기업의 운영 능력이나 가치를 확인하지 않으면 리스크는 커진다. 테마주의 장점을 최대한 끌어올리고 가치투자 측면의 리스크를 최소화하기 위해 신호등 종목 분석표를 활용해 보자.

1부

테마주란 무엇이고
어떻게 가치투자하는가

Chapter 1

테마주 제대로 알기

테마주의
정의와 매력

'테마주'란 무엇인가

'테마'의 사전적 정의는 작가의 주장이나 사상, 철학이다. 작가의 개성이 드러나기에 독창적일수록 매력적이지만 친숙하지 않아서 대중이 외면하기 쉽다. 그래서 새로운 것과 친숙한 것 사이에 타협은 적당히 필요하고 여기에 대중이 받아들일 수 있는 보편성, 논리를 갖춘 합리성이 포함되어야 한다.

시대상을 반영한 모두의 관심사가 주류 테마다. 종합해 보면 주류 테마는 사상과 철학(개성), 합리성, 보편성, 시대상을 두루 갖춰야 한다. 바로 이러한 테마를 주식시장과 연결해 놓은 것이 테마주다. 테마주는 다양한 사상과 개성을 주식에 담았다. 쉽게 말해 계절, 정치, 남북경협, 방위산업 등과 같은 각자의 성격이 있다. 또한 파블로프의 개 실험에서와 같이 특정 이벤트마다 주가 상승이 반복되면 그 경험이 쌓인다. 쌓인 데이터는 보편성을 높이며 수치를 예측할 수 있기 때문에 합리적인 가정이 가능하다. 테마주는 그 특성 때문에 돈이 된다 싶으면 쏠림 현상이 두드러진다. 이 현상 덕분에 핫이슈 주류 테마가 된다.

테마주는 1990년대부터 언급되기 시작했는데, 코스닥에 상장된 IT 기업들이 주로 2000년대까지 버블을 만들었다. 그 후로 바이오, 엔터테인먼트, 자원 개발, 정치인맥주 등 시대상을 반영한 테마가 계속 만들어지고 있다. 신조어가 오랫동안 일상어로 쓰이면 표준어가 될 수 있듯이 테마주도 투자 경험치가 반복되면 동일한 주가 움직임을 선별해 낼 수 있다. 반복되는 패턴이 있기에 일반적인 투자 공식이 된다.

테마주, 이래서 좋다

이슈가 되면 큰 상승으로 이어진다

테마는 현재 떠오르는 쟁점으로, 세상의 관심 대상이다. 뉴스거리가 되면 거래량이 늘어서 주가도 상승한다. 투자자의 입장에서 용수철처럼 단기간에 뛰어오르는 주가 급등은 좋은 일이다.

반복 경험은 학습 효과를 높인다

똑같은 이슈에 주가 급등이 반복되다 보면 경험치가 쌓인다. 황사 바람에 마스크주가 매년 급등하는 경우를 예로 들 수 있다. 과거에 경험한 학습 효과가 있기 때문에 이번 황사 바람에도 주가는 급등할 것으로 예상할 수 있는 안정적인 투자다.

고민 없이 사고팔기

급등 정점을 알고 있으면 언제 매도해야 할지 몰라 스트레스 받을 일이 없다. 설정해 놓은 알람시계처럼 고점을 기다리면 된다. 테마주 바람이 불어올 길을 선점하면 되는 매우 간단한 투자다. 무관심할 때 저점에 주식을 매수하고 모두 관심을 가지는 디데이, 고점에 팔면 된다.

기업가치를 더한 균형 있는 투자법은 필수

테마주를 선택할 때 테마만 강조하면 안 된다. 기업을 보지 않고 테마에만 집중하면 전체를 보지 못하고 일부만 보게 된다. 투자의 기본은 투자할 기업의 가치를 판단하는 것이다. 단순히 테마 매력에만 빠져 기업의 운영 능력이나 가치를 확인하지 않으면 리스크는 커진다. 테마주의 장점을 최대한 끌어올리고 가치투자 측면의 리스크를 점검하기 위해 저자가 직접 고안한 '신호등 종목 분석표'로 종목을 분석해 보자. 이 리스크를 제대로 확인하면 실패할 확률이 줄어들 것이다.

차트 분석보다 기업가치가 먼저다

주식투자의 분석 방법은 상호 보완관계인 기본적 분석과 기술적 분석으로 나뉜다. 기본적 분석은 기업의 실적과 재무 가치를 중심으로 한 가치투자다. 쉽게 말해 기업의 건실함을 보는 것으로 빚은 많이 없는지, 보유한 현금은 많은지 등을 확인한다. 기술적 분석은 거래량과 차트 중심의 테마적 측면이 강하다. 기업의 건실함보다는 오직 차트를 토대로 앞으로 주가의 움직임만 예측한다.

실적과 재무 가치, 거래량과 차트는 시장을 움직이는 중심축이다. 4가지 요소들이 톱니바퀴처럼 유기적으로 맞물려야 움직인다. 이 중 가장 큰 바퀴는 실적과 재무 가치다. 그 이유는 첫째, 실적과 재무 가치를 제대로 파악하지 않으면 부실기업을 만나기 쉽기 때문이다. 기업이 없어지면 차트 분석은 무의미해진다. 둘째, 미래 기대치가 높은 주식을 저가에 선점하기 위해서이다. 실적과 재무 가치는 뉴스나 증권사 리포트 등을 통해 미래를 예측할 수 있지만 거래량과 차트는 과거의 기록일 뿐이다. 셋째, 차트는 과거의 주가 변동을 살펴보는 데 용이하지만, 현재와 동일한 조건을 기준으로 변동 추이를 비교해야 한다. 실적이 오르면 주가도 상승한다. 현재 수입이 과거보다 높아졌는데 과거의 주가와 단순 비교하는 것은 옳지 않다. 동일한 시가총액$^{주식 수 \times 주가}$을 맞추려고 할 때에도 주식 수가 증가하면 주가는 내리기 때문에 과거의 주가와 단순 비교는 맞지 않을 수 있다.

▼ 기본적 분석, 기술적 분석 비교

기본적 분석(기업 재무 분석)	기술적 분석(주가 차트 분석)
실적과 재무 가치	거래량·차트(학습 효과)
가치투자 분야	테마 분야

2

테마주의 특징과
투자 전략

테마주의 종류

이 책에서는 테마주를 6가지로 나누었다. 테마주 특징은 다음과 같이 지속성, 성장성, 확장성, 사람 리스크로 구분한다. 특징별 투자 전략은 아래와 같다.

① 계절주: 계절에 따른 주가 급등
② 정책주: 정부의 정책 발표에 따른 주가 급등
③ 남북경협과 방산주: 남북 관계에 급등락 반복
④ 엔터테인먼트주: 흥행에 민감
⑤ 정치주: 선거에 따른 주가 급등
⑥ 품절주: 주식 유통량이 적어 매물 잠김

▼ 테마주 특징별 투자 전략

구 분	특 징	관련 테마
지속성	뉴스거리가 계속 있다.	정치주
성장성	정책에 따라 장기간 실적 개선을 이룰 수 있다.	정책주
확장성	종목 확장성이 낮다면 기존 주식이 계속 소환되니 변화가 적다.	계절주, 남북경협주·방산주, 품절주
사람 리스크	테마 당사자인 사람이 기회이자 위기이므로 사람 리스크 확인은 필수다.	정치주, 엔터테인먼트주

정치주는 한 번에 끝나지 않는다

지속성은 테마 이슈가 계속되는지 여부다. 일반적으로 단기 이슈는 뉴스가 보도되면 더 이상 화젯거리가 없지만, 만약 더 나올 뉴스가 있다면 지속성은 오래간다. 선거는 장기 레이스이기 때문에 뉴스는 지속적으로 나오게 되고 각종 이벤트는 끊임없는 관심의 대상이 된다. 입당, 당 대표 선출, 대선 출마 선언, 후보 확정 등과 함께 여론조사 결과가 주가를 상승시키는 방아쇠 역할을 한다. 한 번에 끝나지 않기 때문에 고점 매도 이후에도 눌림목상승세를 타고 있는 종목이 수급 등의 요인으로 일시적인 하락세를 보이는 것에서 저점 매수 기회를 엿보자.

정책주는 가치투자 대상이다

성장성은 실적 개선으로 회사가 크는 것이다. 정책과 관련된 테마인 정책주는 정부의 적극적인 지원을 받아 회사 실적이 좋아지고 가치투자 입장에서도 좋은 투자처가 된다. 미래 산업으로 각광받고 있는 바이오, 로봇, 수소차, 5G 등이 대표적인 예다. 장기간 투자하면 성장 과실을 얻을 수 있고 성장 가능성이 높다면, 정책주는 자녀들에게 증여하기에도 좋은 종목이다.

종목 교체가 적은
계절주, 남북경협주(방산주), 품절주를 노려라

확장성은 종목이 늘어나는 것이다. 확장성이 높은 테마주는 정치주, 정책주, 엔터테인먼트주 등이다. 새로운 정치인과 인맥, 시대 변화에 따른 정책, 케이팝 스타 등이 등장할 수 있다. 이에 따라 주식에서도 종목이 늘어나면 기존 종목은 매력이 사라질 수 있다. 다시 진입할 수 없다면 그때부터는 테마에서 탈락이라고 보아야 한다.

확장성이 낮다는 것은 잦은 종목 교체가 없다는 것이다. 즉, 종목 교체가 적으니 한번 알아 두면 평생 써먹을 수 있다는 의미이다. 초보 투자자나 은퇴자에게 최적의 투자 대상이다. 확장성이 낮은 테마로는 계절주, 남북경협주·방산주, 품절주가 있다. 계절은 1년마다, 남북 대치는 수시로 바뀌니 이미 나올 종목은 다

나왔다고 보면 된다. 새롭게 등장하는 종목이 많지 않다. 품절주는 최대주주 지분율이 매우 높아야 한다. 최대주주 지분율을 높이기 위해서는 돈이 많이 들기 때문에, 새로운 품절주가 생겨나기는 쉽지 않다.

정치주와 엔터테인먼트주, 사람을 믿지 마라

정치와 엔터테인먼트의 공통점은 사람에 의한 변동이 심하다는 것이다. 사람을 잘 만나면 물 만난 물고기처럼 급등하지만 반대로 순식간에 하락하기도 한다. 대선 후보 1위였던 정치인의 불출마 선언에 모든 관련 정치주가 소멸되었다. 원정 도박, 성 접대 논란으로 시끄러운 엔터테인먼트 회사도 실적 악화와 주가 급락을 겪었다. 절대 사람만 보고 있으면 안 된다.

왜 테마주를
위험하다고 할까?

기습 작전일수록 실력은 필수다

가치주가 점진적 상승을 노리는 정공법이라면 테마주는 치고 빠지는 것이 중요한 기습 작전이다. 기습은 1~2일에서 길어야 1~2주 안에 끝난다. 모두의 기대와는 반대로 판이 흔들리기 일쑤고 호재에도 급락하거나, 악재에는 투매 물량을 받아 급등하기도 한다. 이유 없는 급등락도 심한데, 주가가 하루 10~20% 이상 흔들리니 고점에 매수하고 저점에 매도하는 실수를 저지르기도 쉽다. 테마주에 투자하다 보면 생각하지 못한 곳에서 기습을 당하기 때문에 이에 대응하기 위해서는 공부가 필수다. 테마주는 실력 있는 프로들만 살아남는 세계라는 것을 기억해야 한다.

테마주 투자에 실패하는 이유

① 기업가치를 분석하지 않는다

치킨 가게를 하나 차린다고 해도 상권 분석은 기본이다. 테마주에 투자하는 사람 중에는 단기 급등만 노리고 하루 승부에만 몰두하느라 기업가치를 제대로 분석하지 않는 경우가 많다. 기업의 본질을 무시한 채 리스크를 키우는 투자 방식은 올바른 투자법이 아니다. 기업 분석에 필요한 각종 정보와 담을 쌓고 살면 주가 버블인지, 부실기업인지, 주식 투매 물량인지 알 수 없다. 그저 오늘 하루 기업이 망하지 않고 2~3%의 수익만 내면 그만이다. 하루살이처럼 주식시장에 뛰어들면 마음이 불안하고 시세판을 벗어나기 힘들다. 오히려 자신의 본업에 영향을 끼칠 만큼 피곤해진다. 급등락이 심한 테마주는 고위험 투자이기에 철저한 준비가 선행조건이다. 최소한 자신이 투자하려는 기업이 어떤 기업인지 정도는 확인하고 매수해야 한다.

② 손절매를 투자 필살기로 계속 사용한다

일부 주식 전문가는 손절매선을 지키라고 말한다. 이는 단기 급등에 큰 손해를 보지 않는 방법일 수 있다. 하지만 정도의 차이가 있을 뿐이지 손해는 손해다. 2%씩 다섯 번을 잃으면 10% 손해. 10%를 잃은 후 다시 11%를 벌었다 하더라도 최소한 원금 대비 약 1% 손해를 본 셈이다. 손절매를 전제로 하면 매수가 쉽다. 정해진 손해율이면 바로 빠져나오면 되니 분석할 이유도 없다. 분석이 없다면 선택한 기업이 적자가 누적된 부실기업일 수 있다. 주가가 떨어져 손실이 생겼을 때 추가 매수를 진행해 매수 단가를 낮추기는 쉽지 않다. 결국 투자한 기업을 믿을 수 없으니 손절매 외에 대안이 없게 된다.

손절매는 실력을 쌓는 필살기가 아니다. 손절매만 믿고 생각 없이 매수하는 습관이 생길 뿐이다. 테마주는 작전 세력 간의 트릭이 많기 때문에 급등락 폭이 심하다. 손절매 선을 지켰지만 이후부터 급등하기도 한다. 그때부터 아쉬움에 재매수하지만 또다시 주가가 손절매 선까지 내리니 손절매가 반복된다. 때로는 순간 급락으로 손 쓸 시간도 없이 손절매 선을 놓치기도 한다.

③ 테마 늪에서 빠져나오지 못한다

테마주는 한번 들어가면 그 늪에서 벗어나기 힘들다. 적당한 수익이 나면 그것에 만족해야 하는데 그렇지 못하기 때문이다. 큰 수익이 나고 있는 중이면 욕심이 생겨 매도 결정에 망설임이 생긴다. 2~3%의 잦은 수익이 반복되면 또 이길 것이라는 근거 없는 자신감까지 더해진다. 도박과 같이 이번까지만 하고 그만둔다고 결심하지만 큰 손해를 입기 전까지 그 끈을 놓을 수가 없다. 요행수도 2~3번이면 끝이다. 급등으로 손실을 볼 위험만 높아졌기 때문에 재빨리 빠져나와야 한다. 기습 작전 테마주는 작전상 후퇴가 빠르다. 퇴각 명령이 떨어지면 욕심을 버리고 재빨리 나와야 한다. 빠져나올 수 있는 기회를 알고도 놓친다면 손해는 계속될 것이다.

④ 조급함 때문에 심리 싸움에서 패한다

조급함은 빨리 부자가 되겠다는 욕심이다. 세력이 옮겨 가기 전 단기 승부를 보려 하기 때문에 마음이 바쁘다. 조급함은 흥분을 만들고 실수를 유발한다. 급등 정점 후 투자를 하거나 매도 뒤 더 비싼 가격에 재매수하게 된다. 요행수 수익으로 기분이 좋아 고민 없이 이 종목 저 종목 불나방처럼 매수한다. 상한가(급등주) 따라잡기 투자는 좋지 않다. 예측과 달리 상한가가 풀리거나 급락하는 반전도 있기 때문이다. 미국과 이란 간 전쟁 우려로 방산주 빅텍이 상한가를 쳐도 밤새 두 국가의 정상이 화해 분위기를 조성하면 다음 날 바로 급락하기도 한다. 조급하게 투자하면 고가 매수와 저가 매도를 반복하며 심리가 무너지고 될 대로 되라 식의 자포자기 심정이 된다. 절제력과 판단력을 잃으니 잦은 매수와 손절매로 투자 금액만 줄어든다.

⑤ 운을 실력이라고 믿고 투자 금액을 무리하게 키운다

2~3번 우연히 요행수로 수익을 냈다고 실력으로 착각하면 안 된다. 자신의 실력을 잘못 알면 투자 금액을 키워 한번에 몰아서 매수하는데, 탐욕에 눈이 멀어 100% 확실하다고 하지만 뜬구름 잡기일 뿐이다. 그러나 큰 실패를 맛보기 전에는 요행수 투자 방식을 바꾸려고 하지 않는다. 신용 융자나 미수와 같이 기한이 정해진 빚 투자는 더욱 위험하다. 위탁증거금^{결제 이행 보증금} 40%만으로 매수할 경우 매수일로부터 2영업일 후인 결제일에 부족분 60%를 채워야 한다. 매수 당시 신용 융자로 미리 대출을 받을 수 있다. 만약 신용 융자가 없다면 결제일에 부족분을 갚아야 하고, 갚지 못하면 결제일 다음 날 미수^{결제 대금 완납 불이행} 처리가 된다. 금액을 키운 투자는 대패한 후에야 정신을 차리게 된다.

실패를 되짚어 보면 투자 기회가 보인다

'실패는 성공의 어머니'라는 말이 있다. 패배자는 실패를 실패로만 끝내지만 바둑의 고수처럼 실패를 복기하며 답을 찾는 노력을 한다면 결국 성공하게 된다. 다음 쪽에서 테마주 투자 실패의 원인에 대한 해답을 살펴보자. 테마주 가치투자에서 투자 원칙, 매수와 매도 전략 등을 제대로만 안다면 실패할 확률이 크게 줄어든다.

테마주 실패 이유에서 찾는 성공법

실패 원인	실패 예방법
기업가치를 분석하지 않는다.	기업가치 분석으로 리스크를 줄인다. 망할 기업, 주가 버블, 물량 폭탄은 피하고 이길 싸움에만 뛰어든다.
손절매를 투자 필살기로 계속 사용한다.	기업가치가 좋으면 추가 매수로 매수 단가를 낮춰 끝까지 승부한다.
테마 늪에서 빠져나오지 못한다.	기업가치를 기준으로 시가총액, 주가수익비율^{PER}, 시가배당률 기준으로 빠져나온다. 학습 효과에 비추어 과거 고점, 이벤트 디데이, 저항선 등에서 빠져나온다.
조급함 때문에 심리 싸움에서 패한다.	느림보 투자자가 된다. 저점 매수 구간에서 매수하고 테마 바람이 불면 빠져나온다.
운을 실력이라고 믿고 투자 금액을 무리하게 키운다.	미리 추가 매수 구간을 정하고 나눠서 산다. 기한이 정해진 미수, 신용 융자 등 빚 투자는 하지 않는다.

테마주에도 가치투자는 필수다

테마주 가치투자란

테마와 가치투자의 만남이다. 테마주 가치투자의 특징은 다음과 같다. 첫째, 테마의 장점인 반복성, 고점 매도 디데이와 무관심 저점 매수 구간 찾기가 핵심 전략이다. 과거 거래량, 차트 분석 등을 통해 반복성 경험치를 뽑아낸다. 둘째, 가치투자의 장점인 위험 회피다. 망할 기업 피하기, 주가 버블 피하기, 물량 폭탄 피하기를 더한다. 셋째, 가치투자의 또 다른 장점인 매력적인 저평가 기업 찾기다. 시가총액, 미래 PER, 시가배당률^{배당금÷현재 주가}로 매력적인 기업인지를 판단할 수 있다.

테마 장점	가치투자 장점	
	위험 회피	저평가 호재
테마 반복성 발견 • 고점 매도 디데이 • 무관심 저점 구간	망할 기업 피하기 주가 버블 피하기 물량 폭탄 피하기	시가총액 저평가 미래 PER 저평가 시가배당률 저평가

테마주 가치투자의 장점

테마와 가치투자의 장점을 섞어 시너지 효과를 노린다

테마주의 장점은 살리고 기업가치를 찾으니 균형이 맞다. 약세장에서는 기업가치보다 테마 이슈가 더 드러나서 좋고, 강세장에서는 기업가치에 따라 점진적 주가 상승을 기대할 수 있다. 장점만 결합하니 서로 이득인 셈이다.

테마는 가치투자의 단점을 보완할 수 있다

테마가 매력적인 이유는 여러 가지인데 그중 가장 큰 장점은 첫째, 스포트라이트를 한 몸에 받는다는 것이다. 관심도 증가는 거래량을 부르고 거래량은 주가 급등을 만든다. 반면, 실적 개선과 자산 증가에도 관심 대상에서 멀어진다면 거래량이 부족한 소외주가 된다.

둘째, 테마는 이벤트 디데이가 있다. 디데이 부근이 주가 고점이기 때문에 매도가 쉽다. 반면, 가치투자주는 지속적으로 우상향하므로 매도 이후에도 느리지만 계속 상승할 수 있다.

셋째, 테마주에는 저점 매수 기회가 있어 좋다. 테마 바람이 지나가고 나면 급등한 만큼 내려간다. 만약 반복성이 높다면 사람들이 무관심한 때가 저점 매수 기회다. 반면, 가치투자주는 대기 수요가 많기 때문에 원하는 기대 수준까지 저점이 내려가지 않을 수 있다.

가치투자는 테마주 단점을 보완할 수 있다

가치투자의 핵심은 기업의 본질이다. 망할 기업, 주가 버블, 물량 폭탄은 없는지 꼼꼼하게 점검한다. 합리적인 이유로 리스크를 피할 수 있어서 투자가 불안하지 않다. 가치투자는 투자 원칙을 세워 기업가치를 기준으로 저점에 매수하고 고점에 매도하는 전략을 세울 수 있다. 또한 오랜 기다림을 견딜 수 있으며 손실이 났을 때에는 추가 매수도 가능하다.

5

위험을 피하고
호재를 찾는 법

가치투자로 위험을 피하자

테마주 가치투자는 일반적인 가치투자만큼 기준이 높지 않다. 하지만 망할 기업, 주가 버블, 물량 폭탄이라는 세 가지 리스크 제거는 필수다.

첫째, 망할 기업을 피하는 방법은 과한 당기순손실^{적자}, 높은 부채율^{빚 상환 능력, 부채 ÷ 자산}, 낮은 당좌 비율^{현금 지급 능력, 1년 내 현금화 가능 자산 ÷ 1년 내 갚을 부채}을 갖고 있는 기업을 제외하는 것이다.

둘째, 주가 버블은 미래 PER^{주가수익비율}, 시가총액, 과거 주가 고점으로 판단한다. 높은 PER은 고평가이니 주가 하락 리스크가 크다. 시가총액이 무거워지면 주가를 끌어올리기가 힘들다. 과거 고점은 주가 상승을 막는 강력한 저항선으로 매물 압박이 심할 수 있다.

셋째, 물량 폭탄 가능성을 염두에 두어야 한다. 확인 요소는 유상증자^{주주 돈으로 주식수 늘리기}, 주식 관련 사채 발행^{주식 청구권 + 채권 성격 회사채} 유무다. 주식 관련 사채 주식 청구권^{채권을 주식으로 교체해 달라는 요청}이 남아 있는지도 중요하다. 주가 급등에 최대주주나 자사주^{자기 회사 발행 주식} 투매 경험 여부다. 회사를 가장 잘 아는 내부자가 매도한다면, 강력한 하락 신호라고 보면 된다. 투자경고 종목 등 이상 급등 종목^{주가 과열 종목} 지정이나 공매도^{주식을 빌려 팔고, 주가가 내리면 사서 되갚기} 과열 종목 지정 등은 세력이 떠난다는 신호다. 거래량을 일으키며 세력이 빠져나간 뒤에는 주가는 힘을 잃는다.

▼ 가치투자 위험 회피 방법론

망할 기업 피하기	주가 버블 피하기	물량 폭탄 피하기
• 과한 당기순손실 • 과한 재무 비율 　(부채비율, 당좌비율)	• 미래 PER 고평가 • 시가총액 고평가 • 과거 주가 고점	• 주식 관련 사채 유무 • 유상증자 유무 • 최대주주와 자사주 투매 • 이상 급등 종목 지정 • 공매도 과다

저평가 호재 찾기

기업 리스크를 제거했다면 다음에는 저평가 호재 여부를 점검하자. 시가총액은 일반적인 가치투자법에서는 활용도가 낮다. 시가총액을 질적으로 평가하는 PER^{시가총액 ÷ 당기순이익}이 있기 때문이다. 시가총액이 커도 PER이 낮다면 저평가다. 그런데 테마주는 시가총액이 중요하다. 시가총액이 가벼울수록 적은 돈으로 주가를 끌어올리기가 쉬워 세력들이 좋아하기 때문이다. 호재에 시가총액이 작은 기업은 급등 폭이 더욱 커질 수 있다.

실적 기반 미래 PER과 시가배당률을 기준으로 추가 점검을 한다. 실적이 좋아지면 당기순이익이 늘어 미래 PER과 시가배당률이 좋아진다. PER은 낮을수록 좋고, 시가배당률은 높을수록 좋다. PER은 시가총액만큼 투자할 경우 몇 년간 당기순이익으로 투자금을 회수할 수 있는지 살피는 지표다. 이때 회수 기간이 짧을수록 좋다. PER$^{시가총액 \div 당기순이익}$ 산식을 보면 실적 개선에 분모인 당기순이익이 증가하니 PER은 낮아진다. 시가배당률$^{배당금 \div 현재 주가}$도 실적이 좋아지면 배당금이 올라가니 좋다. 실적 개선이 되면 부채비율과 현금성 자산비율인 당좌비율도 좋아진다. 결국 실적이라는 안전망이 받쳐 주니 테마 이슈가 꺼지더라도 버틸 수 있게 된다. 손실이 나면 기업가치를 판단해 추가 매수 전략도 가능하다.

그 외에도 실적 개선이 되면 가치투자자인 기관과 외국인이 선호하는 주식이 된다. 이들은 실적 개선(저PER), 우량한 재무구조, 저PBR, 고배당 등 합리적 투자 기준을 따른다. 장기 투자자로서 강세장 주가를 강하게 이끌며 약세장 저점 매수로 주가 하락을 막아 준다. 또한 실적 개선이 되면 언론사에서도 언급하기 시작하며 증권사 리포트도 늘어난다. 노출도가 높아지면 주가는 상승하고, 실적 대비 저평가되어 있으므로 지속적인 우상향이 일어날 것이다. 치고 빠지기 위주인 단기 급등락과는 다르게 꾸준하게 매수세가 몰려 주가가 안정적으로 상승한다. 악재보다 호재가 많으면 주가 상승에도 주가 하락을 원하는 공매도가 함부로 들어오기 어렵다.

Chapter 2

위험을 줄이는 테마주 신호등 분석법

◆ 신호등 종목 분석표 ◆

* 초록(양호), 노랑(주의), 주황(경고), 빨강(탈락)

분석 도구	원포인트 투자 진단		신호등
1단계 재무 분석 (기본적 분석)	당기순이익		
	시가총액		
	미래 PER		
	재무비율		
2단계 차트 분석 (기술적 분석)	〈차트〉		
	학습 효과		
3단계 호재와 악재 점검	배당(시가배당률)		
	유상증자 & 주식 관련 사채		
	최대주주 리스크		
	기타		
종합 의견	매수(보류) 이유		
	매매 시점 & 가격		

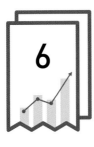

신호등 종목 분석표의 차별성

투자 리스크를 줄이는 신호등 종목 분석표

신호등 종목 분석표는 테마주 투자 리스크를 줄일 수 있는 방탄복이다. 위협으로부터 보호해 주고 적을 공격할 도구가 된다. 위험성은 최대한 낮추고 투자 매력이 높은 기업을 찾아 준다. 과한 당기순손실, 악화된 재무비율(부채비율, 당좌비율 등), 주식 관련 사채 발행과 유상증자 등을 피하면 이미 절반은 성공이다. 기업이 망할 염려가 없다는 것을 확인하면 매력도가 높은 기업을 찾는다. 미래 PER, 시가배당률, 시가총액 등의 가치투자 기준과 차트를 통한 과거 학습 효과 검증이 주된 분석 방법이다. 각종 단계를 거치며 신호등에 주황(경고), 빨강(탈락) 불이 들어오면 제외시켜 매력적인 종목만 남기는 것이다.

기본적 분석과 기술적 분석을 한 번에

신호등 종목 분석표는 30분 만에 완성할 수 있다. 각 지표에 대해 한 줄 코멘트 형식이라 적을 양도 별로 없다. 가치투자의 특성인 기업가치 분석과 테마주 특성인 차트 분석의 균형을 맞추었다. 재무지표를 중심으로 기업가치를 매기는 일은 기본적 분석이고 차트 히스토리 점검은 기술적 분석이다. 테마주 가치투자는 이 두 가지 분석을 모두 활용한다. 기업가치가 좋으면서 차트 반복성이 높은 테마를 찾아보자. 호재와 악재 이슈까지 살펴보면 실속은 모두 챙긴 셈이다. 마지막으로 종합 의견을 적은 뒤 4색 신호등으로 최종 진단을 해 보자.

신호등 종목 분석표 핵심 4요소

신호등 종목 분석표의 특징

4개 지표만으로 기업가치를 알 수 있다

기업가치를 측정하기 위한 재무지표는 무수히 많다. 하지만 가성비 높게 4개

부문(당기순이익, 시가총액, 미래 PER, 재무비율)으로 압축했다. 잃지 않는 가치투자를 위해 꼭 필요한 분석 기준만을 선별했다. 각종 재무 수치들을 일일이 찾아 기록할 필요가 없다. 주의해야 할 특징들만 한두 줄로 압축하는 방식이다.

테마에 맞게 차트 분석을 더한다

차트 분석에서는 차트의 특징과 학습 효과를 살펴본다. 기억해야 할 특정 시점의 차트를 직접 그린 다음 테마 이유, 발생 일자, 주가 등을 적는다. 직접 그려 넣기 때문에 뇌는 그만큼 더 잘 기억한다. 학습 효과란에는 반복된 경험의 특징만 요약해 적는다.

호재와 악재 이슈를 3가지로 압축한다

호재와 악재 이슈도 막상 점검하려면 너무 많아 생각이 정리되지 않는다. 신호등 분석표에서는 간단하게 배당, 유상증자(주식 관련 사채), 최대주주의 3가지로 압축한다. 그 밖의 고려 사항이 있다면 기타란에 간단히 적는다.

최근 3~5년간 기록을 기초로 한다

네이버, 다음 등 포털사이트의 증권면 기업정보는 3~5년치의 재무 정보를 편리하게 보여 준다. 원칙적으로는 3년이지만 시간적으로 여유가 있다면 5년 동안의 기록을 점검하자. 그 이상의 기간은 금융감독원의 기업공시를 활용한다. 다만, 해당 연도별, 자료별로 각각 찾아야 하는 수고로움이 있다.

신호등이 주는 사인대로 투자한다

초록(양호)과 노랑(주의)은 긍정, 주황(경고)과 빨강(탈락)은 부정적 의미다. 빨강이면 투자에서 제외시키는 것이 바람직하다. 보수적 투자자라면 주황(경고)을 없애고, 3색(초록, 노랑, 빨강)으로 운영해도 된다. 주황이 없으니 초록과 노랑이 아니면 무조건 탈락이다.

이 책에서 제시하는 기준들은 하나의 가이드라인이다. 적합한 투자 판단은 본인의 성향과 종목 특성에 따라 가감하기 바란다.

당기순이익

기업가치 점검은 당기순이익부터 시작하라

테마주 기업가치 중 딱 한 가지만 점검하라고 한다면 당기순이익이다. 당기순손실(적자)만 피해도 주식투자는 실패하지 않는다. 당기순이익은 총이익에서 총비용, 세금, 손실을 뺀 차액이다.

- 영업이익 = 매출액 − 매출 원가 − 판매비와 일반 관리비
- 당기순이익 = 영업이익 + 영업 외 손익(영업 외 이익 − 영업 외 비용) + 특별 손익(특별 이익 − 특별 손실) − 법인세

최근 3~5년간 매출액, 영업이익, 당기순이익의 변화를 함께 파악하자. 1년간은 분기 단위로 보고 영업이익 또는 당기순이익이 마이너스라면 신중해야 한다. 실적이 나빠지는 회사일 수 있기 때문에 장기 투자는 불안하다. 최근 3~5년간 한 해라도 적자이면 주황(경고)이다. 초보자나 보수적 투자자의 경우 한 해라도 적자이면 이유를 댈 것 없이 탈락이다. 예외적으로 재무비율이 양호하다면 테마주 특성을 고려해 적은 액수의 당기순손실까지는 신호등을 투자 가능으로 완화할 수 있다. 대신 완화된 기준만큼 리스크는 올라간다.

3년 연속 적자, 최근년도 기준(작년 또는 올해) −50억 이상 적자, 전년 대비 적자 폭 증가 등은 빨강(탈락) 신호등이다. 회사에 돈이 부족해지니 유상증자, 주식 관련 사채 발행, 회사채 등으로 버티는 것이다. 무상감자_{투자자에게 보상 없이 주식 수 줄이기}, 상장 폐지_{주식시장 퇴출}, 청산_{파산 절차 진행}까지 갈 수 있다.

저평가 기업을 찾는 지표가 되는 당기순이익

위험성 점검과 함께 저평가 기업을 찾는 것도 중요하다. 저평가 종목을 찾는 출발점은 미래 당기순이익을 발견하는 데 있다. 미래 당기순이익은 가치투자의 핵심 요소인 미래 PER_{시가총액 ÷ 당기순이익}을 구하는 기준이 된다. 실적이 늘어나면 재무지표가 좋아지고, 무상증자_{회삿돈으로 주식 수 늘리기}나 고배당 가능성도 높아진다.

뉴스 기사, 증권사 분석 보고서 등에는 향후 실적 예측치 등이 친절하게 기재되어 있다. 네이버 등 포털 재무제표 자료에도 이를 선반영해 놓기도 한다.

주요재무정보	최근 연간 실적				최근 분기 실적					
	2016.12	2017.12	2018.12	2019.12(E)	2018.06	2018.09	2018.12	2019.03	2019.06	2019.09(E)
	IFRS 연결	IFRS 연결	IFRS 연결	IFRS 연결	IFRS 연결	IFRS 연결	IFRS 연결	IFRS 연결	IFRS 연결	IFRS 연결
매출액(억원)	6,734	9,502	10,583	11,719	2,891	2,299	2,321	2,682	2,798	3,043
영업이익(억원)	-20	117	506	934	79	175	154	235	233	238
당기순이익(억원)	-26	43	347	672	41	107	119	162	168	162

네이버는 올해 기업 실적 예측치를 E(Expectation) 표시로 기재한다.

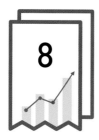

8

시가총액

시가총액이란

시가총액은 주식시장에서 주식이 평가받는 총가치다. 주식 수와 주가를 곱한 것으로 주택 시장에서의 매매가액과 동일하다. 50평형(주식 수)×평당 2,000만 원(주가) 아파트 매매가 10억 원이 시가총액인 셈이다.

> **시가총액 = 주식 수 × 주가**

주식 수나 주가가 변동하면 시가총액도 변한다. 실적(당기순이익)이 좋아지면 주가는 오르니 시가총액이 늘어난다. 시가총액은 변동이 없는데 주식 수만 늘어

나면 주가는 줄어든다. 만약 유상증자로 주식 수가 2배 늘어났다면 동일한 시가
총액이 유지되기 위해 주가는 반으로 줄어든다. 주식 수에 변동을 만드는 요인
은 증자, 감자, 주식 관련 사채 발행, 액면 분할·병합 등이 있다.

주권(주식) 종이에 적힌 가격을 액면가라 한다. 보통 액면가는 100원, 200원,
500원, 1,000원, 2,500원, 5,000원, 1만 원 등이다. 액면가 없는 무액면 주식도
가능하다. 액면 병합은 액면가를 높여 주식 수를 줄이는 것이고, 반대로 액면 분
할은 액면가를 낮춰 주식 수를 늘리는 것이다. 즉, 액면가 500원 10주를 5,000
원 1주로 하는 것이 액면 병합, 5,000원 1주를 500원 10주로 하는 것이 액면 분
할이다.

시가총액을 계산할 때는 주식 수 변동 예측치를 반영해야 한다. 주식 관련 사
채 청구 예정 물량은 시가총액을 계산할 때 포함하여 계산한다. 주식 관련 사채
는 미리 정해진 기간(ex. 5년)이 있는데, 그 기간 내 주식 청구권이 있는 채권이므
로 청구될 주식 수를 미리 시가총액에 반영해 놓는다.(현재 시가총액 1,000억 원 +
전환사채 전환 예정 300억 원 = 1,300억 원으로 시가총액 판단) 3단계 호재와 악재 점검
에서 주식 관련 사채를 공시나 뉴스 등을 통해 추가로 점검할 수 있으니 이를 시
가총액에 더해 생각하면 된다. 반면 증자, 감자, 액면 분할·병합은 예측치 반영
이 필요 없다. 관련 공시^{기업 내부 정보 외부 공개} 이후 1~2개월 내에 주식 수 증감이 바
로 반영되므로 예측치 반영이 필요하지 않은 것이다.

시가총액이 작을수록 매력적인 테마주

테마주는 시가총액이 작을수록 좋다. 몸집이 가벼우니 주가 급등을 일으키기 쉽다. 최대주주 지분율이 높아 유통되는 주식 수가 적으면 더욱 좋다. 시가총액이 500억 원인데 최대주주 지분이 300억 원이라고 가정해 보자. 여기에 50억 원은 펀드 등에서 보유하고 있다면 유통 가능 주식 수는 150억 원이다. 10억 원 투자자 15명만 모이면 물량이 잠길 수 있는 것이다. 이런 종목이 세력이 좋아하는 주식이다. 다만, 시가총액이 작다는 것은 시장에서 소외된 중소형주로 그동안 실적이 안 좋았을 가능성이 높다. 무턱대고 시가총액이 작다고 투자 대상으로 삼아서는 안 된다. 시가총액과 함께 당기순이익, 재무비율 등 재무 가치도 함께 확인해 봐야 한다.

테마주의 매력적인 시가총액은 500억 원 이하다. 주가 급등으로 시가총액이 1,000억 원을 넘어서면 무겁다는 느낌이 들기 시작한다. 무거워질수록 테마주로써 연속 상한가 등 이상 급등은 기대하기 어려워진다. 3,000억 원이 넘을 때부터 테마주 성격은 약해지므로 보수적인 투자자라면 3,000억 원을 초과할 경우 빨간색 신호등으로 봐도 좋다.

다만, 안랩처럼 현재 시가총액이 절대적으로 크더라도 과거 주가 급등 경험치 대비 상대적으로 낮은 경우, 실적 개선으로 미래 PER이 낮은 경우 등은 시가총액 기준을 한 등급씩 완화해도 괜찮다. 시가총액이 커서 주황색 또는 빨간색 신호등이더라도 그 기업이 좋지 않다는 의미는 아니다. 테마 측면에서만 시가총액이 무겁다는 의미이기 때문에 시가총액이 6,000억 원을 초과하더라도 실적이

▼ 시가총액 기준 신호등 종목 분석표

구분	초록	노랑	주황	빨강
일반적	2,000억 원 이하	4,000억 원 이하	6,000억 원 이하	6,000억 원 초과
보수적	1,000억 원 이하	2,000억 원 이하	3,000억 원 이하	3,000억 원 초과

좋고 기업가치가 훌륭(저PER, 고배당, 우량한 재무비율 등)하다면 가치투자 측면에서는 좋은 투자 대상이 될 수 있다.

미래 PER

질적 평가를 나타내는 PER

PER$^{\text{Price Earning Ratio, 주가수익비율}}$은 주가를 EPS$^{\text{Earning Per Share, 주당순이익}}$로 나눈다. 복잡하다면 시가총액을 당기순이익으로 나누면 된다.

$$
\text{PER} = \cfrac{\text{주가}}{\text{EPS} = \cfrac{\text{당기순이익}}{\text{주식 수}}} = \cfrac{\text{시가총액(주가 × 주식 수)}}{\text{당기순이익}}
$$

시가총액이 기업가치에 대한 수량적 표현이라면 PER은 질량적 언급이다. 시가총액이 무겁다·가볍다는 표현은 단순한 평가인데 반해 PER은 시가총액을 당기순이익 관점에서 한 번 더 들여다보기 때문에 '~만큼 무겁다, ~만큼 가볍다' 등 질적 평가가 가능하다. 그만큼 기업가치를 섬세하게 나타낼 수 있다.

PER은 시가총액만큼 투자했을 때 몇 년간의 당기순이익으로 투자금, 즉 시가총액을 회수할 수 있는가를 나타내는 지표다. PER이 10배라면 10년간 당기순이익으로 투자금을 회수한다. PER이 낮을수록 투자금 회수 기간이 짧으니 매력적이다. 당기순손실(마이너스 이익)이면 마이너스 PER로 투자금은 회수할 수 없다. PER은 업종마다 평균치가 다르다. 전통적인 굴뚝기업보다 바이오 기업의 평균 PER이 높다. 신약 개발 가능성에 따른 미래 실적 기대치가 높다 보니 PER 100배도 흔하다. PER이 100배가 되면 지금 세대에서 투자금 회수는 불가능하다고 보면 된다. 현재는 PER 100배지만 신약이 개발되면 이를 앞당길 수 있다는 기대 심리가 낳은 결과다.

PER의 특징

일반적으로 PER이 저평가라는 의미는 하는 일이 동일한 업종 PER 대비 낮거나, 절대적으로 PER이 10배 이하인 경우다. 다만, 동일 업종 대비 저평가 비교는 업종 평균이 버블이 아닐 때 의미가 있다. 강세장 바이오 산업처럼 동일 업종 PER이 과하게 높다면 상대적 비교는 소용이 없다. 주가 급등으로 바이오 산업

평균 PER이 50배라고 가정할 때, 40배 PER인 A사가 저평가되었다고 판단하기에는 무리가 있다. PER 40배만 놓고 보면 투자금 회수에 40년이나 걸리기에 버블일 수 있다.

PER은 분모인 당기순이익의 영향을 많이 받는다. 당기순이익을 좌우하는 것은 실적이다. 실적 개선이 되면 당기순이익 증가로 PER은 낮아진다. 투자금 회수가 빨라지는 것이다. PER은 과거보다 미래 실적을 반영하는 것이 좋다. 과거에는 가난했지만 앞으로는 부자가 될 수 있다는 뜻이다. PER 10배 이하라면 업종을 불문하고 매력적인 투자 대상이 된다. 테마주이기 때문에 PER 기준을 완화할 수 있다. 일반적 투자자라면 PER 30~50배 이하(보수적이면 30배), 공격적 투자자라면 마이너스 PER만 아니면 노란색 신호등으로도 평가할 수 있다.

▼ PER 기준 신호등 종목 분석표

구분	초록	노랑	주황	빨강
일반적	20배 이하	50배 이하	100배 이하	100배 초과 또는 − PER
보수적	20배 이하	30배 이하	50배 이하	50배 초과
공격적	30배 이하	30배 초과	− PER	

PER에 대해 조금 더 알아보자

📊 과거 PER vs. 미래 PER

PER 계산에는 당기순이익이 필요하다. 이때 과거 PER은 과거 실적을, 미래 PER은 미래 예상치를 쓴다. 과거보다 미래 실적 기준 PER이 중요하다. 더 나은 내일이 기대된다면 주가는 미리 오르게 된다. 하지만 주가 상승에는 시간이 걸린다. 미래 PER이 저평가라는 것은 앞으로의 수익보다 현재 주가가 저평가되어 있다는 의미다. 덕분에 매력적인 투자 구간이다. 과거 실적 기준 PER 20배인 기업의 미래 PER이 10배라면 주가는 지금보다 올라야 한다. 반대로 지금은 화려해도 미래가 불투명하다면 주가는 힘이 없어진다. 미래 PER을 구하는 관건은 미래 실적을 아는 것이다. 주로 뉴스, 증권사 리서치 등을 통해 실적 예측치를 알 수 있다.

📊 PER과 PBR

PER(주가수익비율) Price Earning Ratio	PBR(주가순자산비율) Price Book-value Ratio
$\dfrac{\text{시가총액(주가} \times \text{주식 수)}}{\text{당기순이익}}$	$\dfrac{\text{시가총액(주가} \times \text{주식 수)}}{\text{자기자본(순자산)}}$

PER과 PBR의 차이는 시가총액을 당기순이익으로 나누느냐, 순자산으로 나누느냐에 따른다. PER이 10배이면 분모인 당기순이익을 10년간 동일하게 얻는다고 할 때 분자인 시가총액과 같아진다. 시가총액 만큼 투자할 경우 10년 당기순이익이면 투자금을 모두 회수할 수 있다. PER이 실적 개선에 민감하게 반응하는 이유다.

PBR은 시가총액을 보유 재산(순자산)으로 나눈다. PBR 1배는 시가총액 = 순자산이므로 주식시장에서 보유 재산과 동일한 평가를 받는다. PBR은 청산 가치로도 표현하는데 PBR 1배는 보유 재산을 전부 매각(청산)하면 투자금 전액을 회수할 수 있다는 의미다. PBR 1배 이하(시가총액<순자산)면 가진 재산보다 시가총액이 작으니 저평가다. 실적이 증가하면 이익잉여금 증가로 순자산(자본금 + 잉여금 등)이 늘어날 수 있다. 다만, 산식을 보면 PER이 시가총액을 당기순이익으로 나누기 때문에 실적에 직접적으로 반응한다.

재무비율

리스크를 줄이는 재무비율 점검

재무비율을 점검하는 이유는 위험을 피하기 위해서다. 재무비율이 나쁘면 자금이 부족해 유상증자, 주식 관련 사채 발행, 무상감자 등을 하다 결국 회사가

▼ 재무비율 개념 및 특징

부채비율	당좌비율	사내 유보율
부채총액 / 자기자본(순자산)	당좌자산 / 유동부채	잉여금 / (납입)자본금
수치가 낮을수록 좋음	수치가 높을수록 좋음	

기업실적분석	3년				4~5분기					더보기
	최근 연간 실적				최근 분기 실적					
주요재무정보	2016.12	2017.12	2018.12	2019.12(E)	2018.06	2018.09	2018.12	2019.03	2019.06	2019.09(E)
	IFRS 연결	IFRS 연결	IFRS 연결	IFRS 연결	IFRS 연결	IFRS 연결	IFRS 연결	IFRS 연결	IFRS 연결	IFRS 연결
매출액(억원)	1,429	1,503	1,598		400	396	426	394	417	
영업이익(억원)	152	167	177		46	48	60	29	52	
당기순이익(억원)	당기순이익 63		228		61	76	60	41	50	
부채비율(%)	24.75	21.61	25.91		29.62	26.30	25.91	30.14	26.40	
당좌비율(%)	재무비율 73.40		120.12		297.17	301.92	120.12	82.35	98.10	
유보율(%)	3,619.17	3,817.91	4,065.60		3,803.97	3,950.20	4,065.60	3,993.42	4,090.07	

최근 3년간 및 최근 4~5분기 당기순이익, 재무비율이 네이버 금융 화면에 각 종목별로 자세히 안내되어 있다.

망하기 쉽다. 수많은 재무비율 중 안정성 지표만을 가성비 높게 훑어보자. 안정성 지표로는 부채비율, 당좌비율, 사내 유보율이 있다. 부채비율과 당좌비율은 악재, 유보율은 호재 사항을 중점적으로 확인한다.

각 비율은 네이버 금융 자료에 이미 3~5년치가 연도별로, 최근 1년치(4~5분기)는 분기별로 계산되어 있으니 찾기만 하면 된다.

부채비율 = 부채 총액 / 자기자본

부채비율은 빚을 갚을 능력이다. 남의 돈인 부채와 내 돈인 자기자본(순자산)을 비교한다. 부채비율 100%는 남의 돈과 내 돈이 같다. 부채비율은 낮을수록 좋은데 가급적 100% 이하(남의 돈 < 내 돈)가 좋다. 적자가 쌓일수록 부족한 금액을 빌려서 메워야 하니 부채비율은 올라간다. 부채비율이 높아질수록 대출이자도 부담된다. 은행이나 증권사는 고객이 맡긴 돈은 언제든지 돌려줘야 하기 때문에 부채로 잡는다. 이런 특별한 경우를 제외하고는 부채비율이 200%가 넘는다면 빨강(탈락)이다. 보수적인 투자자라면 150%만 초과하더라도 탈락시키는 편이 낫다.

▼ 부채비율 기준 신호등 종목 분석표

구분	초록	노랑	주황	빨강
일반적	100% 이하	150% 이하	200% 이하	200% 초과
보수적	100% 이하	150% 이하		150% 초과

당좌비율 = 당좌자산 / 유동부채

당좌비율은 현금성 자산 보유 능력이다. 1년 내 현금화할 수 있는 당좌자산(현금, 예금, 외상매출금)을 1년 내 갚아야 하는 유동부채로 나눈 값이다. 당좌비율 100%는 1년 내 들어올 현금과 1년 내 갚을 부채가 같다. 당좌비율은 높을수록 좋은데 가급적 100% 이상(현금 > 갚을 빚)이 양호하다. 당좌비율이 낮다는 것은 단기 운영자금이 부족하다는 것이다. 테마주 당좌비율이 50% 미만이면 빨강(탈락)이다. 보수적인 투자자라면 75% 미만을 탈락으로 보면 된다.

구분	초록	노랑	주황	빨강
일반적	100% 이상	75% 이상	50% 이상	50% 미만
보수적	100% 이상	75% 이상		75% 미만

사내유보율 = 잉여금 / 자본금

잉여금은 남는 돈이다. 유보율이 100% 이상이라는 것은 남는 돈이 회사 자본금보다 많다는 것이다. 적자일 경우 수익이 없으니 유보율은 낮아진다. 실적이 좋아지면 유보율은 높아진다. 유보율은 호재 찾기나 다름없다. 유보율이 높으면 무상증자를 기대할 수 있다. 유보율이 높고 낮은 것에 신호등 평가를 할 필요는 없다. 부채비율이나 당좌비율과 달리 유보율이 낮다고 해서 회사가 당장 망하는 것은 아니기 때문이다. 유보율이 낮은 기업은 앞서 당기순이익, 부채비율, 당좌비율에서 대부분 걸러지기도 한다.

참고로 무상증자 관련 공시에서 신주배정 기준일을 눈여겨봐야 한다. 상당수 투자자가 배정 기준일에 매수하고 무상증자를 꿈꾼다. 기준일 2영업일(권리부) 전까지 매수해야 무상증자를 받을 수 있다. 기준일 1영업일 전은 무상증자를 못 받는 권리락^{무상증자를 받을 권리의 소멸}이다. 증자와 감자를 받을 수 있으면 권리부, 받을 수 없으면 권리락이다.

무상증자 결정

1. 신주의 종류와 수	보통주식 (주)	3,220,676
	기타주식 (주)	–
2. 1주당 액면가액 (원)		500
3. 증자전 발행주식총수	보통주식 (주)	3,232,600
	기타주식 (주)	–
4. 신주배정기준일		2019년 11월 07일
5. 1주당 신주배정 주식수	보통주식 (주)	1
	기타주식 (주)	–
6. 신주의 배당기산일		2019년 01월 01일
7. 신주권교부예정일		–
8. 신주의 상장 예정일		2019년 11월 26일
9. 이사회결의일(결정일)		2019년 10월 22일
– 사외이사 참석여부	참석(명)	2
	불참(명)	–
– 감사(감사위원)참석 여부		불참

11월 7일(목) 2영업일 전인 5일(화)까지 매수해야 무상증자를 받는다.

기술적 분석

차트 분석은 기본만 하면 된다

가치투자는 재무지표가 중요하기 때문에 차트 분석 없이도 투자가 가능하다. 차트는 과거의 경험을 데이터로 삼기 때문에 미래와 일치하지 않을 수 있다. 차트 분석의 전제는 과거와 현재 기업가치가 같다는 것에서 출발한다. 그러나 실적이나 주식 수가 달라지면 기업가치도 달라지기 때문에 동일한 척도로 전제하기에는 무리가 있다. 특히, 증자나 감자는 주식 수 증감에 맞춰 주가를 조정하지만(증권사 차트도 인위적으로 조정) 주식 관련 사채 주식 청구는 인위적 주가 조정이 없다. 늘어난 주식 수만큼 주가가 하락한 것으로 과거와 현재의 주가 차트를 비교하는 것은 불합리하다.

(주)오이솔루션 권리락(무상증자)

KOSCOM | 2019.12.24

권리락

1. 회사명	2. 주권종류	3. 단축코드	4. 기준가(원)	5. 권리락 실시일	6. 사유
오이솔루션	보통주식	A138080	42,500	2019-12-26	무상증자

늘어난 주식 수 비율만큼 거래소는 무상증자 권리락 실시일에 기존 주가를 조정해 준다. 100% 무상증자(1주에 1주를 주는 경우)인 경우 동일한 시가총액을 맞춰주는 것이다. 주식 수가 2배 늘어난 만큼 주가는 50% 낮춰준다. 이럴 경우 증권사 차트도 50% 낮은 가격 기준으로 수정한다. 오이솔루션도 무상증자 권리락 실시일에 주가를 기존 53,100원에서 42,500원으로 조정했다.

테마주 투자에서는 기술적 분석도 반영해야 한다. 테마주는 거래량과 과거 경험치가 주요 도구인데 재무지표로는 얻을 수 없다. 차트 분석으로 두 요소를 중점 확인해야 한다. 이때 주된 목적은 첫째, 거래량 추이 점검으로 세력이 이동하는지 여부를 파악하는 것이다. 둘째, 경험치 반복성이 강한 종목을 찾는 것이다. 최소 3~5년간 급등락 당시 패턴, 거래량, 고점(저점), 무관심 구간 등을 찾아본다. 반복된 경험치를 찾았다면 신호등 표에 한 줄 코멘트를 남겨 두자.

기술적 분석 지표들은 수없이 많다. MACD, OBV 등 알아야 할 것은 많지만 여기서는 캔들, 이동평균선, 저항선(지지선), 횡보 정도만 이해하고 넘어가자.

① 캔들

캔들은 봉이라고도 불리는데, 양초 모양처럼 생긴 하루 동안의 거래 기록이다. 양봉은 시가^{장 시작 가격}보다 종가^{장 마감 가격}가 높은 경우로 빨간색이다. 음봉은 양봉과 반대로 파란색이다.

주가 하락 추세 중 망치형과 역망치형 양봉은 상승 전환 신호일 수 있다. 상승 전환이라면 망치형 양봉이 역망치형 양봉보다 상승 신호가 강하다.

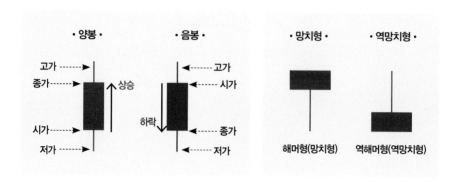

② 이동평균선

이동평균선은 일별 캔들 주가 평균선이다. 5일(1주일), 20일(1개월), 60일(3개월), 120일(6개월) 이동평균선이 주로 사용된다. 주가 급등락에 따라 시차를 두고 변한다. 5일선이 가장 빠르며, 120일선이 가장 느리게 반영된다.

그 결과 각 이동평균선 간 간격이 벌어지는데 심하게 벌어진 이동평균선 간 간격을 좁힌 다음 추가로 상승한다. 이동평균선 간의 간격이 좁아진 조정 구간을 눌림목이라고 하는데 추가 상승 호재가 남아 있다면 매수 포인트다.

정배열은 위로부터 5일선, 20일선, 60일선, 120일선 순이며, 역배열은 정배열의 역순이다. 골든크로스는 5일선이 20일선, 20일선이 60일선 등을 상향 돌파하는 경우로 주가 강세를, 데드크로스는 그 반대인 하향 돌파하는 경우로 주가 약세를 나타낸다.

위부터 5일선, 20일선 등 정배열 모습이다. 남선알미우도 주가 급등으로 5일선과 20일선 간격이 벌어지니 주가 조정을 거쳤다. 급등한 5일선이 주춤한 사이 20일선이 치고 올라와 간격을 좁혔다.

③ 지지선

지지선은 하락에 버티는 선이다. 과거 저점을 연결하면 지지선이 된다. 저항선은 상승에 오르지 못하게 막는 선으로 과거 고점을 연결한다. 지지선은 호재, 저항선은 악재다. 특히, 세 번의 지지선(저항선)은 의미가 있다. 세 번을 두드렸는데 오르지(내리지) 못하면 단기 고점(저점)을 의미한다.

④ 횡보

횡보는 주가가 옆으로 걷는 게걸음이다. 매수와 매도 간 힘의 균형으로 오랜 기간 주가가 평행선을 달리는 것이다. 지루할 수 있으나 투자 기회로 보면 된다.

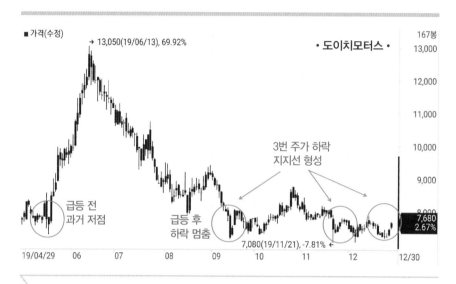

■가격(수정)　　→ 13,050(19/06/13), 69.92%　　　　　　　　　　・도이치모터스・

3번 주가 하락
지지선 형성

급등 전
과거 저점

급등 후
하락 멈춤

7,080(19/11/21), -7.81% ←

167봉
13,000
12,000
11,000
10,000
9,000
7,680
2.67%

19/04/29　06　07　08　09　10　11　12　12/30

급등 이후 하락 추세임에도 급등 전 과거 저점을 세 번이나 지지하고 있다. 시장 악재가 아니면 세 번의 지
지선이 저점 매수 기회다.

오랜 기간 바닥을 다졌으니 웬만해서는 내려가지 않고 호재 테마 바람이 불면
급등할 수 있는 기회가 있다.

12

배당, 유상증자(주식 관련 사채), 최대주주 등

테마주 투자에서 챙겨야 할 호재와 악재

재무지표, 차트 분석으로 알 수 없는 호재나 악재를 점검한다. 호재보다 악재를 발견하는 것이 더 중요하다. 주로 최근 3~5년간 공시나 뉴스를 통해서 접할 수 있다. 배당, 유상증자(주식 관련 사채), 최대주주가 중점 점검 사항이다.

① 배당 호재

배당은 수익이 있기 때문에 베푸는 선의다. 부실기업들은 투자자의 돈을 끌어오지만 배당은 회사의 돈을 나눠 준다. 나눌 돈이 있다는 것은 우량 기업이라는 뜻으로 회사가 망할 염려도 적다. 손실이 나더라도 배당 덕분에 일부 손해는 만회가 된다. 시가배당률^{배당금 ÷ 현재 주가}이 높다면 가치투자 매력도까지 올라간다. 보수적 투자자의 경우 배당이 없다면 노랑(주의) 신호등이 좋겠다.

② 유상증자 등 악재

유상증자(주식 관련 사채)는 악재다. 동일한 시가총액(주식 수×주가) 유지를 위해 주식 수 증가만큼 주가 하락을 유발한다. 최근 3년간 유상증자나 주식 관련 사채 발행을 했다면 노랑(주의)이나 주황(경고), 발행 횟수가 2회 이상이면 빨강(탈락)이다. 다만, 보수적 투자자라면 한 번만이라도 탈락이다. 특히, 아직 주식으로 교부될 주식 관련 사채가 남아 있는 회사라면 주의하자. 일부러 주가를 끌어올린 후 고점에서 털어내기를 할 수 있다. 주식 청구 신청으로 주가 급락을 부를 수도 있다.

▼ 유상증자 등 기준 신호등 종목 분석표

초록	노랑	주황	빨강
3년 내 유상증자 (주식 관련 사채 발행) 없음	3년 내 유상증자(주식 관련 사채 발행) (보수적 투자면 1회로 빨강)		3년 내 2회 이상 유상증자(주식 관련 사채 발행)
	–	주식 관련 사채 주식 청구 물량이 남아 있는 경우(보수적 투자면 빨강)	

③ 최대주주 악재

최대주주 지분율이 많으면 좋다. 셀프 고배당이나 품절주 테마가 될 수 있다. 최대주주 지분이 현저히 낮다면 경영권 분쟁 가능성이 높다. 경영권을 두고 싸

(좌) 최대주주가 주가 고점에 장내 매각을 하니 하락세다. (우) 자사주를 주가 고점에 매각하니 하락세다.

운다면 호재이지만, 부실기업 최대주주 지분율이 낮거나 자주 바뀐다면 악재가될 수 있다. 잠시 머무는 주인이기에 회사 자산을 최대한 빼돌릴 우려가 높기 때문이다. 최대주주, 임원 등 내부자, 자사주 고점 매도도 좋은 신호는 아니다. 내부자 매도는 주가 버블 정점 시그널을 시장에 준다.

▼ 최대주주 기준 신호등 종목 분석표

초록	노랑	주황	빨강
최대주주 특이사항 없음	주가 고점 최대주주 지분 매도 (보수적 투자면 빨강)		부실기업 최대주주 지분율이 낮거나 자주 바뀜
	최대주주의 도덕적 해이		

최대주주의 도덕적 해이$^{Moral\ Hazard}$도 확인하자. 다만, 사람은 망각의 동물이라 도덕성 이슈는 곧 잊힌다. 단기적으로는 리스크지만 길게 보면 스쳐 지나가는 일이다. 오히려 이로 인해 벌어지는 사건 사고가 저점 매수 기회가 될 수도 있다.

네이버 금융 화면 등에서 기업 현황, 매매 주요 특징, 공시 특이사항 등도 점검해 볼 수 있다. 이 경우 호재보다 악재 발견에 좀더 중점을 두고 확인해 보자.

▼ 네이버 포털 사이트 등을 활용한 추가 확인 사항

항목	점검 내용
기업 현황	소재지, 설립 및 상장년도, 매출 품목, 모·자회사 현황 등
매매 주요 특징	공매도(대차잔고) 현황, 기관(외국인) 현황
공시 특이사항	공시 위반, 이상 급등 공시, 무상감자, 소송, 관리종목 지정 등

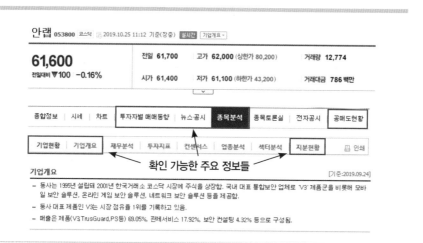

네이버 금융 등 포털 사이트 화면에서 투자에 필요한 대다수 정보는 확인이 가능하다.

증자와 감자, 투자자에게 미치는 영향은?

📊 증자와 감자의 뜻

증자(增資)는 주식 수 늘리기, 감자(減資)는 주식 수 줄이기다. 증자와 감자는 유상과 무상으로 나눈다. 상(償)은 갚을 상으로 갚을 게 있는지 여부다. 증자는 신주를 돈을 내고 사는 유상증자, 무료로 얻는 무상증자로 나뉜다. 감자는 보상을 받고 주식 수를 줄이는 유상감자, 보상이 없는 무상감자로 나뉜다.

▼ 투자자 입장에서 증자와 감자 구분하기

유상증자(돈을 내고 주식을 얻음)	무상증자(주식을 무료로 받음)
무상감자(감자 보상액을 못 받음)	유상감자(감자 보상액 받음)
→ 투자자에게 악재	→ 투자자에게 호재

📊 유상증자 더 알아보기

유상증자는 공모와 사모로 나뉘는데 공모는 다수, 사모는 소수에게 하는 증자다. 새로운 주식을 공모하면 모집, 기존 주식 공모면 매출이라 한다. 증자 대상에 따라 ① 주주 배정, ② 주주 우선 공모, ③ 일반 공모, ④ 제삼자 배정으로 나뉜다.

① 주주 배정은 기존 주주 지분율에 비례해 신주를 받을 권리인 신주인수권증서가 배정된다. 유상증자를 원하지 않는 주주는 신주인수권증서를 공시에서 정한 기한 내에 타인에게 매도 가능하다. 배정받은 주식을 청약하지 않는 경우 신주 배정을 포기했다는 의미에서 실권주 처리가 된다. 실권주는 회사가 일반 공모 또는 제삼자 배정 등으로 처리할 수 있다.

② 주주 우선 공모는 기존 주주에게만 청약 기회를 주는데 사전에 정해진 배정량이 없다. 기존 주주 청약경쟁률에 따라 신주를 배정받는다.

③ 일반 공모는 불특정 다수를 대상으로 한다. 주당 2만 원인 주식 청약경쟁률이 100:1일 경우 2,000만 원을 청약했다면 10주를 배정받는다.

④ 제삼자 배정은 기존 주주를 완전히 배제하고 정해진 제삼자에게만 배정하는 것이다. 주주 배정이나 주주 우선 공모는 증자 가격 할인율 제한이 없는 반면, 일반 공모는 30%, 제삼자 배정은 10%로 최대 할인율을 제한해 기존 주주를 보호한다.

13

신호등 불이 켜지면 투자 개시다

마지막으로 점검해야 할 것들

최종 결정 전 마지막 단계로 생각을 정리해 매수 또는 보류 이유를 한 줄 평으로 적어 두자. 테마만의 특별함, 리스크 중심으로 적어야 한다. 특별함이 낮거나, 리스크가 높으면 매력도는 떨어진다. 위험이 현저히 높으면 그 위험을 감수하면서까지 투자할 필요는 없다. 매수·매도 시점과 희망가격도 점검하자. 여러 가지 가능성을 염두에 두고 다양한 경우의 수를 고려해야 한다. 테마 급등주 매도 디데이는 특히 중요하다. 급등 디데이에 매도를 놓치면 주가 급락 후에 후회하게 된다. 매수 전 미리 매도 디데이를 정하는 연습을 해야 한다. 매도일을 정하기가 쉽다면 수익 가능성은 높아진다.

투자 스타일에 맞는 최종 신호등 색을 선택하자

종합 의견을 적었다면 최종 신호등 색을 선택할 수 있다. 일단, 4가지 색상 중 초록색 또는 노란색 불이 들어와야 투자 개시다. 보수적 투자자라면 주황색 이후부터, 공격적 투자자라면 빨간색이 있는 종목에는 투자하지 말아야 한다.

▼ 신호등 종목 분석표의 빨강(탈락) 기준

분석 기준	빨강(탈락) 기준
당기순이익	3년 연속 적자, 최근년도(작년 또는 올해) -50억 이상 적자, 전년 대비 적자폭 증가 등(초보자나 보수적 투자면 3~5년간 한 해라도 적자)
시가총액	6,000억 원 초과(보수적 투자면 3,000억 원 초과)
미래 PER	100배 초과 또는 -PER(보수적 투자면 50배 초과, 공격적 투자면 -PER만 해당)
재무비율	부채비율 200% 초과(보수적 투자면 150% 초과) 당좌비율 50% 미만(보수적 투자면 75% 미만)
차트 분석	이벤트마다 동일 패턴이 나오지 않는 경우
유상증자 (주식 관련 사채)	3년 내 2회 이상 유상증자 또는 주식 관련 사채 발행 (보수적 투자면 1회 이상) 주식 관련 사채 주식 청구 물량이 남아 있는 경우(보수적 투자의 경우)
최대주주	부실기업 최대주주의 지분율이 낮거나 자주 바뀜 주가 고점 최대주주 지분 매도(보수적 투자의 경우)
기타 사항	무상감자, 불성실 공시(공시 위반) 법인 지정 관리종목 지정 경영상 지장을 초래하는 소송, 횡령 등

신호등 종목 분석표 정리

분석 기준	살펴볼 내용
당기순이익	1 최소 3년간 당기순이익을 확인해 망할 회사는 피한다. 2 흑자면 좋겠지만 테마주이기에 소액 적자까지 감내할 수 있다. 3 뉴스, 증권사 리포트 등으로 미래 실적을 찾자.
시가총액	1 회사 주식에 대한 총 평가가치다. **시가총액 = 주식 수 × 주가** 2 시가총액이 가벼울수록 매력은 올라간다. 3 시가총액만 볼 때 가급적 1,000억 원 이하면 좋다.
미래 PER	1 당기순이익과 시가총액을 이용해 PER을 구한다. **PER = 시가총액 / 당기순이익** 2 미래 실적치로 미래 PER을 구할수 있다. 3 미래 PER이 10배 이하면 매력적 가치투자 대상이다.
재무비율	1 최소 3년간 재무비율 점검으로 위험을 피하자. 2 유상증자, 주식 관련 사채 발행 등 주가하락 리스크를 예방하고 무상 증자 가능성을 점검한다. **부채비율 = 부채총액 / 순자산** **당좌비율 = 당좌자산 / 유동부채** **유보율 = 잉여금 / 납입자본금**
차트 분석 (학습 효과)	1 과거 경험치 답습을 위해 최소 3년간 차트 분석을 한다. 2 과거 저점과 고점, 거래량 추이, 이벤트 디데이 확인으로 투자 기회를 발견한다.

시가배당률	1 배당을 주는 회사는 없어지지 않는다. 최소 3년간 배당 유무로 안전성을 판단할 수 있다. 2 시가배당률이 높으면 투자 매력도가 올라간다. **시가배당률 = 배당금 / 주가**
유상증자와 주식 관련 사채 발행	1 주식 물량 폭탄은 주가를 내리는 악재다. 2 최소 3년간 유상증자, 주식 관련 사채 발행 경험 유무를 파악하자. 3 주식 관련 사채 주식 청구 예정 물량이 남았다면 투자 시 신중해야 한다.
최대주주 리스크	1 최대주주 지분율이 높으면 셀프 고배당이다. 2 주가 고점 최대주주, 자사주 등 매도는 악재다. 3 최대주주 지분이 적은 적자 기업은 좋지 않다.
기타 사항	시간 여유가 있을 경우 회사 개요, 매매 특징, 공시 특이사항 등을 점검해 본다. 방점은 악재 발견에 있다.
매수(매도) 종합 의견	1 기업가치와 학습 효과 경험치 등을 종합해 매매를 결정한다. 2 개별 점검 사항에 대해 리뷰하고 최종 신호등 색을 정한다.

Chapter 3

실전 사례로
알아보는
테마주 가치투자법

14

테마주 가치투자 실전 분석 사례
- 안랩

안랩으로 알아보는 실전 분석

인터넷에서 네이버 메인 또는 금융 홈페이지(finance.naver.com)를 활용해 안철수 정치주 안랩을 분석해 보자. 2018년 10월 말 기준 종목 분석이다. 그 시점이 안철수 전 대표가 유럽으로 떠난 '무관심 투자 기회' 였기 때문이다.

1단계: 네이버 검색창에 '안랩'을 검색한다

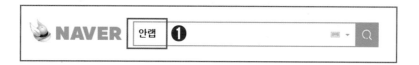

2단계: 검색 결과 자료 중 아래 증권 정보 화면을 찾아 클릭한다

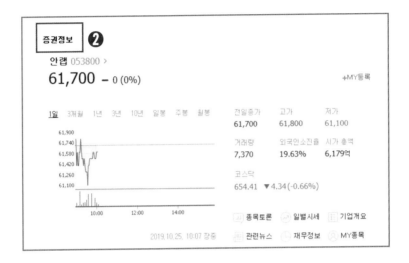

3단계: 네이버 금융 안랩 정보를 확인하는 화면으로 넘어간다

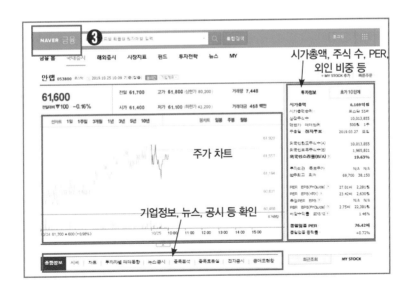

2018년 10월 말 안랩을 선택한 이유는 다음과 같다. 2018년 6월 안철수 전 대표는 서울시장 선거에서 낙선했다. 9월 1일 현실 정치와 거리를 둔 채 그는 독일로 떠났다. 그가 떠나자 9월 17일 공매도 과열 종목 지정으로 10월 말에는 4만 원대가 깨졌다. 떠나간 정치인은 선거와 함께 돌아올 것이다. 2020년 4월 국회의원 선거 혹은 그 이후 대통령 선거가 기다리고 있다. 2013년 국회의원 선거, 2017년 대통령 선거, 2018년 서울시장 선거 때마다 그는 돌아왔고 주가는 급등했다. 실적과 기업가치도 좋으니 믿고 기다릴 수 있다. 아직 대선 때까지는 시간이 남았는데 한창제지(황교안), 남선알미늄(이낙연) 등 다른 정치주들이 출발했다. 다시 돌아올 사람이기 때문에 빨라진 대선 시계를 선점할 필요가 있다.

1단계: 재무분석

① 당기순이익

안랩은 3년 동안 매출액, 영업이익, 당기순이익이 모두 증가했다. 2018년 당기순이익은 전년 대비 40% 상승했다. 수익성만 보면 테마보다 가치투자에 더 가깝다. 5G 상용화로 사물인터넷IoT 보안 수요도 기대된다.

3년간 당기순이익과 재무비율 자료를 구하려면 네이버 금융에서 안랩을 검색하자. 종합 정보의 '기업 실적 분석란'을 보면 된다.(앞서 60쪽에서 3년간 당기순이익을 찾는 화면을 봤다.) 분기별로도 자료가 안내되어 있어 보기 편리하다.

구분 (억 원)	연간 실적(3년)			분기 실적(1년)			
	2016년	2017년	2018년	1분기	2분기	3분기	4분기
매출액	1,429	1,503	1,598	376	400	396	426
영업이익	152	167	177	23	46	48	60
당기순이익	146	163	228	32	61	76	60

종합정보	시세	차트	투자자별 매매동향	뉴스·공시	**종목분석**	종목토론실	전자공시	공매도현황

기업현황	기업개요	**재무분석**	투자지표	컨센서스	업종분석	섹터분석	지분현황	🖨 인쇄

항목	5년간 자료 확인	2014/12 (IFRS연결)	2015/12 (IFRS연결)	2016/12 (IFRS연결)	2017/12 (IFRS연결)	2018/12 ➕ (IFRS연결)	전년대비 (YoY)
➕ 매출액(수익)		1,354.2	1,344.5	1,428.8	1,502.6	1,598.2	6.4

5년간 매출액, 영업이익, 당기순이익 자료는 '종목분석–재무분석'에서 확인 가능하다.

② 시가총액

발행주식 총수는 1,000만 주, 주가는 40,600원(2018년 10월 말 종가 기준)이다. 시가총액은 약 4,060억 원이다. 일반적인 테마주보다 시가총액은 무겁지만 예외는 있는 법이다. 다행히 과거 급등 당시 1조 원이 넘던 시가총액의 학습 효과가 이를 보완한다.

시가총액 계산: 주식 수 1,000만 주 × 주가 1주당 40,600원 = 4,060억 원

③ 미래 PER

2018년 말 당기순이익 228억 원 기준 PER은 17.8배다. 테마주 특징을 감안할 때 30배 이하면 과열은 아니다. 특히 경쟁자가 거의 없는 컴퓨터 백신 기업이고 지속적인 성장세를 감안할 때 무난하다. PER이 과하지 않으니 시가총액 4,060억 원도 견딜 만하다.

> PER 계산: 시가총액 4,060억 원 ÷ 당기순이익 228억 원 = 약 17.8배

④ 재무비율 분석

당기순이익과 재무비율이 안정적이다. 2018년 말 기준 부채비율 25.9%, 현금 보유 비율인 당좌비율은 120%, 유보율은 무려 4,066%로 매력적인 재무비율이다. 가치투자로 실패할 염려는 적다.

구분 (단위: %)	연간 실적(3년)			분기 실적(1년)			
	2016년	2017년	2018년	1분기	2분기	3분기	4분기
부채비율	25	22	26	29	30	27	26
당좌비율	318	373	120	296	297	302	120
유보율	3,619	3,818	4,066	3,818	3,686	3,950	4,066

앞서 60쪽에서 3년간 재무비율을 찾는 화면을 봤다. 3년뿐만 아니라 5년간 재무비율도 '종목분석-투자지표-안정성 비율'에서 찾을 수 있다. 참고로 부채비율, 당좌비율, 유보율은 안정성 비율이다.

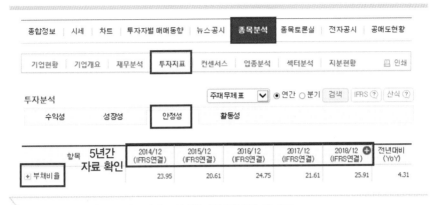

5년간 재무비율은 '종목분석-투자지표-안정성 비율'에서 확인 가능하다.

2단계: 차트 분석

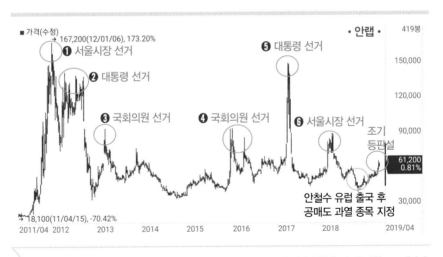

대통령, 서울시장, 국회의원 선거 각 2회씩 총 6회의 학습 효과를 보면 선거와 함께 그는 돌아왔고, 그때마다 주가 급등으로 화답했다. 그동안 쌓여진 학습 효과 경험치가 믿는 구석인 셈이다.

총 6번의 선거(대통령, 국회의원, 서울시장 등)를 통한 학습 효과다. 선거를 앞두고 그가 돌아올 때마다 급등 패턴이 반복된다. 2012년 대선 후보 단일화 이후 해외로 나갔지만, 2013년 국회의원 선거로 화려하게 복귀했다. 2017년 대통령 선거 후 서울시장 선거에도 출마했다. 그가 선거에 나설 때마다 과한 단기 급등이 있었다. 여론조사 지지율이 높을수록 급등 고점이 더 높았다. 다만, 선거 전 급등하고 선거 후 급락하는 패턴이 이어진다.

3단계: 호재와 악재 점검

네이버 공시, 뉴스 화면을 통해 호재와 악재를 점검한다.

| 종합정보 | 시세 | 차트 | 투자자별 매매동향 | **뉴스·공시** | 종목분석 | 종목토론실 | 전자공시 | 공매도현황 |

| 종목뉴스 | ✓제목 ✓내용 | | | | | 종목뉴스 안내 ? |

	제목	정보제공	날짜
안랩 "3분기 사이버 공격 중 웹 기반 공격 44%, 앱 취약점 공격 ...	서울경제	2019.10.24 16:08

| 공시정보 |

	제목	정보제공	날짜
(주)안랩 공매도 과열종목 지정(공매도 거래 금지 적용)	KOSCOM	2019.10.07

공시는 금융감독원 공시 사이트 다트(dart.fss.or.kr) 또는 거래소 공시 사이트(kind.krx.co.kr)에서도 확인 가능하다. 각 공시 항목별로 상세하게 자료 확인이 필요한 경우 이용하기 바란다.

① 시가배당률

2018년 실적 기준 주당 900원(시가배당률 1.9%)씩 배당을 했다. 2016년 700원, 2017년 800원 대비 증가 추세다.

② 유상증자와 주식 관련 사채 유무

최근 3년간 유상증자나 주식 관련 사채 발행은 없었다. 실적 개선에 재무비율이 안정적이면 운영자금 조달 필요성이 적다.

③ 최대주주 리스크

2018년 말 기준으로 안철수 등 최대주주 28.6%, 자사주 13.3%로 총 41.9%가 우호적 지분율이다. 2018년 10월 말 기준 외국인 비중은 19.4%다. 과거 주가 급등 시점 차익 실현을 위한 최대주주 지분 매각, 자사주 매각 등도 없었다. 다만, 그의 정치적 인기 쇠락에 따른 잠정 은퇴 등은 돌발 변수가 될 수 있다.

네이버 공시 화면은 굵직한 공시만 제공하므로 최대주주 지분 변동 현황까지는 상세하게 확인하기 어렵다. 필요하다면 금융감독원 공시사이트 다트에 들어가 상세 지분 변동 현황을 확인하기 바란다.

'주식 등의 대량 보유 상황 보고서'는 본인과 특수 관계인을 합해 지분(주식, 주식 관련 사채)을 5% 이상 보유한 경우 5일 내에 공시하는 것이다. 이를 5% 룰이라고 한다. 5% 이상 보유 상태에서 변동이 1% 이상만 되어도 의무적으로 공시해야 한다. 5% 미만이 되면 공시 의무는 사라진다.

임원 또는 주요 주주가 된 날부터 5일 내 공시하는 '임원·주요 주주 특정 증권

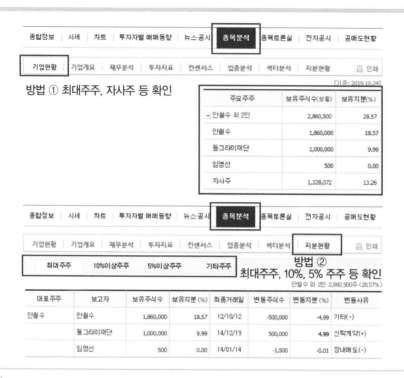

방법 ① 최대주주, 자사주 등 확인

주요주주	보유주식수(보통)	보유지분(%)
안철수 외 2인	2,860,500	28.57
안철수	1,860,000	18.57
동그라미재단	1,000,000	9.99
임영선	500	0.00
자사주	1,328,072	13.26

방법 ②
최대주주, 10%, 5% 주주 등 확인

안철수 외 2인 2,860,500주 (28.57%)

대표주주	보고자	보유주식수	보유지분 (%)	최종거래일	변동주식수	변동지분 (%)	변동사유
안철수	안철수	1,860,000	18.57	12/10/12	-500,000	-4.99	기타K(-)
	동그라미재단	1,000,000	9.99	14/12/19	500,000	4.99	신탁계약(+)
	임영선	500	0.00	14/01/14	-1,500	-0.01	장내매도(-)

네이버를 통해 최대주주 등 지분율을 확인하려면 ① 종목분석-기업 현황 또는 ② 종목 분석-지분 현황을 본다. ①은 최대주주와 특수 관계인(최대주주와 가까운 사이로 친인척, 회사 임원, 자회사 등), 자사주 지분만 확인 가능하나, ②는 10% 또는 5% 이상 주주 확인도 가능하다.

등 소유 상황 보고서'도 있다. 주요 주주는 지분 10% 이상 주주 또는 최대주주 특수 관계인 등이다. 최초 보고 이후 단 한 주라도 변동이 생기면 의무적으로 보고해야 한다.

기타 사항(회사 개요, 공시와 뉴스의 특이사항 등)

1995년 설립하여 2001년 코스닥 시장에 상장했다. 컴퓨터 보안백신 V3가 대표 상품으로 악성코드, 해킹 등 보안 이슈에 반짝 급등했다. 최근 3년간 공시 위반 등도 없었으며, 그 외 특이사항은 없다.

4단계: 종합 의견

지속적 우상향 실적에 양호한 재무비율을 보인다. 그가 떠난 후의 무관심은 선거철마다 돌아온 급등 학습 효과 등을 감안할 때 단기 저점 투자 기회였다. 기업 가치만으로도 버블은 아니었다. 매수는 4만 원 부근이고 매도는 그가 선거로 돌아올 시점까지 긴 호흡이 필요하다.

분석 이후 주가

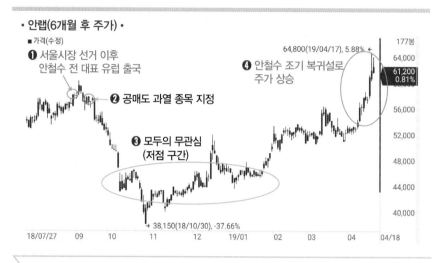

• 안랩(6개월 후 주가) •

■ 가격(수정)

❶ 서울시장 선거 이후
안철수 전 대표 유럽 출국

❷ 공매도 과열 종목 지정

❸ 모두의 무관심
(저점 구간)

❹ 안철수 조기 복귀설로
주가 상승

64,800(19/04/17), 5.88%   177봉

64,000

61,200
0.81%

56,000

52,000

48,000

44,000

40,000

→ 38,150(18/10/30), -37.66%

18/07/27   09   10   11   12   19/01   02   03   04   04/18

6개월 이후 공매도로 인해 단기 급락한 이후 2019년 2월까지의 횡보 구간이 투자 기회였다. 2019년 들어 그의 당내 역할론과 조기 복귀설에 주가는 우상향했다.

• 안랩(14개월 후 주가) •

■ 가격(수정)

82,700(20/01/03), 8.82%   78봉

❷ 안 전 대표 귀국의사
표명(급등세)

80,000

76,000
6.17%

떠나간 정치인이 돌아온다는 기대감에
1년여 만에 2배 이상 상승

70,000

❶ 안철수 전 대표 출국(2018. 9)
공매도 과열 종목 지정
(하락세)

60,000

50,000

40,000

→ 38,150(18/11/02), -49.80%

18/07/13   10   2019/01   04   07   10   01/03

1년 이후 안철수 전 대표는 떠나간 지 14개월 만에 귀국 의사를 SNS에 올렸다. 돌아오는 그와 함께 안랩 주가도 2배 이상 상승했다.

◆ 신호등 종목 분석표-안랩 ◆

* 초록(양호), 노랑(주의), 주황(경고), 빨강(탈락)

분석 도구		원포인트 투자 진단	신호등
1단계 재무 분석 (기본적 분석)	당기순이익	3년간 꾸준한 실적 개선을 보였다.	●
	시가총액	4,060억 원으로 무거운 편이나 과거 학습 효과가 있기에 안심해도 좋다.	○
	미래 PER	PER 17.8배로 버블은 아니다.	●
	재무비율	부채비율 26%, 당좌비율 120%, 유보율 4,066%로 매력적이다.	●
2단계 차트 분석 (기술적 분석)			●
	학습 효과	6번의 선거마다 그의 등장에 급등(인기도가 높을수록 고점도 높았다)했다.	●
3단계 호재와 악재 점검	배당(시가배당률)	3년간 배당 증가 추세 900원 배당(시가배당률 1.6%)	●
	유상증자 & 주식 관련 사채	최근 3년간 없다.	●
	최대주주 리스크	(우호적)지분율 41.9%로 안정적이다. 최대주주 고점 매도는 없었다.	●
	기타	해킹 등 보안 이슈	●
4단계 종합 의견	매수(보류)이유	실적 개선, 학습 효과 등 감안시 매수 기회다.	●
	매매 시점 & 가격	매수는 지금, 매도는 그가 돌아올 때쯤이다.	

15 모바일로 분석하는 방법
- 안랩

당기순이익과 재무비율 보기

테마주 특성상 빠른 확인이 중요하다. 분석표
를 기재할 시간적 여유가 없을 경우 스마트폰
애플리케이션으로 간단하게 해 보자.

당기순이익과 재무비율 등이 한 화면에 다 나
온다. 연간 실적으로 3년간, 분기 실적으로 4~5
분기 자료 확인이 가능하다.

시가총액과 PER 참고하기

　시가총액과 PER도 확인할 수 있다. 네이버 등 포털 사이트에 나와 있는 PER은 과거 실적 기준이다. 뉴스와 증권사 리포트 등으로부터 얻은 미래 당기순이익이 있다면 미래 PER은 직접 계산해 봐야 한다. PER은 시가총액을 당기순이익으로 나눠 준다.

차트 학습 효과 찾아보기

　시가총액 밑으로 차트 화면이 있다. 차트는 기간별(1일, 3개월, 1년, 3년, 10년)로도 볼 수 있고, 차트별(일봉, 주봉, 월봉)로도 확인 가능하다.

뉴스와 공시 찾아보기

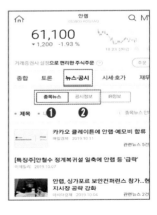

　최근 3년간 호재와 악재 이슈도 뉴스와 공시 등을 활용해 찾아보자. 배당, 유상증자(주식 관련 사채 발행), 최대주주 이슈 등은 이 화면을 통해 확인 가능하다.

주식 패턴을 정형화해서 공식처럼 대입하면 좋겠지만 투자는 유기체다. 실적과 기업 가치는 매번 바뀌기 때문에 예측과 다른 경우도 많다. 하지만 투자의 성공 확률을 높이는 데 유리한 전략은 존재한다. 내가 개미 투자자로서 실전에서 쌓은 경험을 바탕으로 구성했으니 한번 따라해 보기를 권한다.

최적의 투자 원칙과
투자 전략

Chapter 4

테마주
가치투자 원칙 7

16

망할 기업은 피하자

부실기업을 피해야 하는 이유

테마는 부실기업 선별이 관건이다. 테마로 엮여 급등했다가 바로 망한 기업이 많기 때문이다. 주식투자에서 가장 큰 손실은 투자한 기업이 망하는 것이다. 주식은 휴지가 되고 투자금은 물거품처럼 사라진다. 대출받은 투자금이라면 빚 독촉만 남을 뿐이다. 밑 빠진 독에 물 붓기나 다름없으니 손실이 나도 추가 매수를 할 수 없다. 부실기업 투자는 손절매 외에 대안이 없다. 제때 손을 털고 나오지 못하면 모든 것을 잃을 수 있는 도박이다. 테마주 투자는 돌다리도 두들겨 보는 안전성 점검이 꼭 필요하다.

부실기업을 찾는 기준은 당기순이익과 재무비율

돌다리도 두드리며 건너는 안전한 방법은 당기순이익과 재무비율(부채비율, 당좌비율) 등을 보는 것이다. 두 가지 기준만 봐도 망하는 기업은 피할 수 있다. 과한 당기순손실, 높은 부채비율, 낮은 당좌비율은 기업이 망할 징조다. 운영자금 부족으로 투자자에게 손을 벌리고 유상증자와 주식 관련 사채를 남발하기 시작한다. 조금 더 힘들어지면 주식 강탈자인 무상감자도 한다. 최대주주가 몇 차례 바뀐 후 껍데기만 남고 상장폐지되기 쉽다. 상장폐지가 되면 7영업일간 정리매매 기간(30분 단위 단일가 매매, 상하한가 없음)을 주고 거래소에서 사라진다.

관리종목도 피하자

관리종목과 불성실 공시 법인도 비상등이 켜진 경우다. 관리종목은 상장폐지 직전 경고 단계다. 관리종목에서 상장폐지로 넘어가는 경우도 많기 때문에 관리종목 지정은 주가에 악재다. 관리종목은 위험성이 큰 것으로 보고 위탁증거금을 100% 마련해야 투자할 수 있게 했다.(위탁증거금률에 대한 자세한 설명은 112쪽 〈Case Study〉 참고) 대용증권으로도 인정되지 않고 신용 융자도 제한된다. 내부통제가 엄격한 기관투자자 등의 매수 대상도 아니다. 참고로 결제이행 보증금 성격의 위탁증거금은 현금 또는 대용증권으로 가능하다. 대용증권의 대용은 보유한 주식이 현금을 대신한다는 의미다. 보통은 현재 주가 대비 20~30% 할인해서 주식 가치(대용가)를 적용한다.

불성실 공시법인은 공시를 위반한 거짓말쟁이다. 공시 불이행기한 내 미신고, 거짓 공시, 공시 번복기 공시 전면 취소, 공시 변경기 공시 중요사항 변경을 불성실 공시라고 한다. 벌점,

제재금, 매매정지 등 불이익이 있다. 벌점이 과하면 관리종목으로 지정되거나 상장폐지될 수도 있다. 참고로 '공시'는 기업 내부 정보를 일반 투자자에게 공개하는 행위다. 정기공시, 수시공시(주요 경영 사항 신고·공시, 조회공시, 자율공시), 공정공시 등이 있다.

불성실공시법인지정

1. 불성실공시법인 지정내역	
유형	공시불이행
부과벌점	❶ 벌점 5.0
공시위반제재금(원)	❷ 제재금 8,000,000

4. 기타 ❸ 1일간
        매매 정지
	* 최종 불성실공시법인으로 지정되고, 부과벌점이 5.0점
	   이상인 경우로 매매거래가 1일간 정지됨

불성실 공시법인 지정으로, 벌점 5점에 공시 위반 제재금 800만 원을 부여받았다. 부과 벌점 5점 이상으로 1일간 거래 정지다.

▼ 불성실 공시 관련 관리종목 지정 및 상장폐지 요건

시장	관리종목 지정 사유	상장폐지 사유
코스피	1년간 공시 위반 관련 벌점 합계 15점 이상	관리종목 지정 중 벌점 추가 15점 또는 관리종목 지정 중 고의, 중과실로 공시 의무 위반 → 상장 적격성 실질 심사 사유
코스닥	–	1년간 공시 위반 관련 벌점 합계 15점 이상 → 상장 적격성 실질 심사 사유

3~4월은 상장폐지되는 기업이 많다

상장사 대부분은 12월 말에 결산하는 법인이다. 기업 가계부인 재무제표를 1~12월 기준으로 작성한다. 이듬해 3월 말 또는 4월 초(사업 연도 경과 후 90일 이내)까지 사업보고서란 이름으로 가계부를 공시해야 하는 의무가 있다. 코스닥 상장사는 5년 연속 영업 손실이면 상장 적격성 실질 심사를 거쳐 상장폐지될 수 있다. 자격 요건에 미치지 못하면 자동 상장폐지되는 경우와 달리 상장 적격성 실질 심사는 거래소가 상장 적격성 여부를 심사한 이후 상장폐지 여부를 최종 결정한다. 적자 누적에 의한 자본잠식(납입자본금 잠식)과 법인세 차감 전 계속 사업 손실이 일정 비율 이상 이어지는 경우도 상장폐지 사유가 된다.

회계법인은 기업 가계부를 감사한 다음 감사 의견을 적정, 한정, 부적정, 의견 거절 중 하나를 낸다. 적정 외 나머지 의견은 문제가 있다. 부실기업은 상장폐지 기준인 감사 의견 부적정이나 의견 거절을 받기 쉽다.

▼ 외부 회계법인 감사 의견 종류

적정	기업 회계 기준에 따라 적정하게 작성
한정	회계사 감사 범위 부분적 제한, 회계 기준 위반 미미
부적정	회계 기준 위반이 중대
의견 거절	증거 불충분, 회사 존립 불가능, 회계사 독립 감사 불가능

사업보고서(연간), 반기 보고서를 미제출하는 경우 등도 관리종목 지정과 상장폐지 사유다. 매년 3~4월 실적 악화 발표, 감사 의견 거절 등이 속출한다. 봄이 오면 상장폐지 공시가 우려되기에 늦겨울부터 봄까지는 부실기업을 피해야한다.

▼ 감사 의견 관련 관리종목 지정 및 상장폐지 사유

시장	관리종목 지정 사유	상장폐지 사유
코스피	반기보고서(6개월) 부적정, 의견 거절, 감사보고서(1년) 감사 범위 제한으로 인한 한정	감사보고서 부적정, 의견 거절 또는 감사보고서 범위 제한 한정 2년 연속
코스닥	반기보고서 부적정, 의견 거절, 범위 제한 한정	감사보고서 부적정, 의견 거절, 범위 제한 한정

17

주식 버블을 피하자

버블 판단 기준은 시가총액, PER, 과거 주가 고점

풍선을 불면 계속해서 부풀 것 같지만 임계치에 다다르면 터진다. 급등주도 마찬가지로 한계가 오기 마련이다. 그 시그널을 파악하고 미리 안전하게 매도 하는 것이 상책이다. 급등 정점을 조금 더 붙잡고 있다가 놓치면 급락을 맞는다. 주가 버블의 판단 기준은 시가총액, PER, 과거 주가 고점 학습치다.

① 무거워진 시가총액은 피하라

테마주는 체급별 경기다. 권투 경기에서 자신이 도전하려는 체급보다 몸무게 가 더 많이 나가면 경기도 하기 전에 탈락하듯이 시가총액이 크면 테마 탈락이다. 경량급 선수가 무제한급 몸무게가 되었으니 위험한 것이다. 무거워진 시가총액은 퇴각 시그널이다. 세력도 투자금에 한계가 있어 무거워진 시가총액 핸들링이 어려워진다.

② 고PER 역시 퇴각 시그널

PER은 시가총액에 대한 질량적 검증이다. 고PER은 벌어들인 것에 비해 시가총액이 과한 것이다. 테마주 급등에 시가총액도 커지지만 PER도 올라간다. 이슈가 끝나면 급등한 주가는 제자리로 돌아온다. 기업가치에 맞게 이성적인 평가(실적 기준 적정 PER)를 받는다. 고평가된 PER 역시 주가 고점 퇴각 시그널인 셈이다. 정책 이슈에 바이오 PER이 100배가 넘는다면 고민해야 한다. 신약 개발로 인해 미래 실적 개선이 기대된다고 해도 PER이 100배면 투자금 회수에 100년이 걸린다는 것이다. 기업가치 대비 많이 부풀어 올랐기 때문에 주가 버블이 꺼지면 급락은 당연한 결과다. 자세한 설명은 다음에 이어지는 106쪽 〈Case Study〉를 참고하자.

③ 과거와 기업가치가 비슷하다면 과거 고점은 매도 포인트다

과거 급등 당시 주가 고점도 주가 상승을 막는 강력한 저항선이다. 과거 고점을 안전한 매도 포인트로 삼아 보자. 전제는 과거와 비교해 기업가치(시가총액, 당기순이익, PER, 재무비율, 주식 수 등)가 비슷하다는 것이다. 과거와 현재 기업가치가 달라지면 동일하게 비교할 수 없다.

주가 버블 고점에서 뒷북 투자는 하지 말자

투자 전략은 간단하다. 주가 저평가라면 저점 매수 후 버블까지 기다리는 게으른 투자 전략을 쓰자. 테마에 저평가이니 믿는 구석은 많아진다. 수익 가능성이 올라가니 버텨 보는 것이다. 테마 강도는 강한데 시가총액이 500억 원대라면 시가총액 1,000억 원까지는 기다려 보자. PER이 10배인데 시가총액도 크지 않다면 PER 20배까지 버텨 보는 것이다.

이미 주가 버블 단계라면 매수 불가다. 괜한 뒷북 투자로 손해를 볼 수 있다. 테마 바람이 꺼지면 원위치가 된다. 망하는 것만큼 단기 급락 폭이 커져 손실률이 과하다. 기존에 보유하고 있는 투자자라면 이익을 극대화시키기 위해 적극적으로 매도해 보자.

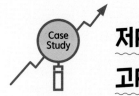

저PER + 무거운 시가총액 vs. 고PER + 가벼운 시가총액

일반적인 가치투자라면 저PER + 무거운 시가총액이 가치투자 대상이다. 시가총액의 무게는 가치투자에서 중요하지 않다. 시가총액을 당기순이익과 비교해 저PER이라고 판단하면 저평가다. 반면, 테마주 가치투자에서는 고PER + 가벼운 시가총액이 이벤트 호재에서 좀더 급등할 수 있다. 테마는 거래량이 주가를 끌어올리는 경우가 많기에 시가총액이 가벼울수록 잘 말아 올라간다. 고PER + 가벼운 시가총액이라면 거래량이 주가를 밀어올리는 힘, 실적보다 테마 이슈에 보다 민감할 수 있음을 기억하자.

2020년 초 시가총액 기준, BTS 관련주인 넷마블은 7조 원대, 디피씨는 2,000억 원대다. 조 단위 시가총액이기에 넷마블은 테마보다는 실적이다. 반면, 디피씨는 상대적으로 시가총액이 가벼워 테마 이슈에 급등 폭이 크다.

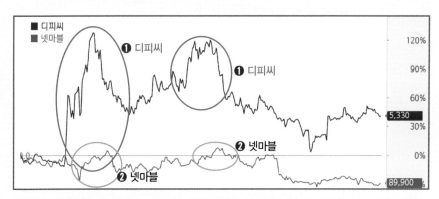

넷마블이 디피씨보다 BTS 소속사인 빅히트엔터테인먼트 지분이 더 많지만 BTS의 컴백에 주가 상승 폭은 정반대다.
BTS 앨범 발매에 시가총액이 가벼운 디피씨가 넷마블보다 급등 폭이 훨씬 컸다.

18 주식 물량 폭탄을 피하자 – 주식 급등 경고편

이상 급등 종목 공시 등 투매 유발자를 살펴라

테마주라면 주가 이상 급등 관련 규제(공시)를 이해하는 것은 필수다. 관련 규제로는 시장경보 제도, 소수지점(계좌) 매수 관여 과다 종목 지정, 단기과열 완화 장치 발동, 공매도 과열 종목 지정 등이 있다. 주가 버블 경고음이 울렸으니 세력 이사, 주가 하락 시그널이다. 테마주 투자자라면 반드시 알아 두어야 할 핵심 요소다. 이러한 공시를 무시하면 주가 고점에 크게 손해를 볼 수 있다. 저평가 또는 추가 이벤트가 남아 있지 않다면 급등 경고장을 이미 받았으니 더 이상 투자 대상이 아니다. 가급적 단기 급등 악재 공시는 매도 관점에서만 접근하자.

▼ 이상 급등 종목 공시 등 투매 유발자들

구분	핵심 요약
시장경보 제도	투자주의 → 투자경고 → 투자위험 거래량 족쇄인 위탁증거금률 100% 적용 신용 융자, 대용증권 불가능
단기과열 완화 장치 발동	30분 단위 단일가 매매 방식(3~10일간)
소수지점(계좌) 매수 관여 과다 종목 지정	소수 작전 세력 공개로 세력 이탈
공매도 과열 종목 지정	공매도 급증에 공시 이후 다음 날 하루 공매도 금지

시장경보가 울리면 세력과 함께 빠져나와라

시장경보 제도를 보면 투자주의 → 투자경고 → 투자위험 3단계다. 단계가 올라갈수록 급등이 심하기 때문에 조치가 강화된다. 투자경고부터는 예고 단계가 있다. 지정 예고일부터 10일 내 급등하면 지정이다.(투자경고 지정 예고 → 투자경고 → 투자위험 지정 예고 → 투자위험) 급등 과열이 식으면 지정 해제가 되는데 해제는 역순이다.(투자위험 → 투자경고 → 투자주의)

투자주의는 가벼운 경고이기 때문에 크게 걱정하지 않아도 된다. 투자주의는 1일간만 지정되며 익일에는 해제된다. 문제는 투자경고 지정 예고부터다.

당일 종가가 최근 15일 종가 중 최고가이면서 ① 3일 전 대비 100% 이상 상승, ② 5일 전 대비 60% 이상 상승, ③ 15일 전 대비 100% 이상 상승 등(세 가지 요건

중 어느 하나 충족)이면 투자경고 종목 지정 예고다.

지정 예고 이후 10일 내 또다시 급등하면 투자경고 종목으로 지정된다. 투자경고(위험) 종목이면 거래량 족쇄가 채워진 셈이다. 신용 융자(빚 투자) 제한, 위탁증거금률 100% 적용, 대용증권 불가다. 빚으로 투자하는 것이 불가능하기 때문에 거래량이 줄어든다. 거래량 없는 테마는 사막 위 습한 태풍이다. 과한 거래를 일으키며 주가를 올리는 것이 테마인데 거래량이 묶이니 테마가 사라진다. 세력도 재미가 없어 다른 곳을 찾아 떠난다.

투자경고 종목 지정일부터 10일 이후 주가가 ① 5일 전 종가 대비 60% 미만 상승, ② 15일 전 종가 대비 100% 미만 상승, ③ 15일 종가 중 최고가가 아닐 경우(세 가지 요건 모두 충족) 등이면 지정 해제다.

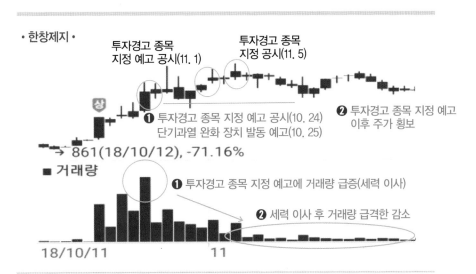

① 투자경고 종목 지정 예고 공시에 세력의 이삿짐 싸기가 시작되니 거래량이 급증했다. ② 세력이 빠져나간 뒤 거래량은 급격히 감소했다. 거래량이 줄어드니 주가도 제자리걸음이다.

주가 급등 과열 경고장 3가지

① 단기과열 완화 장치 발동

'단기과열 완화 장치'는 30분 단위 단일가(하나의 가격) 매매 방식이다. 주가 상승률, 평균 회전율, 일중 변동성 등을 감안해 이상 급등 과열이면 발동 예고 후 10영업일 내 추가 과열 시 발동한다. 일반 종목은 3영업일, 관리종목으로 지정된 품절주 등은 10영업일 동안 적용된다. 단기과열 완화 장치 발동일 전일 대비 20% 이상 상승이면 3영업일(10영업일 적용이면 10영업일) 더 연장도 가능하다.

② 소수지점(계좌) 매수 관여 과다 종목 지정

'소수지점(계좌) 매수 관여 과다 종목'은 소수의 작전 세력이 공개되는 것이다. 몇 안 되는 소수 투자자가 매수 대부분을 차지한 경우로써 주로 유통 주식이 적은 품절주나 시가총액이 작은 주식에서 많이 발생한다. 거래소 감리 시스템을 통해 작전 세력이 드러났으니 주가 왜곡이 어렵다.

③ 공매도 과열 종목 지정

'공매도 과열 종목 지정'은 공매도가 급증하면 나오는 공시로, 공시일 다음 날 하루 공매도가 금지된다. 참고로 공매도는 주가 하락이 예상될 경우 기관투자가, 외국인 등이 미리 주식을 빌려 파는 것이다. 1만 원에 빌려 팔고 8,000원에 되사서 갚으면 2,000원 수익이 난다. 급등으로 주가 버블 상태면 주가 상승보다 하락 가능성이 높아진다. 이럴 경우 공매도가 증가해 주가 하락세를 더욱 부채

질한다. 특히, 실적과 무관한 이유 없는 급등은 공매도가 좋아하는 타깃이다.

공매도를 위해 주식을 빌리는 행위로는 대주와 대차가 있다. 대주는 개인 투자자, 대차는 외국인과 기관투자자 등이 한다. 일반적으로 대차 잔고 증가는 공매도 증가로 예상한다. 과한 주가 급등이라면 공매도와 대차 잔고 증가 유무를 확인해야 한다. 공매도는 주식으로 빌리고 주식으로 갚는다. 숏커버$^{Short\ Cover}$는 공매도 이후 주식을 되사는 행위다. 숏은 매도라는 뜻인데, 매도를 커버하니 재매수한다는 것이다. 공매도 주가 급락 이후 숏커버로 단기 반등하기도 한다. 연말 회계연도 장부를 마감하는 북 클로징$^{Book\ Closing}$ 이슈로 빌려준 주식에 대한 상환 요구가 많다. 연말에 회수해 장부를 마감하고 연초에 다시 빌려주는 것으로 연말 숏커버가 많이 발생할 수 있음을 기억하자.

증권사는 주식 보유자(대여자)와 빌려가는 자(차입자) 사이에서 중개자 역할을 한다. 이 경우 주식 보유자는 거래하는 증권사에 보유 주식의 대여 서비스를 신청할 수 있다. 주식을 자유롭게 매매하면서 수수료 수익까지 덤으로 얻을 수 있는 셈이다. 수수료 수익은 연간 1~4%(주민세 포함 기타소득세 22% 제외) 수준이다.

KRX	KRX 시장	시장정보	상장공시	❶ 시장감시	규정/제도

위원회소개		시장경보/투자유의안내	
위원장코너	+	❷ 투자주의종목	+
위원회소개		투자경고종목	+
연혁		투자위험종목	+
조직도		투자유의안내	+
사이버홍보실			

거래소 홈페이지(krx.co.kr)에서 ① 시장감시 항목의 하단을 보면 ② 투자경고 종목 등에 대한 상세 기준을 자세히 살펴볼 수 있다.

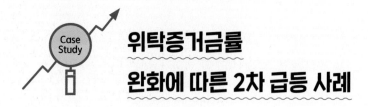

위탁증거금률 완화에 따른 2차 급등 사례

위탁증거금률 40%로 과한 거래량이 가능하다

위탁증거금은 주식을 살 때 필요한 보증금을 말하는데, 종목마다 다르지만 보통 총액의 40%만 충족하면 된다. 1,000만 원어치 주식을 매수한다면 매수 당일(T일) 400만 원 보증금만 있으면 된다. 부족한 600만 원은 결제일인 2영업일(T+2일) 후까지 마련한다. 가진 돈보다 많은 주식을 살 수 있으니 거래량이 과해진다.

위탁증거금률이 40%인 주식을 1천만 원어치 매수할 때 가능한 세 가지 선택

첫째, 보유 현금 1,000만 원으로 위탁증거금 100%를 사전에 완납한다. 투자자가 가진 현금 범위 내에서만 매수하는 셈이다. 보유 현금 1,000만 원으로 위탁증거금을 100% 완납하면 결제일에 추가로 매수 자금을 납부할 필요가 없다.

둘째, 보유 현금 400만 원으로 최소 위탁증거금률 40%만 충족시킨다. 현금 400만 원으로 위탁증거금을 납부하고(위탁증거금률이 40%이므로 최소 400만 원은 납부해야 함), 부족분 600만원은 2영업일(T+2일)후인 결제일에 맞춰 납부해야 한다. 이자를 내지 않고 이틀간 일종의 빚 투자를 하는 셈이다. 만약, 결제일에 600만 원이 납부되지 않으면 다음날(T+3일) 미수주식 매수 결제 대금 미납 처리되고 증권사는 장 시작과 동시에 시장가격을 정하지 않고 수량만 정해 주문로 '반대매매'처리 하여 부족분 600만 원을 채운다. 이렇게 되면 향후 30일간 '미수동결계좌'가 되어 위탁증거금률 100%를 적용받는다. 위탁증거금률

100%는 보유 현금 범위 내에서만 투자가 가능하게 된다는 의미다.

셋째, 보유 현금 400만 원에 신용 융자 600만 원을 받는다. 매수 시점에 미리 신용 융자를 600만 원 받으면 미수 처리를 걱정하지 않아도 된다. 다만, 신용 융자는 주식 매수 결제 자금 대출이므로 이자를 내야 한다. 주가하락으로 담보가치가 떨어지면 담보가치 하락분 만큼 부족분을 채워야 하는데 이를 못 채울 경우도 반대매매될 수 있다. 신용 융자는 보통 90일 만기 대출이지만 연장도 가능하다.

투자경고 종목 지정 해제 이후 증거금률 완화를 선점하라

투자경고 종목 지정(예고)은 세력 이사의 시그널이지만 정치주처럼 뉴스가 지속된다면 위탁증거금률 완화(ex. 100% → 40%)는 2차 급등 방아쇠일 수도 있다. 투자경고 종목 지정 해제 이후 위탁증거금률 완화까지는 추가 시간이 필요하다. 증권사별로 다른데 보통은 지정 해제 이후 5영업일 이상이다. 과한 작전 종목이면 보다 오랜 기간 동안 증거금률 100%다. 수시로 증권사 증거금률 완화 여부를 확인해야 한다.

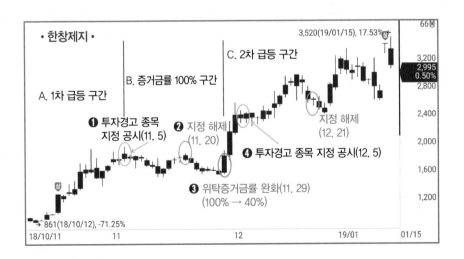

A: 1차 급등 구간

황교안 자유한국당 대표 인맥주로 엮였다. 2018년 10월부터 급등세다. 급등 전 테마주 가치투자 요건은 갖췄다. 정치인 인맥에 시가총액은 500억 원 이하, PER은 5배 이하였다. 당기순이익과 재무비율이 양호했고 여기에 주식 관련 사채 발행도 없었다.

B: 증거금률 100% 구간

❶ 2019년 11월 5일 투자경고 종목으로 지정되었다. 투자경고 종목 지정 이후 10영업일간 주가는 지루한 횡보다. ❷ 투자경고 종목 지정 해제(11. 20) 후 증거금률 완화일(11. 29)까지도 주가 하락세였다. 하지만 이때가 눌림목 단기 저점이다. 투자경고 종목 지정에도 불구하고 시가총액은 1,000억 원, PER은 10배 이하다. 야권 지지율 1위로 2019년 2월 당 대표 선거가 남아 있다. 당 대표에게 총선 공천권이 있기 때문에 황교안 전 총리가 노려볼 만한 매력적인 카드다. 정치에 뛰어든다면 입당 절차 진행, 당 대표 출마 선언, 당 대표 선거 등 더 나올 뉴스도 많기 때문에 매수 기회였다.

C: 2차 급등 구간

❸ 증거금률 완화(100% → 40%)일부터 2차로 급등했다. 1차 급등 학습 효과를 기억하기에 단기 매수세가 몰린 것이다. ❹ 급등 4일만에 투자경고 종목으로 재지정(12. 5)되었다.

19

주식 물량 폭탄을 피하자
- 주식 관련 사채편

주식 관련 사채에 대해 알아보자

주식 관련 사채는 주식(청구권)과 회사채로 구성된 이중성격의 상품이다. 발행 당시에는 회사채지만 주식 청구권이 있다. 일정 기간 후 주식 청구권을 행사하면 회사채가 주식으로 바뀐다. 종류로는 신주인수권부사채[BW], 전환사채[CB], 교환사채[EB]가 있다.

참고로 회사채는 상법상 주식회사가 발행하는 채권이다. 이자와 함께 정해진 만기에 원금 상환 의무가 있다. 기업 신용 등급에 따라 채권 발행 이자율은 달라진다.

① 신주인수권부사채(BW, Bond with Warrant)

채권과 신주인수권 증권(신주 청구권)으로 나뉜다. 일체형(채권과 신주인수권증권 동시 거래)과 분리형(분리 거래)이 있다. 분리형은 조기에 부채인 채권을 상환해도 신주인수권 증권은 남는다. 만기 전 언제든 주식 청구가 가능하다. 분리형은 신주인수권 증권만 따로 매매가 가능하다.

② 전환사채(CB, Convertible Bond)

채권에 주식 전환권이 있다. 주식 전환 시 채권은 소멸하므로 별도 주식 인수 대금이 필요 없다. 반면 BW는 주식을 받아도 채권은 유지되기 때문에 주식 인수 대금이 필요하다.

③ 교환사채(EB, Exchangeable Bond)

신주 발행 대신 기존 보유 주식(자기 회사 또는 남의 회사 주식)으로 교환할 권리가 있다. EB를 발행하는 회사는 BW나 CB 발행 회사보다는 상대적으로 양호한 회사이며, 발행 조건도 BW나 CB보다 이자나 교환가액 등에서 훨씬 유리하다.

주식 관련 사채가 물량 폭탄인 이유

주식 관련 사채는 채권 보유자가 주식 청구를 하면 주식으로 바뀔 수 있다. 주식 청구는 발행 당시에 정한 일정 기간(1~2년)이 지난 이후 채권 만기까지 가능

전환청구권 행사

전환사채 잔액

회차	발행당시 사채의 권면총액 (통화 단위)		신고일 현재 미전환사채 잔액 (통화단위)		전환가액(원)	전환가능 주식수
18	30,000,000,000	KRW : South-Korean Won	15,750,000,000	KRW : South-Korean Won	❶ 2,839	❷ 5,547,728

주식 전환청구권 행사 공시에서 앞으로 남은 주식 청구권 물량 확인은 필수다. 앞으로 나올 물량 폭탄이기 때문에 보수적 투자 관점에서 봐야 한다. 위 공시의 경우 ① 주당 2,839원에 ② 약 554만 주 주식 청구가 가능하다.

하다. 그래서 주식 관련 사채는 잠재적인 물량 폭탄이다.

리픽싱Re-fixing은 발행 당시 정한 청구 가격 대비 70% 수준까지 낮출 수 있는 조항이다. 리픽싱으로 주식 수가 최초 계획 대비 늘어날 수 있다. 300만 원어치 전환사채를 전환 가격 1만 원(5년 만기, 이자율 8%)으로 발행했다고 가정해 보자. 최초에는 300주(300만 원 ÷ 1만 원)이지만 주가 하락으로 인해 청구 가격을 70%까지 낮추면 7,000원(1만 원 × 70%)이 되고 청구 가능한 주식 수는 428주(300만 원 ÷ 7,000원)로 약 50% 더 늘어난다.

▼ 리픽싱 예시

구분	전환 가격	전환 가능 주식 수
리픽싱 전	10,000원	300만원 ÷ 10,000원 = 300주
리픽싱 후	7,000원	300만원 ÷ 7,000원 = 428주

주식 관련 사채를 발행하는 회사는 위험하다

잠재적인 물량 폭탄 외에도 위험 요소가 많다. 채권이기 때문에 주식 청구 전에는 부채로 잡힌다. 또한 투자자가 만기까지 주식 청구를 하지 않을 경우 만기 이자와 함께 투자 원금을 돌려줘야 한다. 주식 관련 사채는 유상증자보다 발행 조건이 나쁘다. 이자까지 내야만 발행할 수 있기 때문이다. 발행 기업 재무구조가 부실(과한 당기순손실, 높은 부채비율, 낮은 신용 등급)한 경우가 많다. 이럴 경우 이자율도 8~9% 이상으로 높아진다. 이자를 주고 나면 남는 게 없으니 더 부실해진다. 주식 관련 사채 남발로 최대주주 지분율은 감소되니 책임 경영도 어렵다. 상장폐지로 가는 중간 단계일 수 있다. 과거 주식 관련 사채를 남발한 기업들은 상장폐지된 경우가 많았다.

주식 청구권이 있는 투자자라면 주가 급등을 가만히 둘 리가 없다. 주가 정점에 주식 청구권 행사로 물량 투매가 나오는 것이다. 그동안 과열된 주가는 장맛비 내리듯 급락한다. 작전 세력이 주식 청구 물량 고점 매도를 위해 일부러 테마와 엮어 급등시키기도 한다. 주식 청구 물량이 남아 있는 기업은 투자 대상에서 제외하는 것이 바람직하다. 과거 3~5년간 주식 관련 사채 발행 경험이 있는 회사도 주의하자. 한번 해본 경험이 있으니 언제 또 발행할지 모른다. 보수적인 투자자라면 주가를 하락시키는 요소가 많은 주식 관련 사채를 남발하는 기업들을 피하는 것이 최선이다.

테마 관심 종목군을 많이 챙겨라

관심 종목군이 많아야 하는 이유

테마는 관심 대상 폭이 넓을수록 좋다. 테마는 기습 작전이므로 생성과 소멸이 빠르다. 또한 유행이 돌고 도는 것처럼 테마도 그렇다. 급등주 규제에 막히면 다른 종목에서 풍선 효과가 나타난다. 투자경고 종목 지정(위탁증거금 100% 등)이 되면 대체재를 빠르게 찾는다. 거래량이 묶이면 다른 곳을 찾아 떠나는 세력의 습성 때문이다. 2018년 12월 정치주인 한창제지(황교안), 남선알미늄(이낙연)이 투자경고 종목에 지정되자 보해양조(유시민), 진양산업(오세훈) 등이 급등했다.

고속도로 통제소처럼 관심 종목이 관리되어야 한다. 막히는 곳은 빠져나오고 급등이 있는 다른 종목을 찾는 것이다. 그러기 위해서는 많은 길을 알아 둬야 한다.

관심 종목군을 관리하는 방법

거시적으로 각 테마군 중 대장주만을 묶어 리스트를 만들면 넓은 테마 영역을 빠짐없이 확인할 수 있다. 대장주 하나만 봐도 상승하는 테마 영역을 쉽게 알 수 있다. 미시적으로는 각 테마군별로 종목을 촘촘히 넣어 두는 것이다. 이를 부하 종목군이라고 하자. 평소에는 대장주 위주로 주가 등락을 확인하면서 특별히 급등하는 대장주가 있으면 부하 종목군을 세밀히 들여다보자.

관심 종목이 너무 많아 파악이 어렵다면 한 주씩 사두면 된다. 매수하면 관심이 생기게 마련이다. 손해율만 보고도 저점 매수 구간 포착이 쉽다. 한번 매수한 종목은 영원한 관심 종목이다. 매도를 했다고 해서 관심 대상에서 제외시키지는 말자. 매도 후 관심 대상에서 멀어질까 걱정된다면 한 주 정도는 남기고 팔면 된다.

적자 회사도 관심 종목에 넣어 두자

과한 적자 회사는 관심 종목이지 투자 대상은 아니다. 리스크가 있으니 관심 대상으로만 지켜보는 것이다. 테마는 여러 종목 주가를 보고 전체적인 흐름을 봐야 한다. 주가 급등락 바람을 느끼기에는 적자 기업이 최고다. 적자이기 때문에 시가총액이 작아 주가 출렁거림이 심하기 때문이다. 오를 때 급히 오르고 내릴 때 빨리 내려가는 특징 때문에 종목 매매에 좋은 선행지표가 된다.

시장을 주도하는 1등 테마군을 잡아라

시장 주도 핵심 테마는 1~2개다. 동시다발적으로 여러 테마가 급등할 것 같지만 신문 1면을 차지하는 메인 기사는 하나 아니면 둘이다. 메인 뉴스거리는 태풍이 되고 다른 테마는 미풍에 그친다. 빠른 수익을 위해서는 가장 뜨거운 테마주를 잡아야 한다.

시장 지배 뉴스는 사람들의 관심을 가장 많이 받는다. 큰 관심은 거래량 증가로 이어져 주가를 밀어 올린다. 장사가 잘되니 불나방 식의 단기 투자자는 더 꼬인다. 화제성이 높은 만큼 그에 따른 뉴스는 더 늘어난다. 테마는 관심에서 멀어지는 순간 끝이다. 그런데 뉴스거리가 계속해서 나오니 그 관심에서 멀어질 수가 없다. 시장 지배 뉴스는 여러 테마 이슈 중 가장 힘이 세고 오래간다. 미풍보단 태풍이 크고 오래가는 이치다.

이때 포털 사이트의 인기 검색 상위 종목과 검색어 순위 확인도 도움이 된다. 이들 리뷰만으로도 가장 뜨거운 테마주 확인이 가능하다. 가끔은 실시간 검색어 순위에 종목명까지 언급되기도 한다.

테마 특허권이 있는 대장주에 집중하라

테마 바람에 가장 먼저 높이 오르는 주식이 대장주다. 먼저 급등했기에 투자경고 종목 지정(예고) 공시도 먼저다. 거래량 족쇄가 채워졌으니 세력들은 대

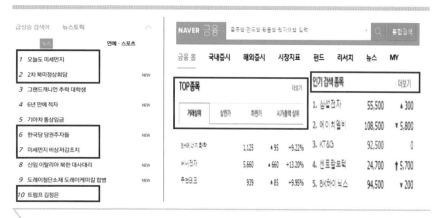

(좌) 네이버 등 포털 사이트 실시간 검색어가 뉴스 1면이다. 미세먼지(계절주), 북미 정상회담·트럼프·김정은(남북경협주), 한국당 당권주자들(정치주) 등이 실시간 급상승 검색어로 떠올랐다. (우) 네이버 금융 등에서 인기 검색 종목, 거래 상위 등 관심이 뜨거운 종목을 확인한다.

장주에서 부하 주식들로 옮겨간다. 그러나 대장주 투자경고 종목 지정은 주가 급등이 없다면 10영업일이면 풀린다. 투자경고 종목 지정으로 100%가 된 위탁증거금률도 투자경고 종목 지정 해제 후 시간이 지나면 풀린다.(ex.100% → 40%) 원위치된 위탁증거금률 덕에 대장주는 다시 자유로운 몸이 된다. 대장주가 투자경고 종목 지정 족쇄가 채워진 기간 동안만 부하주가 반짝 인기일 수 있다. 이후에는 세력이 다시 대장주로 옮겨가기 때문이다.

아니면 부하주에서 잠깐 수익을 보고 다른 테마군으로 이동할 수도 있다. 뉴스 1면은 다른 화제들이 차지했고 더 이상 나올 뉴스거리가 없으면 이슈는 끝난다. 그 결과 후발 주자 급등은 짧을 수 있다. 테마주는 게릴라 기습 작전이라고 했다. 보통 2~3일, 길어야 일주일이면 소멸된다. 단기간 수익을 내고 가버리면 끝이기 때문에 거품이 꺼지는 시기에 잘못 매수하면 큰 손해를 볼 수 있다.

대장주는 테마를 이끄는 리더이기에 가장 빨리 급등하고 가장 늦게 소멸하는 특징이 있다. 그러므로 부하 종목들의 주가 상승세 꺾임 정도를 고려해(대장주를 제외한 부하주는 하락 추세로 전환하는 등) 매도 시점을 정할 수도 있다. 대장주는 테마 영역별로 한 종목만 있는 것은 아니다. 여러 종목이 될 수도 있고, 시간이 지나면 바뀔 수도 있다. 주가 급등으로 대장주 시가총액이 과하게 커진 경우나 후발주자 학습 효과가 많이 누적된 경우 등은 시가총액이 가벼운 후발주자에게 대장주 지위를 넘기는 경우도 생긴다. 예를 들어 2019년 하반기 백신 대장주였던 중앙백신은 시가총액이 커지자 시가총액이 가벼운 체시스, 제일바이오 등에게 대장을 넘겼다.

한곳에 전부 투자하지 마라

한곳에 집중 투자하지 말자

테마주는 일반 가치투자보다 투기 영역이 강한 분야다. 요행수도 따라야 한다. 그래서 위험을 최대한 분산하는 전략이 중요하다. 앞서 시장을 주도하는 1등 테마군이나 대장주에 집중하자는 이유도 위험성을 낮추기 위해서다. 그런데 테마군 하나 또는 테마 한 종목에 집중해서 전부 투자하지는 말아야 한다. 위험이 분산되어야 일부 종목이 실패해도 건재함을 유지한 채 다음 기회를 노릴 수 있게 된다.

과한 수익 욕심을 내리고 위험을 분산시키자. 위험성이 큰 만큼 테마군은 하나 이상, 테마 종목도 여러 가지를 두어서 위험을 나누자. 학습 효과를 통해 오랫동안 검증된 종목으로 투자 리스크를 관리하자. 예를 들면 봄을 기다리는 황사 테마와 실적 개선의 기대감이 있는 5G 정책 테마로 분산시키는 것이다. 황사주도 크린앤사이언스, 위닉스, 하츠 등으로 투자 종목을 나눈다. 혹여 한 종목에서 악재가 발생하더라도 위험을 분산했기 때문에 손해는 덜하다.

테마에만 전부 걸지 마라

투자금 전부를 테마주에만 투자하는 것도 바람직하지 않다. 테마와 일반 가치투자(시가배당률이 높은 고배당주, 실적 개선 저PER주)를 섞는 편이 좋다. 강세장에서는 대형주 가치투자, 약세장에서는 중소형 테마주가 서로 보완할 수 있기 때문이다. 강세장에서는 테마가 인기가 없을 수 있다. 강세장이기에 기관투자자와 외국인(기관) 중심 장세다. 개인이 좋아하는 중소형 테마주보다는 그들이 선호하는 대형주 중심 가치투자가 빛을 발한다. 강세장에서 테마가 주춤해도 일반 가치투자가 받쳐 주니 좋다. 반대로 주요 산업 상황이 안 좋으면 산업 주도주인 대형주도 힘을 못 쓰는 약세장이 된다. 이럴 때는 틈새인 중소형 테마주가 인기가 있다.

한 번에 다 사는 매수도 바람직하지 않다

투자 판단이 항상 맞을 수 없기에 한 번에 다 사는 '올인' 투자는 위험하다. 급등 상황이 많은 테마주는 한 번에 팔기도 하지만 살 때는 꼭 나눠 사야 한다.

급등 이후 매수라면 분할 매수 원칙이 더욱 중요하다. 급하게 먹는 떡이 체하는 법이니 천천히 나눠서 매수하자. 분할 매수로 미리 정한 손실 시점마다 차분하게 나눠 사면 위험성이 낮아진다.

추가 매수를 위한 현금 보유는 필수다

한번에 몰아서 투자하면 정작 사고 싶을 때 못 산다. 대내외 변수로 예기치 않는 급락 찬스에 매수할 돈이 없으면 그만큼 손해다. 추가 매수 대기 자금 보유는 필수다. 전체 운영 자금 중 최소 20~30%는 현금을 갖고 있어야 한다. 다만, 현금 보유 비중을 낮추고 싶은 공격적인 투자자라면 현금 보유 대안으로 고배당주에 투자하자. 시가배당률이 매력적인 고배당주는 급락장에서도 장기 투자자인 기관과 외국인 자금이 들어온다. 그들이 받쳐 주니 주가 하락률이 상대적으로 낮아지고 필요할 때 현금화하기 편리하다.

뉴스 대응이 늦으면
실패다

뉴스에 관심이 없다면 테마주 투자는 남의 일

주식투자는 종목만 잘 고르면 반은 성공이다. 그런데 대부분의 사람은 종목 선정이 어렵다는 푸념만 한다. 어렵게 생각할 것 없다. 바로 세상의 이슈, 유행이 투자 대상이다. 만약 그동안 종목 선정이 힘들었다면 뉴스를 유심히 실퍼보자. 뉴스를 가까이하면 성공이 따라온다. 테마주는 현재 가장 뜨겁게 떠오르는 쟁점을 1순위 투자 대상으로 삼는다. 호재 뉴스에 급등은 단 몇 초면 끝난다. 매일 밥 먹듯이 뉴스를 꼭 챙겨보자.

예를 들어 인천에 붉은 수돗물이 연일 쏟아진다는 뉴스가 있었다. 덕분에 수도관주가 급등했다. 대통령의 수소 차, 극일 반도체 소재 산업 육성 언급에 관련주도 상한가였다. 유튜브에서 전 자유한국당 대표 홍준표 위원이 〈홍카콜라〉를 시작한다고 하니 유시민 작가와 함께 관련 정치주가 관심받았다. 20대 대통령 펭수가 방송과 출판계를 접수하니 펭수 관련주도 뜨기 시작했다.

뉴스에 대한 오해 중 하나는 이미 공개된 정보라 모두가 알고 있으리라고 속단하는 것이다. 그런데 모든 사람이 뉴스를 보지 않는다. 정보의 홍수 속에 단 몇 시간만 지나도 뉴스는 잊힌 기억이 된다. 세상을 연결하는 뉴스를 보지 않고 투자하는 것은 어리석은 일이다. 테마는 빠르면 하루 안에 끝난다. 뉴스로 왔다가 소리 소문 없이 사라진다. 뉴스를 멀리 하니 세력이 이동한 줄도 모른다. 테마주 매매가 제대로 될 턱이 없다.

뉴스에 대한 판단이 성공의 열쇠다

뉴스를 투자라는 안경으로 바라봐야 한다. 투자라는 안경을 끼고 보면 호재 뉴스는 끝물, 악재 뉴스는 호재라는 발상의 전환이 가능하다. 황사라는 호재(?)가 매도 타이밍, 대선 탈락 악재가 차기 선거 대비 저점 매수 기회가 된다. 세상을 거꾸로 봤을 뿐인데 수익을 부른다. 뉴스는 원재료와 같다. 사소한 뉴스를 빛나는 보석으로 가공하는 것은 각자의 능력이다. 이를 위해 뉴스를 투자 측면에서 바라보는 반복 훈련이 필요하다.

뉴스 투자 전략 3가지

① 헤드라인 뉴스가 강력한 투자처다

신문 1면, 방송 첫 번째 뉴스는 투자의 열쇠다. 언론사는 평범한 이슈를 첫 번째로 내보낼 만큼 어설프지 않다. 헤드라인 뉴스는 강력한 힘이 있으니 투자 대상으로 1순위다. 온 국민에게 뜨거운 화제라면 주식시장에서는 이보다 더 좋은 투자처는 없는 것이다. 대통령 선거는 장기간 헤드라인이 되기 때문에 오랫동안 정치주 테마가 될 수 있다.

② 더 이상 나올 뉴스가 없다면 테마가 사라진다

테마는 거래량이 중요하다. 맛집이라도 손님이 없으면 문을 닫듯 주식도 관심을 받아야 한다. 뉴스가 관심을 유도하고 관심도 증가는 거래량 증가와 주가 상승을 부른다. 뉴스 언급이 없으면 관심도 하락, 거래량 감소, 테마 소멸이다. 음반은 일주일이면 유행이 지나고 차트 순위도 뒤바뀐다. 테마도 유행이 빠르다. 더 나올 뉴스가 없다면 빠른 후퇴가 살 길이다. 장기간 테마가 될 것 같지만 실상 일주일 버티기도 어렵다. 헤드라인은 매일 바뀐다는 사실을 잊지 말자.

③ 뉴스로 공시를 꿰뚫어라

공시는 회사 내부 기밀 정보를 공공(일반 투자자)에게 알려 주는 일이다. 실적, 지분 변동, 유무상증자, 배당 등 꼭 필요한 투자 정보가 가득하다. 금융감독원 공시 사이트 다트가 있지만 양이 방대해 그 내용을 파악하기가 어렵다. 하지만 뉴스만 매일 확인해도 대부분 중요 공시는 걸러진다. 뉴스가 공시 내용도 압축 요약해 주니 핵심 사항 위주로 읽기도 편하다.

하루 3번 뉴스 체크가 성공 비결

남들보다 빠르게 소문을 접하려면 매일 기사 검색을 하면 된다. 하루도 빼먹지 말고 꾸준하게 하면 정보통 소리를 듣는다. 하루 3번 기사 검색은 필수다. 아침 출근시간, 점심 식사 후, 저녁 퇴근시간이다. 정말 시간이 없다면 저녁 퇴근시간을 활용해서라도 검색해 보자. 기자가 심혈을 기울인 알짜 분석 기사가 주식시장 마감 후 많이 나온다.

호재 뉴스 한 줄 팁!

이슈	투자 팁
고배당	1 실적 개선이 고배당, 저PER로 이어진다. 2 12월~1월에는 고배당 뉴스가 많이 나오니 챙겨 보자. 매분기 분기 배당, 반기 중간 배당 뉴스도 살펴보자.
무상증자 (유상감자)	1 무료로 주식을 주는 무상증자, 금전 보상을 하면서 주식 수를 줄이는(덕분에 시가총액이 줄어든다) 유상감자는 호재다. 2 공시 기준일에 매수하면 증자·감자를 못 받는다. 기준일 2영업일 전까지 매수해야 증자·감자를 받는다.(권리부)
실적 개선	1 12월 결산 법인은 매분기(반기) 후 45일, 연말 후 90일 내 기업 가계부인 사업보고서를 제출해야 한다. 2 보고서 제출 시즌에 맞물려 실적 개선 뉴스가 많이 나온다. 3 실적 개선이 되면 앞으로 주가는 더 오르니 관련 뉴스에 실적주를 선점하자.
경영권 분쟁	1 지분 경쟁이 벌어지면 뜨거운 관심에 주가는 급등한다. 2 실적과 무관하기 때문에 싸움이 끝나면 주가는 다시 원위치된다.
M&A (인수 합병)	1 인수합병은 뜨거운 관심을 받는다. 덕분에 때로는 급등으로 이어진다. 2 매수자와 매도자 모두 관심을 받으니 두 회사의 주가가 모두 상승한다. 매도자에게 매도 대금이 들어오면 부채비율 등 재무비율이 좋아진다. 다만, 과다 비용 지불로 매수자가 위험에 빠지는 경우가 있다.
PEF 기업 인수	1 PEF(사모투자펀드) 인수도 M&A이기에 투자자의 관심을 불러 모은다. 2 기업을 산 후 비싸게 되팔아야 하므로 실적 개선 등 가치를 올리려 노력한다. 3 PEF가 빌린 대출 이자 등을 메우기 위해 고배당 정책을 쓴다.
임상 성공	1 바이오 기업 임상 실험은 1상(독성 검증), 2상(투여량 검증), 3상(수백 명 이상 검증) 등이 있다. 3상이 성공해야 신약 판매로 이어질 수 있다. 2 바이오 산업은 군중심리가 작용한다. 타 기업 3상 성공에 연쇄 급등한다.

상속(증여)	1 상속(증여) 시점 앞뒤 2개월(총 4개월)간 평균 주가로 세금을 정한다. 세금 문제로 상속(증여) 후 2개월은 주가 정체이니 저점 투자 기회다. 2 상속(증여)세 납부 목적 고배당 가능성(몇 년간 세금 분납 가능)이다. 주식담보 대출로 세금을 냈다면 담보한 주식의 주가 하락으로 반대매매(증권사 임의 매도)가 될 수 있어 주가 관리는 필수다.
자사주 매입	1 경영권 방어와 투자 목적으로 자사주를 매입한다. 자사주 저가 매수, 고가 매도도 투자 전략이다. 2 규정에 공시 후 3개월간 분할 매수하도록 되어 있어 이 기간 급등은 어렵다. 3개월 동안이 저가로 매수할 수 있는 기회다. 3 자사주 매입의 가장 큰 효과는 자사주 소각(없애기)이다. 주식 수가 줄어드니 시가총액도 작아진다.
지수 편입	1 코스피, 코스닥, 해외 주요 지수(MSCI, FTSE) 편입은 호재다. 신규 편입으로 장기 투자자인 외국인, 기관 등의 매수는 증가한다. 2 지수 편입 종목 결정 시점인 매년 5~6월과 연말 등에 나오는 신규 지수 편입 대상 종목 예측 뉴스는 선점해 볼 만하다.
굴뚝 기업 자산 재평가	1 실적 개선이 없는 저PBR 부동산 부자 기업 주가는 정중동이다. 2 저평가된 땅에 대한 자산 재평가를 하면 순자산 평가액은 증가한다. 순자산을 활용하는 지표인 PBR과 부채비율 등이 낮아지니 투자 매력도가 올라간다.
액면 병합 (액면 분할)	1 불편 사항인 유동성 과대(부족)가 해결되니 단기 호재다. 2 실적과 무관한 이벤트이기 때문에 급등 기간은 짧다.
정책 추진	1 정부가 예산을 투입해 밀어주니 정부 정책은 실적 개선과 연결된다. 2 대통령의 최대 관심사가 가장 뜨겁다. 추진 의지도 강해 뉴스에 자주 나온다.
가격 인상	1 가격 인상은 수익성 개선으로 이어진다. 다만, 가격 인상 폭이 작으면 단기 이슈다. 2 친서민 정부의 전기, 가스 등 가격 인하 압력으로 관련 공기업 주가 상승은 힘들다.
자회사 상장	1 자회사가 상장하면 보유한 자회사의 주식 가치가 오른다. 2 주식 가치 증가로 순자산 평가액이 늘어나 PBR, 부채비율 등이 좋아진다.

악재 뉴스 한 줄 팁!

이슈	투자 팁
관리종목 상장폐지	1 관리종목은 상장폐지 직전 단계의 경고다. 상장폐지는 주로 실적 악화로 인해 벌어진다. 5년 연속 영업 손실인 코스닥 상장사는 상장폐지될 수 있다. 2 12월 결산 법인은 익년도 3월 말(또는 4월 초)까지 사업보고서를 제출해야 한다. 매년 3~4월은 상장폐지가 속출하는 기간이므로 부실기업 투자를 미리 조심하자.
감사 의견 거절	1 회계법인은 실적에 대한 감사 의견을 적정, 한정, 부적정, 의견 거절 중 하나로 낸다. 2 부실기업은 감사 의견 부적정, 의견 거절을 받기 쉬운데 이는 상장폐지 사유가 된다.
유상증자 (주식 관련 사채 발행) 무상감자	1 당기순손실, 과다 부채로 운영 자금이 부족해지면 투자자에게 손을 벌린다. 유상증자, 주식 관련 사채 발행을 하니 주식 수 증가, 주가 하락이 이어진다. 2 적자가 과다 누적되면 주식 수를 줄이는 무상감자를 한다. 가벼워진 시가총액으로 신규 투자자를 맞이할 계획이다. 감자로 기존 최대주주 지분이 줄어들어 회사 주인이 바뀔 수도 있다.
투자경고 종목 등 이상 급등 종목 공시	1 주가 과열 이상 급등시에는 투자경고(위험) 종목, 단기과열 완화 장치 발동, 소수지점(계좌) 과다 종목 지정, 공매도 과열 종목 지정 등 공시가 나온다. 주식 버블로 인한 세력 퇴각 명령이다. 2 투자경고 종목 지정으로 신용 융자 금지, 대용증권 불가, 위탁증거금 100%로 거래량 족쇄나. 단기과열 완화 장치도 30분 단위로 매매를 해야 하니 거래가 불편해진다.
불성실 공시	1 공시는 기업 내부 정보 공개인데 이를 위반(공시 불이행, 공시 번복, 공시 변경)하면 불성실 공시다. 2 신뢰도 하락은 물론 벌점, 제재금, 매매 정지 등 불이익이 있다. 벌점이 과하면 상장폐지될 수도 있다.

신용 융자 잔고 증가	1 강세장에서는 주식 매수 결제 자금 대출인 신용 융자가 늘어난다. 한마디로 빚으로 투자하는 셈이다. 2 보유 주식 등을 담보로 잡는데, 주가 하락으로 담보 가치가 떨어지면 반대매매 매물 폭탄 우려가 있다.
공매도 증가 (대차 잔고 증가)	1 공매도는 주가 하락 예상 시 투자 전략이다. 주식을 빌려서 미리 팔고 나중에 주식으로 갚는다. 공매도 세력은 끈질기게 주가 하락을 부추긴다. 2 외국인과 기관투자자가 주로 하는데 이들이 주식을 빌리는 행위를 대차라고 한다. 대차 잔고 증가는 공매도 대기 물량 증가로 악재다.
급락장 주식 투매	1 기관 손절매, 공매도 증가, 빚 투자 담보 가치 하락과 미수 발생에 따른 반대매매 증가 등 투매가 투매를 낳는다. 2 주식시장 일시 정지 제도(서킷브레이커)와 프로그램 매매 호가 효력 일시 정지 제도(사이드카)의 공포감에 투매 여진이 1~3일 지속적으로 이어진다.
최대주주 이슈	1 주가 고점 최대주주와 자사주 매도는 주가 하락 시그널이다. 2 최대주주의 도덕적 해이는 급락 요인이나 장기 악재가 아니기 때문에 길게 보면 저점 매수 기회다. 3 최대주주가 자주 바뀌는 부실기업은 기업 사냥꾼에게 이용당한 후 망할 수 있다.
환율, 유가, 금리 인상	1 원화 강세(ex. 1달러당 1,500원 → 1,000원)는 수출 회사에는 악재, 원자재를 수입하는 회사에는 호재다. 2 유가 상승은 항공, 버스, 전력, 페인트, 여행, 면세점주에는 악재다. 정유, 화학, 조선, 태양광주 등에는 호재다. 3 국내외 금리 인상은 주식시장 악재다. 예적금 선호도가 올라가는 반면 배당주 매력도가 떨어진다. 미국 금리 인상은 환율에 영향을 주고, 환차손 우려에 외국인 자금 이탈이 이루어진다.
소송(횡령), 벌금	1 적자 부실기업일수록 소송(횡령) 사건에 연루된 경우가 많다. 2 매출액(당기순이익) 대비 과한 벌금도 손익에 영향을 미치기 때문에 악재다.

| 투자 원칙 7 |

반복된 학습 효과에 집중하자

주식투자에서 학습 효과가 중요한 이유

학습 효과는 특정 작업을 여러 번 반복함으로써 숙달되는 현상이다. 중요 키워드는 '반복성'이다. 테마주가 좋은 이유도 반복된 경험치 때문으로 과학적 통계 같은 접근이 가능하다. 과거 히스토리를 대입하면 실패 확률도 낮아진다. 그때도 맞고 지금도 맞을 확률이 높아진 것이다. 경험대로 따라 하면 수익을 낼 수 있다. 오랜 기간 쌓아온 패턴대로 주가가 움직여 주니 평생 친구로 삼을 만하다.

학습 효과가 낮은 신생 테마주는 주의하자

새로운 테마군과 테마주는 계속해서 만들어진다. 신규 테마일수록 기업가치 평가는 필수다. 과거 경험치가 없으니 한번 반짝한 뒤 사라질 수 있다. 급등에 매수했지만 급락 이후 다시 돌아오지 않는다면 낭패다. 예를 들어 경쟁 후보 출현으로 뜻하지 않게 신규 유력 주자가 중도 낙마를 하면 인맥주는 아예 사라질 수 있다.

주식투자에서는 안전함이 최고 미덕이다. 초보 투자자라면 경험치가 검증된 테마, 그중에서도 1년마다 반복되는 계절주에 집중하자. 반복적 경험치가 매우 많으니 실패 확률이 테마주 중 가장 낮다.

학습 효과가 높은 종목의 투자 전략

학습 효과가 높은 종목은 박스권^{주가가 일정한 폭에서만 등락을 거듭하는 것} 매매가 좋다. 임상 실험이 충분히 되었기 때문에 고점·저점 이해도가 높다. 저항선과 지지선 학습치를 최대한 활용하는 것이다. 지지선 저점 매수, 저항선 고점 매도로 안전함을 더하자. 만약 손해라면 추가 매수 전략으로 매수 단가를 낮춘다. 단, 주식시장에 큰 충격이 없고 과거와 대비해도 기업가치가 지금까지 크게 변동되지 않았을 경우에만 해당한다. 기업가치가 변했다면 변화된 가치만큼 반영해서 투자 판단을 내려야 한다.

테마주 가치투자 원칙 7

투자 원칙	세부 내용
망할 기업은 피하자.	1 망할 기업을 판단하는 기준은 과한 누적 당기순손실, 높은 부채비율, 낮은 당좌비율이다. 2 운영 자금 부족으로 유상증자, 주식 관련 사채 발행을 남발하다 보면 관리종목 지정 → 상장폐지 → 청산(파산)되기 쉽다. 3 상장폐지 전 단계인 관리종목도 주의하자. 4 상장폐지가 속출하는 3~4월을 고려해 12~3월까지는 부실기업에 투자하지 않는다.
주식 버블은 피하자.	1 주가 버블 판단 기준은 무거워진 시가총액, 고PER, 과거 주가 고점으로 강력 매도 시그널이다. 2 주가 버블에 매수하면 안 되며, 저평가면 저점 매수 후 주가 버블까지 보유한다. 3 무거운 시가총액, 고PER로 기업이 없어지는 것은 아니다. 하지만 주가 버블이 꺼지면 큰 손실을 볼 수 있다.
주식 물량 폭탄을 피하자. (주식 급등 경고편)	1 주가가 고점에 이를 때 물량이 다량 나오는 신호는 투자경고(위험) 종목 지정, 단기과열 완화 장치 발동, 소수지점(계좌) 매수 관여 과다 종목 지정, 공매도 과열 종목 지정 공시 등이다. 2 세력이 한꺼번에 이사가는 신호이기에 매도 시점이다. 제때 매도하지 않으면 큰 손실을 볼 수 있다.
주식 물량 폭탄을 피하자. (주식 관련 사채편)	1 주식 관련 사채는 채권 + 주식 청구권으로 구성된다. 주가 고점에 주식 청구 신청으로 물량 폭탄을 우려할 수 있다. 신주인수권부사채[BW], 전환사채[CB], 교환사채[EB] 등이 있다. 2 리픽싱 조항(최초 정한 주식 청구 가격 대비 70%까지 하향 조정)으로 주식 청구 물량은 크게 늘어난다. 3 주식 관련 사채 발행 기업은 적자 부실기업일 가능성이 높다.

테마 관심 종목군을 많이 챙겨라.	1 많은 종목을 관심 종목으로 두고 고속도로 교통 통제소처럼 큰 흐름으로 바라보자. 2 각 테마별 대표 대장주 리스트를 만들면 넓은 영역을 빠르게 볼 수 있다. 3 매수 대상은 아니지만 과한 적자 부실기업도 관심 종목군에 넣어 두고 활용하자. 4 상승 탄력도가 가장 높은 대장주에 우선 집중하자.
뉴스 대응이 늦으면 실패다.	1 뉴스를 투자가치 판단 측면에서 보도록 머릿속을 단련하자. 끊임없이 투자 전략을 생각하는 것이 투자의 기본이다. 2 헤드라인 뉴스가 강력한 투자처다. 더 나올 뉴스가 없다면 뉴스 발표일이 매도일이다. 3 공시도 뉴스 체크로 해결이 가능하니 출퇴근 시간과 점심시간 하루 3번 꾸준히 뉴스를 확인하자.
반복된 학습 효과에 집중하자.	1 테마주가 매력적인 이유는 반복된 경험치가 있기 때문이다. 2 초보일수록 경험치가 가장 높은 계절주에 관심을 두자. 3 학습 효과가 검증된 경우 과거 저점 지지선(매수), 고점 저항선(매도)은 좋은 매매 포인트다.

Chapter 5

테마주
매수 전략 6

23

현실적인
목표 수익을 정하라

목표 수익을 현실적으로 정해야 하는 이유

기대치가 높으면 도달까지 오래 걸릴 수 있다. 시간이 걸려도 도달만 하면 좋으련만 산중턱에서 미끄러진다. 목표 수익 기대감만 믿고 적정 수익에 팔지 못하는 실수를 범하기도 한다. 수익이 날 때 팔 걸 하는 아쉬움이 남는다. 들뜬 기대감이 위험을 못 보게 한 것이다. 투자를 하기 전에 앞서 현실적인 목표 수익을 정해야 한다. 스노우볼 효과은 눈덩이를 굴리다보면 큰 눈덩이가 되는 복리 효과를 믿어 보자. 1~2% 수익이라도 성공이 계속 모이면 눈송이가 눈사람이 될 수 있다.

상황이 변했는데도 처음 목표를 끝까지 고집하는 것은 테마주 투자에는 치명적이다. 상황에 따른 탄력적인 목표 수정이 수익을 부른다.

가치투자에 테마를 더해 목표 수익을 정하라

테마와 가치투자 측면 모두 도달 가능한 목표치가 있다면 성공 확률은 높아진다. 가치투자 측면에서는 미래 PER, 시가배당률, 시가총액 등을 활용한다. 테마 측면에서는 과거 경험치를 본다. 과거 경험치 고점이나 저항선, 과거 이벤트 디데이 가격 등을 참고한다. 기업가치와 테마 차트 기준 목표치가 다를 수 있다. 보수적인 투자자라면 둘 중 낮은 목표를 기대치로 삼으면 된다.

▼ 목표 수익 기준점

기업가치 기준 (기본적 분석)	차트 기준 (기술적 분석)	평균 기대치
미래 PER 시가배당률 시가총액	테마 경험치 고점(학습 효과) 박스권 저항선(학습 효과) 디데이 가격(학습 효과)	평균 15%

① 기업가치 기준(기본적 분석)

미래 PER 기준 실적 변화는 당기순이익 변동을 가져와 시가총액을 당기순이익으로 나누는 미래 PER에도 영향을 미친다. 미래 PER이 저평가라면 향후 실적 대비 못 오른 것이다. 미래 PER 기준 적정 목표치를 정한다. 예를 들어 미래 PER이 7배라면 10~15배까지 목표로 정하는 것이다. 보수적 투자라면 10배, 공격적이라면 15배다.

시가배당률 기준 고배당주는 시가배당률$^{배당금 \div 현재 주가}$이 목표 수익을 얻고 매도할 시점을 정하는 기준이다. 공격적 투자라면 높은 시가배당률(가령 6% 이상)이 은행 이자율(2~3%)수준으로 내려올 때까지 기다려 보는 것이다. 3% 시가배당률 차이를 무시하면 안 된다. 6% 시가배당률이 3%까지 내려가려면 주가는 100%가 올라야 한다. 보수적인 투자라면 은행 이자율(2~3%)보다 높은 수준(가령 4.5% 등)으로 목표 매도 시점을 정해 안전함을 택한다.

시가총액 기준 테마이기 때문에 시가총액을 본다. 테마가 아니라면 PER로 저평가 여부 판단이 가능하기 때문에 시가총액은 볼 필요가 없다. 시가총액이 커지면 테마 움직임이 둔해진다. 가령, 테마로 떠오르기 전 시가총액이 1,000억 원 미만이라면 가급적 1,000억 원까지는 버틴다. 여기에 테마가 강하고 계속 나올 뉴스가 있다면 그 이상도 기대할 수 있다.

② 차트 기준(기술적 분석)

기술적 분석에서 경험치 주가를 동일하게 판단하기 위해서는 '변화가 없다면'이라는 전제가 먼저다. 증자(감자), 주식 관련 사채, 실적 변화 등으로 과거 경험치가 맞지 않을 수 있다. 증자(감자), 주식 관련 사채는 주식 수 증가(감소)를 가져온다. 당연히 주식 수와 주가를 곱한 값인 시가총액은 변한다.

테마 경험치 고점 기준 실적 변화가 적고 테마 경험치가 많다면 과거 고점이 목표다. 매번 동일한 실적과 급등 가격대를 보여 주면 금상첨화다. 과거와 실적이 엇비슷한 미세먼지주라면 지난 3년간 봄철 급등 고점이 목표다.

테마 박스권 상단 기준 주가가 일정 구간까지만 오르내리는 박스권일 경우 유효하다. 특정 주가 이상 오르지 못하는 저항선이 강하다면 미련 없이 저항선 부근에서 매도해야 한다. 수차례 오르려 했지만 못 오른 셈이다. 특히, 3회 오르려다 주저앉은 시그널은 중요하다. 그 박스권 상단을 매도 목표로 정하자.

디데이 이벤트 가격 기준 디데이 이벤트에 맞춰 매도 시점은 정해져 있으니 중요한 것은 매도일과 매도가다. 과거 디데이 가격 변동폭 등을 보고 매도 고점을 정하자. 예를 들면 BTS 앨범 발매 시점 디데이 하루 급등 비율과 고가를 참고하는 것이다.

③ 15%가 평균 기대치다

마땅한 목표가 없다면 15%를 수익으로 잡고 목표를 달성하면 매도 후 또 다른 산행 준비를 시작한다. 10%는 아쉽고 20%는 어려울 것 같기 때문에 합의점을 찾은 것이다. 15%도 괜찮은 목표다. 한번 해볼 만한 수익률이기 때문에 욕심도 과하게 들어가지 않는다. 과한 기대감은 없어지고 실현 가능성은 높아지니 마음이 차분해진다. 이성적 투자로 인해 실패 확률도 낮아진다. 15%를 무시하지 마라. 1년에 2번이면 30%, 4번이면 60% 수익이다.

최초 매수는
공격적으로 하라

매수 전 추가 매수 계획은 필수다

확신에 찬 매수라도 실패 확률은 50%다. 기업가치가 좋아도 국내외 경제 상황, 전쟁 등 외부 조건으로 손해를 볼 수 있다. 그런데 막상 손해가 나면 속상하고 매수하지 않은 다른 종목이 오름세를 보이면 화부터 난다. 감정 조절은 투자자가 갖춰야 할 필수 요소로, 감정이 흔들리면 실수하게 된다. 이성적 투자를 위해 추가 매수를 미리 계획하자. 추가 매수 계획이 있고 없고는 큰 차이가 있다. 계획이 있다면 급락에 당황하지 않는다. 천천히 손해를 음미하고 긴 호흡으로 추가 매수 시점을 차분히 기다릴 수 있게 된다.

분석 결과 확신이 들면 망설임을 버려라

가치투자 분석으로 망할 기업, 주가 버블 기업, 주식 물량 폭탄 우려 기업은 제외한다. 재무적 위험 요소 제거에 테마 학습 효과는 덤이다. 현실적인 목표가 있고 분할 매수이기 때문에 두려울 것도 없다. 그런데 확신이 생겨도 망설이게만 되는 경우가 많다. 투자 결정까지 오랜 기간 고민하는 것은 바람직하다. 그러나 문제는 이미 답을 내렸음에도 머뭇거리는 것이다. 저가만을 고집해 매수 가격에 연연해서는 안 된다. 테마는 바람만 불면 순간 급등한다. 투자할 이유가 생겼다면 곧바로 공격이다. 분석 결과가 매력적이라면 단기 급등 고점 여부는 중요하지 않다. 혹여 급등 끝자락을 잘못 잡았어도 추가매수 계획과 추가 매수할 자금이 있기에 최초 매수는 망설일 필요가 없다.

처음에 매수하려는 수량은 공격적으로 하라

추가 매수 전략이 있기에 전체 매수량의 25~50%는 공격적으로 투자한다. 못 사서 후회하는 것보다 공격적 매수 후 손실 만회가 더 나은 선택이다. 분석 결과 성공 확신이 높을수록 최초 매수량을 키운다. 다만, 매수 목표량 50%를 최대치로 두자. 처음부터 너무 많이 사면 따로 돈을 마련하지 않는 한 추가 매수가 어려울 수 있다. 최초 매수가 끝났다면 다음 매수부터는 미리 세운 계획대로 최대한 보수적으로 접근하자.

추가 매수는
손실 구간에서만 하라

추가 매수를 손실 구간에서 해야 하는 이유

수익 구간에서의 추가 매수는 매수 단가만 올린다. 기대 수익률은 낮아진 반면 실수하면 손실 금액은 커진다. 최초 매수 이후 수익이라면 추가 매수를 하지 않고 숨을 고르자. 어쨌든 수익이 난 것이니 나머지 매수 물량 목표치를 못 채웠다고 실망하지 마라. 추가 매수는 미리 정한 손실 구간에서만 해야 한다. 손해는 매수량을 늘리고 매수단가를 낮추는 즐거운 기회다. 덕분에 주가가 급락해도 두려워 손절매하는 대신, 바겐세일 투자 기회라 여길 수 있다.

추가 매수를 위한 중요 전략

① 추가 매수는 세 번을 넘기지 않는다

추가 매수 횟수를 늘리다 보면 절제 있는 매수는 어렵다. 세 번의 기회에 결론을 내겠다고 집중해야 최선의 결과가 나온다. 세 번째 추가 매수는 마지막 기회로 보기 때문에 최대한 보수적 관점에서 접근해야 한다. 최초 매수는 매수 희망 수량의 25~50%를 사자. 보수적 투자이거나 확신이 적을 경우 25% 매수 후, 75%를 2~3회로 나눠 추가 매수한다. 공격적이라면 최초 50% 매수 후 나머지 50%를 2~3회로 나눠 추가 매수를 하자.

② 손실률 기준 추가 매수 원칙을 세운다

세 번의 추가 매수를 가정하면 기본 원칙은 −20% 손해 시점마다 매수다. 물론, 저평가라면 −10%, 급등 버블이라면 −30% 등 출발점은 상황에 맞게 정하면 된다.

급등 전 안정된 주가 상태라면 옵션1 일반 패턴, 보다 공격적 투자라면 옵션2 공격 패턴이다. 급등 후라면 옵션3 보수 패턴이다. 투자경고 종목 지정 후 투자

| 3회 추가 매수 전제 시 투자 패턴 |

옵션1. 일반 패턴(−20%·−40%·−60%) 최초 매수 가격 대비 −20% 손해마다 추가 매수

옵션2. 공격 패턴(−10%·−20%·−30%) −10% 손해마다 추가 매수

옵션3. 보수 패턴(−30%·−50%·−60%) 최초 −30%, 그 이후 −20%, −10% 간격 추가 매수

라면 리스크를 고려해 옵션3 보수 패턴을 택하자.

최초 매수가 대비 손실율이 60%일 경우 주가는 내릴 만큼 내렸다. 60%가 넘는 손실이라면 매수 수량을 최초 계획보다 더 키울 수도 있다. 전제는 최근 3년간 당기순이익과 재무비율이 양호하고 PER도 저평가인 경우다. 기업가치가 우량하지만 시절을 잘못 만났을 뿐이기에 가치투자 관점에서는 좋은 베팅이다. 명심할 점은 기업가치보다 버블이라면 60% 손해에도 최초 매수 계획 수량보다 늘려서는 안 된다는 것이다.

③ 10% 미만 손실에는 물타기 금지다

고배당주가 아니라면 10% 미만 손해에는 가급적 재매수하지 않는다. 10% 미만 손실에도 추가 매수를 자주하면 정작 큰 손실이 났을 때 투자금이 없다. 급락 매수 기회는 갑자기 찾아온다. 조급해 말고 최초에 계획했던 최소 10% 이하 손실까지 기다려 보는 것이 가성비 높은 투자법이다.

추가 매수 전 실수를 복기하고 대응하라

상황 파악도 제대로 하지 않고 단지 계획한 가격이라서 추가 매수를 하는 것은 무책임하다. 추가 매수 전 실수를 복기해 봐야 한다. 한 마디로 중간 점검이다. 최초 분석 단계에서 부푼 기대감에 보지 못한 실책이 손실 구간에서는 뚜렷이 보인다. 가슴 아프겠지만 경중을 따져 최초 계획도 조정할 수 있다. 투자 위험이 높아졌다면 −20% 손실 시점마다 추가 매수 계획을 −30%로 변경하는 것이다.

손실 이유가 명확할수록 추가 매수의 의미를 찾을 수 있다. 이유 없는 투자는 투기와 같다. 손실 이유를 모르겠다면 추가 매수를 하지 않는 편이 낫다.

부실기업은 추가로 매수하지 않는다

고점에 물렸다면 손해 없이 빠져나올 두 번째 계획을 가동한다. 기업가치와 경험치를 감안해 추가 매수를 계획하지만, 과한 적자 기업의 추가 매수는 밑 빠진 독에 물 붓기이다. 실적 악화가 심해지면 투자자에게 손을 벌리거나 망한다. 과한 실적 악화, 유상증자, 주식 관련 사채 발행 등 기업가치가 악화된 기업이라면 추가 매수 대신 손절매가 최선이 될 수도 있다.

모두가 무관심한
저점 매수 기회를 노려라

사람들이 무관심한 저점이 매수 타이밍이다

차트상으로 저점은 첫째, 하락을 멈춘 횡보 구간이다. 횡보는 매수와 매도 간의 힘의 균형점이다. 더 이상 내릴 가능성이 적으니 옆으로 주가가 기어가는 것이다. 매일 주가 변동 폭이 작은 장기간 횡보년 너욱 좋다. 둘째, 학습 효과로 쌓여진 과거 저점 구간이다. 이왕이면 삼세번 시그널이다. 과거 저점이 3회 이상인 지점이면 더욱 매력적이다. 셋째, 급등주가 급락하면서 심리적인 기술적 반등이 나올 수 있다. 20일선(20일 이동평균선), 60일선, 120일선 등이 급락을 버티는 지지선이 될 수 있다. 이동평균선 부근에서 횡보가 길수록 단기 상승 가능성이 높다. 오름폭 대비 반 정도 내릴 경우도 기술적 반등 가능성이 있다.

■가격(수정) ■5 ■20 ■60 ■120   • 위닉스 •   71봉

→ 33,500(19/03/22), 21.82%   33,000

                                                      60일선 부근   30,000
5일선   반짝 기술적 반등
                                                                    27,500
20일선   0.00%

                                                                     24,000
60일선

                                                                     21,000

                                                                     18,000
120일선

→ 15,150(19/02/28), -44.91%   15,000

19/02/14   03   04   05   05/28

3월 급등 이후 긴 하락세였다. 60일선 부근 횡보 이후 기술적 반등이 잠깐 왔다.

시기적인 저점은 테마주 종류별로 다르다. 정책주는 후속 정책 발표일(최소
1~2개월 이상)까지 휴지기 무관심 구간이다. 정치주도 대통령 선거가 끝나면 소
외 기간이다. 유력 대선 후보는 낙선 실망감에 정치판을 떠나 있기도 하는데 이
때가 저점이다. 방산주는 평화로울 때, 남북경협주는 남북 대치 상황에 인기가
없다. 계절주는 계절 정점이 지나면 1년을 기다려야 한다. 계절 정점 세력이 떠
난 이후 무관심 시기가 투자 기회다. 엔터테인먼트주도 BTS 공백기, 천만 영화
종영 등이 무관심 기회다. 12월 대주주 양도세 회피 구간, 1월 배당락 구간도 저
점 매수 구간이다.

무관심은 최고의 투자 기회다. 관심권에서 멀어지니 소외주가 된다. 거래량이
줄어들고 주가는 힘없이 내려간다. 테마는 돌아오기 때문에 비수기에 최대한 저

점 매수가 목표다. 최근 3~5년간 반복된 무관심 구간이라면 더 좋다. 최초 매수량도 목표치의 50%다. 매수 이후 손실이라면 더 싸게 추가 매수할 수 있다. 만족할 만한 저가에 매수했다면 조급한 마음을 버리자. 야구 방망이를 길게 잡고 최소한 장타, 크게 홈런을 노리는 것이다.

12~1월 바겐세일 구간 대비 현금 보유는 필수다

12~1월에는 현금 보유가 필수다. 12월이면 대주주의 양도세 회피 목적으로 슈퍼개미가 사랑하는 중소형주 약세장이 펼쳐진다. 주식 소유자가 대주주인지 판단하는 시점이 12월 말이기 때문에 연말에는 슈퍼개미들이 주식을 매수하지 않고 매도하기 바쁘다. 대주주는 주식을 가장 많이 보유한 최대주주와는 다른 개념이다. 요건은 지분율로는 코스피 발행 주식 1%, 코스닥 2% 보유, 금액은 2020년 3월 말까지 15억 원, 2020년 4월부터 10억 원, 2021년 4월부터 3억 원으로 강화된다. 매년 12월 말 기준으로 판단하는데, 일반 투자자는 매도시 증권거래세(농어촌특별세 포함) 0.25%만 내는네 반해 대주주는 양도소득세(지방세 포함)도 내야 한다. 1년 미만 보유했을 때는 양도 차익의 33%, 1년 이상 보유 시 3억 이하분은 22%, 3억 초과분은 27.5%가 관련 세금이다.

배당을 받을 수 있으면 배당부, 배당을 받을 수 없으면 배당락이다. 12월 말 배당락 이후 1년을 더 기다려야 하기에 1월은 고배당주도 무관심 대상이다. 역발상으로 시가평가율 5~6% 이상이라면 바겐세일 기회다. 매년 5~6% 배당금

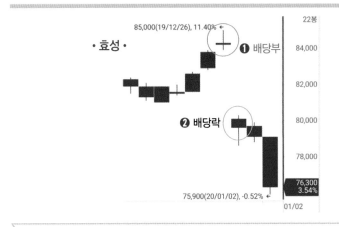

①고배당주 배당을 받으려는 수요 덕에 배당부일(12. 26)까지 상승한다. ② 그러나 배당을 받을 수 없는 배당락일(12. 27)부터 해를 넘겨 단기 하락세다.

을 주니 저축은행 저금보다 훌륭하다. 떨어진 낙엽 쓸어 담듯 저점 무관심 구간에 고배당주를 매수하자.

테마 바람이 끝나도 계속 눈여겨보자

휴화산 같은 주식이 효자다. 휴화산은 쉬고 있는 것이기 때문에 언젠가 뜨거운 용암을 내뿜을 것이다. 가치투자자는 게으른 투자자라고 했다. 하지만 느림보 투자자라도 잦은 매매를 하지 않을 뿐이지 시장 흐름에 뒤처져서는 안 된다. 무관심해 보이지만 실제로는 저점 매수를 노리기 때문에 종목 분석, 정보 체크 등은 필수다.

급등 전 신호를
눈여겨보라

우선주와 신주인수권증권WR에 대하여

① 우선주

일반적으로 주식이라고 하면 보통주를 말한다. 보통주 주주는 주주총회에서 투표할 권리가 있다. 우선주는 보통수와 달리 주주총회 투표권이 없다. 대신 배당을 더 준다. 종목명 뒤에 '우' 표시가 붙는다. 미리 정한 최소 배당금을 채권처럼 고정적으로 주는 신형우선주도 있다. 이 경우는 '우B'가 붙는다.(ex. 동양3우B: 동양에서 3번째로 발행한 신형우선주) 발행 후 10년 뒤에 보통주로 전환할 수 있는 전환우선주도 있다. 일반 우선주와 달리 배당을 못하면 의결권까지 부여된다. 보통주로 전환할 시기가 다가올수록 보통주와 주가 차이를 메운다. 덕분에 보통주보다 배당을 많이 받다가 10년 뒤에는 시세차익까지 얻을 수 있다. 아모레G3우(전환), CJ4우(전환) 등이 있다.

② 신주인수권증권WR

신주인수권부사채BW는 채권과 주식 청구 권리인 신주인수권증권WR 두 부분으로 구성된다. 채권과 WR 분리 가능 여부에 따라 일체형과 분리형으로 나뉜다. 분리형 BW는 WR만 별도로 분리해 주식시장에서 매매가 가능하다.

WR은 시간 가치와 내재 가치(프리미엄)로 구성된다. WR 시간 가치는 만기일

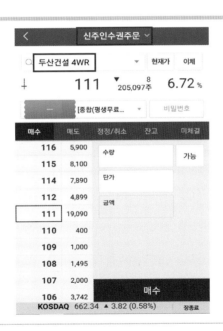

두산건설 4WR(두산건설에서 4번째로 발행한 WR)에 투자하고 싶다면 인터넷 또는 모바일에서 주식을 매수하듯 매수 수량, 매수 단가를 입력하면 된다.

까지 계속 감소한다. 매일 줄어드는 시간 가치 때문에 장기 투자 대상으로는 좋지 않다. 하지만 단기 급등 이벤트에는 강하다. 주가 급등으로 내재 가치 상승분이 시간 가치 감소분보다 크기 때문이다. 다만, BW 발행 기업은 부실한 경우가 많아 잘못하면 망할 수도 있음을 알아 두자.

▼ WR 시간 가치와 내재 가치 비교

시간 가치	• 채권 만기까지 주식 청구 권리가 남아 있는 기간이다. • 매일 감소해서 만기가 되면 제로다.
내재 가치 (프리미엄)	• 현재 주가와 미리 정해진 주식 청구 가격과의 가격 차이다. • 현재 주가가 상승할수록 프리미엄은 올라간다.

단기 급등 기회라면 우선주와 WR에 집중하라

레버리지^{지렛대}는 무거운 물건을 쉽게 드는 기계다. 주식시장에서의 레버리지는 우선주와 WR이다. 유통 물량이 적어 보통주보다 호재에 2~3배 이상 급등이 가능하다. 경제학의 기본은 수요와 공급의 법칙이다. 호재 이슈에는 공급보다 수요가 많아 가격이 오른다. 그런데 원래 공급량이 적으니 수요가 몰려도 살 수가 없다. 테마주 공략에 앞서 우선주나 WR 존재 여부를 먼저 체크하자. 단기간 확실한 디데이 판단이 든다면 우선주, WR에 집중해야 한다. 다만, 기다림이 길어진다면 매력도는 줄어든다. 호재가 없다면 우선주나 WR에 대한 관심이 크지

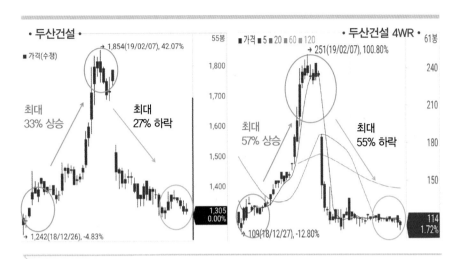

두산건설보다 두산건설 4WR이 단기 급등 폭이 훨씬 컸음을 알 수 있다. 다만, 급락도 WR이 훨씬 컸다. 두산건설은 33% 상승, 27% 하락인데 비해 두산건설 4WR은 57% 상승, 55% 하락했다.

않아 매수세가 붙지 않는다.

예를 들어 남북 정상회담이 발표된다면 남북경협주 대원전선(보통주)보다 대원전선우(우선주)가 낫다. 금리 인하 발표 예정이면 증권 우선주인 대신증권우, 신영증권우를 선점한다. 유가 하락 기대감이 생기면 항공 우선주(대한항공우 등)다. 건설 규제 완화 발표 전이면 두산건설보다 두산건설 WR을 매수해야 한다.

보통주 가격 흐름도 같이 봐야 한다. 보통주와 우선주 주가는 샴쌍둥이처럼 공동 운명체다. 보통주를 버리고 우선주나 WR만 홀로 독야청청하기 어렵다. 우선주나 WR 급등과 달리 보통주 상승이 크지 않다면 호재 이슈 없이 거래량 희소성을 이용한 작전 세력의 속임수일 수 있다.

급등주 매수, 한발 늦었다면 차라리 쉬어라

고평가된 주식은 덩치가 커지니 내 것이 아니다

격투기 종목은 몸무게별로 체급을 구분한다. 선수는 힘든 체중 감량으로 더 낮은 체급이 되기 위해 노력한다. 주식투자도 가벼워야 해볼 만한데, 주가 급등으로 큰 덩치와 싸우니 시작부터 불리하다. 어떻게든 옷깃을 부여잡고 버티지만 결국 밀리게 되니 낭패를 본다. 고평가된 주식은 내 것이 아니다. 급등 정점에 준비 없이 들어가서 예고된 급락에 손해를 보지 말자. 특히 저평가 또는 호재가 남아 있지 않다면 투자경고 종목 등 이상 급등 종목 지정(예고) 이후 들어가는 실수를 저지르지 말자.

이미 급등했다면 오히려 쉬는 편이 낫다

한발 늦었다면 쉬는 것도 투자다. 투자를 안 했다고 뒤처진다 생각할 필요는 없다. 앞으로 수익이 날 종목은 많기 때문이다. 기업가치보다 과한 버블일 때 수익이 나면 요행수다. 요행수 투자를 못했다고 속상할 이유는 없지 않은가. 욕심을 내서 손해를 보는 것보다 안전한 투자가 마음이 편하다. 가치투자자라면 기업가치 대비 고평가 주식을 피하기에 서두르지 않는다. 테마주 투자에서도 정해진 목표 시점, 목표 가격까지 저점 매수를 기다리는 여유 있는 투자자가 되자.

📊 확신이 서지 않을 때는 원 없이 쉬는 것도 투자다

분석했지만 찜찜하다면 쉬는 것도 답이다. 어설프게 들어가 손해를 보는 것보다 나을 것이다. 분석 후 투자하는 가치투자자에게 확신은 중요한 척도다. 합리적 이유가 없다면 확신도 없다. 확신이 없으니 이성적 매력도 떨어진다. 감성만으로 매수하자는 것은 운에 맡기는 투기일 뿐이다. 그럴 바에는 차라리 원 없이 쉬는 게 최고의 투자법이다. 이길 싸움에만 들어가는 영리함이 필요하다.

더블 역세권
안전벨트를 더하라

테마가 여러 개일수록 안전하다

테마가 하나여도 좋지만, 여러 개의 테마에 엮이면 더블 역세권 덕에 실패할 가능성이 낮아진다. 실수를 해도 만회 기회가 자주 있으니 추가 매수 전략도 잘 먹힌다. 뉴스에 자주 소환되니 관심받을 기회기 많아 주가를 밀어 올려주는 거래량 걱정도 적다.

더블 역세권 아파트는 교통이 편리하고 편의시설이 많아 사람이 몰리니 정책 지원도 많다. 대기자도 많아 가격이 내리면 매수세가 몰려 추가 하락을 막는다. 마찬가지로 주식 더블 역세권도 여러 테마로 묶이니 호재가 많다. 잠재 수요도 풍부해 호재 바람만 불면 거래량과 주가는 금방 돌아온다. 관심 종목에 넣어 두고 늘 지켜보자. 꼭 알아야 할 안전한 테마주 투자로 더블 역세권 테마주를 추천하고 싶다.

테마주 더블 역세권 사례

위닉스는 미세먼지로 봄철 공기청정기(미세먼지 대책 정부 정책 지원), 여름 장마에는 제습기로 두 번의 테마 기회가 있다. 여기에 6월 말 기준 중간 배당도 한다. 비료 회사인 효성오앤비는 여름 장마주이면서 남북경협주(비료 인도적 지원), 6월 결산법인 배당주이다. 고려시멘트는 건설 이슈와 함께 남북경협주(시멘트 인도적 지원)이다. 일본산 석탄재를 쓰지 않는다는 이유로 반일 수혜주, 생석회를 동물전염병 방역제로 쓴다는 이유로 돼지열병 관련주다. 제룡산업은 대북송전 관련 남북경협주이면서 과거 대북송전이 반기문 총장 핵심 공약이 될 것이라는 이유로 정치주이기도 했다. 양지사는 유통 주식 수가 적은 품절주이면서 개성공단 토지 이용권 이슈로 남북경협주이고, 6월 결산 법인 배당주이기도 하다.

▼ 테마주 더블 역세권 사례

종류	더블 역세권 사례
계절주	위닉스(미세먼지 + 장마 + 정책 지원 + 중간 배당)
남북경협주 방산주	효성오앤비(장마 + 남북경협 + 6월 배당) 고려시멘트(남북경협 + 반일 불매 운동 + 돼지열병 + 건설 경기) 제룡산업 (남북경협 + 정치)
품절주	양지사(품절 + 남북경협 + 6월 배당)

테마주 매수 전략 6

투자 원칙	세부 내용
현실적인 목표 수익을 정하라.	1 욕심을 내리고 스노우볼 효과를 믿자. 1~2% 승리가 모이면 부자가 될 수 있다. 2 목표 수익은 기업가치(미래 PER, 시가배당률, 시가총액)와 차트 기준(과거 고점, 저항선, 디데이 가격 등)으로 정한다. 3 기업가치와 테마 차트 기준 목표치가 다를 수 있다. 보수적 투자자라면 둘 중 낮은 목표를 기대치로 삼으면 된다.
최초 매수는 공격적으로 하라.	1 매수 전 추가 매수 계획을 먼저 세워야 이성적인 투자가 가능하다. 2 분석 결과 확신이 들면 목표 매수량의 25~50%는 공격적으로 매수한다. 3 최초 매수 이후 추가 분할 매수는 최대한 보수적 관점을 견지하자.
추가 매수는 손실 구간에서만 하라.	1 수익 구간 추가 매수는 매수 단가만 올리니 손실 구간 추가 매수에 집중하라. 2 최대 3회 이내 추가 매수하되, 미리 지킬 수 있는 추가 매수 원칙을 세워라. 3 추가 매수 전 실수를 복기하고 대응하라. 리스크가 커졌다면 매수 시점을 늦춘다.
모두가 무관심한 저점 매수 기회를 노려라.	1 최근 3~5년간 반복된 무관심 저점 기회라면 최대한 공격적 매수다. 2 12월 대주주 양도세 회피 구간, 배당락 이후 1월은 최적의 무관심 투자 기회다. 3 테마 관심 종목을 계속 눈여겨봐야만 저점 기회를 발견할 수 있다.
급등 전 신호를 눈여겨보라.	1 확실한 급등이 눈앞이라면 우선주와 WR을 눈여겨봐라. 불량이 섞어 수요가 몰려도 살 수가 없으니 급등한다. 2 우선주와 WR은 매수 또는 매도한 방향으로 쏠림이 있으니 급등이 과하면 급락도 과하다.
더블 역세권 안전벨트를 더하라.	1 여러 테마 이슈로 묶이니 주식 더블 역세권이다. 잦은 매도 디데이가 안전함을 더해 좋다. 2 부동산 역세권에 사람이 몰리듯, 테마도 더블 역세권에 관심 과다. 거래량 증가, 주가 상승이 있다. 3 안전한 테마주 가치투자 전략을 꼽으라면 더블 역세권 테마가 매력적인 답이다.

Chapter 6

테마주
매도 전략 6

분할 매도로
평정심을 유지한다

분할 매도를 해야 하는 이유

테마주를 분할 매도하는 이유에는 몇 가지가 있다. 첫째, 매도 후 급등 스트레스를 피하기 위함이다. 매도 뒤에 주가가 오르면 더 벌 수 있었는데 못 번 것 같아 속이 쓰리다. 팔고서 미련이 남을 것 같으면 분할 매도가 답이다. 둘째, 소바심 때문에 매도 이후 고가 재매수를 피할 수 있다. 재매수 뒤 오르면 좋겠지만 이미 정점은 지났다. 손실 시마다 추가 매수가 원칙이듯 매도도 나눠서 한다. 매도 후 주가가 하락하면 반은 잘 팔아서 좋고, 상승하면 추가 수익이 나니 더 좋다.

분할 매도는 최대 세 번이다

분할 매도를 자주 하는 것은 추천하지 않는다. 머릿속이 복잡하면 투자도 실패할 확률이 커진다. 50%씩 두 번의 매도가 가장 부담이 없다. 잦은 매도는 평정심 관리에도 도움이 안 된다. 주가 상승이 조금 더 기대된다면 최초 매도 비중을 3분의 1로 낮추는 공격적 패턴도 있다. 그러나 어떤 이유에도 매도는 최대 세 번이면 충분하다. 세 번의 매도 전략은 두 번의 매도까지 기대 이상의 수익을 냈을 때를 전제한다. 벌 만큼 벌었으니 남은 비중은 수익률을 극대화 하는 것이다. 혹여 못 벌어도 기존 수익이 있으니 아쉽지 않다. 다만, 세 번째 매도는 상승 가능성이 낮은 베팅일 수 있다. 비중을 33% 이하(25~33% 수준)로 최대한 보수적으로 운영해 보자.

| 세 번의 매도 전제 시 투자 패턴 |

옵션1. 일반 패턴: 최초 50% 매도 후 나머지 50% 매도 또는 최초 50% 매도 후 25%씩 2회 분할 매도한다.

옵션2. 공격 패턴: 최초 매도 비중을 33%로 낮춘다.

30

강력한 매도 사인에는
일괄 매도가 답이다

강력한 매도 사인을 놓치지 마라

강력한 매도 사인이 보이면 단기간에 주가가 하락할 확률이 높기 때문에 망설이지 말고 전부 매도한다. 혹여 오른다 해도 주가 조정(눌림목)이 필요하다. 전량 매도 뒤 후일을 도모하는 편이 낫다. 전량 내도로 안진힘을 택했으면 그 이후의 상승은 강심장 투자자에게 남겨 두는 것이다. 괜히 뛰어들 필요는 없다. 오히려 그들이 있어 고점 매도를 할 수 있었음을 다행으로 여기자. 더 오른다고 가슴 아파할 필요는 없다. 나름 고점에 수익을 극대화했고, 강력한 매도 사인에 이성적인 판단을 했으니 잘한 게임이다. 최고 정점만 쫓다가 매도 시기를 놓치는 실수를 범하지 말자.

강력한 매도 사인 4가지

아무리 강력한 태풍도 북상하다 보면 어느새 힘이 빠진다. 급등주도 그 힘을 소멸시키는 매도 사인이 있다. 첫째, 증거금률 100%의 거래량 족쇄인 투자경고 종목 지정 등 이상 급등 종목 공시이다. 둘째, 디데이 뉴스 이벤트가 발생한 뒤 더 나올 뉴스가 없을 때 기대감이 소멸된다. 셋째, 시가총액 증가와 주가 하락을 유발하는 유상증자와 주식 관련 사채를 발행할 때다. 주식 관련 사채 주식 청구 신청으로 주가 고점 매물 폭탄이 투하될 때도 강력한 매도 사인으로 볼 수 있다.(고가에 물량 투하 목적으로 인위적 주가 급등도 많음) 넷째, 주가 버블 시그널인 최대주주, 회사 임원, 자사주 등 회사 내부자가 고점에 매도할 때이다.

▼ 주가 급등 시점의 강력 매도 사인

구 분	핵심 요약
투자경고 종목 지정	• 증거금률 100%로 거래 족쇄 발생 • 투자경고 종목 지정 해제를 위한 주가 하락 유발 • 단기과열 완화 장치 발동, 소수지점(계좌) 매수 관여 과다 종목 지정, 공매도 과열 종목 지정 등도 강력 매도 사인
디데이 이벤트 발생	• 기다리던 뉴스 발생에 기대감 소멸 • 더 나올 뉴스가 없다면 세력 이사
유상증자 주식 관련 사채 발행, 또는 주식 청구 신청	• 주가 고점을 활용한 유상증자 목적 • 주식 수 증가로 시가총액 증가 또는 주가 하락을 유발 • 주가 고점 주식 관련 사채 주식 청구로 매물 폭탄 투하
최대주주, 회사 임원, 자사주 고점 매도	• 회사 내부자 매도는 주가 버블 시그널 • 내부자 매도 이후 주가 하락이 일반적임

전량 매도한 날만큼은 시세판을 끄자

주식을 매도한 뒤 아쉬움에 괴로워지기 쉽다. 팔았으면 잊어야 하는데 매도 이후 주가가 또 얼마나 올랐을지 궁금한 것이다. 시세판은 번화가 네온사인과 같이 쉼 없이 움직이며 유혹한다. 매도한 가격보다 오르면 잘못 팔았나 싶어 자책하기 시작하고 조급함이 턱 밑까지 차오른다. 시세판을 보지 않으면 마음도 편해지고 고점 재매수라는 실수도 예방해 준다.

전량 매도했으면 잠시 쉬자

강력한 매도 사인에 전량 매도했다면 당분간 매수 금지다. 강력한 매도 사인은 단기간에 주가가 오를 확률이 낮다는 신호이다. 그러나 영원히 버리면 안 된다. 한 번이라도 수익을 본 종목이라면 평생 동반자라고 생각해야 한다. 관심 종목군에 넣어 두고 항상 애정을 갖자. 테마는 돌아오기에 언젠가 다시 기회가 올 수 있다. 영원히 하락할 것만 같은 급락주에도 하락이 멈춘 횡보 구간은 있다. 강력한 매도 사인에 매도했다면 긴 횡보 구간의 투자 기회를 다시 기다려 보자.

거래량에 주목하라

급등 테마주 거래량을 눈여겨보자

급등 작전주에는 개미의 돈을 빼앗기 위한 속임수가 많다. 예상과 반대로 움직이는 건 기본이고, 롤러코스터처럼 급등락이 반복되니 정신을 바짝 차리고 있어야 한다. 급등에 흥분한 나머지 고가 매수를 하고 급락에 저가 매도를 하는 투자 실패로 이어지기 쉽다. 그러나 급등주 거래량은 속일 수 없다. 예측 불허 주가에도 거래량만으로 세력의 출입 움직임을 알 수 있다. 급락 저점에 거래량이 늘어나는 것은 세력이 들어오는 것이지만 급등 이후라면 세력들이 빠져나간다. 거래량은 줄고, 줄어든 거래량으로 인해 시장 소외주가 된다.

급등주 거래량에 따른 투자 전략

오전 거래량이 어제보다 많으면 강력한 이사 징후다

테마로 주가는 급등했고 차트도 매우 가팔라졌다. 주가가 올랐다고 해서 마냥 기뻐할 것은 아니다. 투자경고 종목 지정 예고 등 강력한 매도 사인이 나올 때이기 때문이다. 장 시작부터 거래량 확인은 필수다. 오전 10시(또는 11시)에 어제 거래량(또는 최근 거래량이 가장 많은 날의 거래량)을 넘어섰다면 강한 세력 이사 징후일 수 있다. 투자경고 종목 지정 예고 등 강력한 매도 사인에 거래량까지 많아졌다면 매도를 우선적으로 고려해야 한다.

거래량이 터진 전강후약 주가는 끝물이다

오전에 거래량을 일으키며 과한 급등을 한 이후 오후에 급등한 것만큼 다시 떨어진다면 전형적인 하루살이 테마다. 망치를 뒤집어 놓은 듯한 역망치형 캔들(⊥)이다. 위는 길고 가는 꼬리, 아래는 두꺼운 몸통이다. 급등주 주가 고점 거래량 증가와 함께 역망치형 캔들(⊥)이 나타난다면 테마 끝물임을 의미한다. 내일부터 주가는 하락할 가능성이 높다. 오전에 세력들이 빠져나왔기 때문에 내일 장까지 이끌고 갈 힘이 없다.

역발상으로 주가 급락에도 거래량이 안 터졌다면 기다리자

디데이 호재 발표에도 더 나올 뉴스가 있다면 거래량을 먼저 보자. 큰 거래량 감소가 없는 주가 급락이라면 속임수일 수도 있다. 세력들이 잠시 이사를 미룬 것이다. 주가를 흔들어 저가 매수를 노리거나 급등 초기에 들어온 고수익 매물을 미리 털어 내기 위함이다. 역발상으로 세력 이사까지 강심장으로 한번 버텨 보는 거다. 다만, 투자 리스크가 크기에 공격적인 투자자에게만 권하는 전략이다.

강력한 매도 사인에 거래량 확인은 필수다

투자경고 종목 지정(예고) 등 강력한 매도 사인에도 세력은 그냥 이사를 가지 않는다. 매도 물량을 받아 줄 단타 투자자를 불러 모은다. 투자경고 종목 지정 예고에도 주가가 단기간 더 오르는 이유다. 단타가 물량을 다 받아 주니 세력은 주가 고점에 전량 매도한 뒤 사라진다. 강력한 매도 사인에 거래량도 과하면 미련 없이 떠나는 게 안전하다. 그 이상의 수익은 내 것이 아니다. 욕심을 부리지 않아야 안정적으로 수익을 낼 수 있음을 잊지 말자.

디데이에 미련 없이 매도하라

매도일 결정이 쉬운 디데이 투자법

수익 구간을 보기만 하다가 손실 구간에서만 매도하는 일이 잦은가? 매도 결정을 내리기가 어렵다면 디데이에 매도하는 것이 좋다. 디데이 투자법은 매수 전 매도 디데이를 미리 정할 수 있는 경우에 쓰는 방법이다. '뉴스에 팔아라'라는 증시 격언에 충실한 투자법이다. 매도 디데이를 쉽게 생각하면 이벤트 발생일이다. 항공 관련주에서는 나로호 발사일, 미세먼지주에서는 황사 발생일, 정치주에서는 대통령 선거일, 엔터테인먼트주에서는 앨범 발매일 등이 디데이다. 뉴스 1면만 매일 체크해도 매도가 쉽다.

정해진 디데이 오전에 미련 없이 팔아라

디데이 매도법은 매수 전 미리 정했던 날에 미련 없이 파는 것이다. 메뚜기도 여름이 한철이다. 제때 못 팔면 당분간 기회는 없다. 디데이가 지나면 뉴스 언급이 줄어들어 관심도가 하락해 거래량은 줄고 이는 곧장 주가 하락으로 이어진다. 무관심은 매수 적기이지 매도 찬스가 아니다. 관심이 기대 이상으로 높을 때 파는 것이 현명하다.

또한, 더 나올 뉴스가 없다면 오전에 팔아라. 추가로 나올 뉴스가 없다면 오늘이 급등 정점이다. 급등주 단타 개미는 하루살이다. 대부분 아침에 매수하면 장이 마감하기 전 매도한다. 오후에는 단타 수요가 줄어든다. 남은 뉴스가 없다면 거래가 활발한 오전 매도가 답이다. 추가 호재가 없기 때문에 오후부터 주가는 빠져 앞서 언급한 역망치형 캔들(┻)이 된다.

디데이는 탄력적으로 적용한다

디데이가 정해졌다면 매도일은 탄력적으로 정한다. 융통성 있는 투자가 수익을 부른다. 투자 성향이 보수적이라면 디데이보다 앞서 매도하자. 공격적인 투자자라면 디데이 이후까지 매도를 미룰 수도 있다. 테마 강도가 강하고 더 나올 뉴스가 많다면 매도 시기를 디데이 이후까지 늦출 수 있다. 가령, 2019년 황사 시즌에는 연이은 정부 대책 발표로 주가 급등이 다른 해보다 길었다.

▼ 디데이 탄력적으로 적용하기

디데이 이전 매도	디데이 매도	디데이 이후 매도
보수적 투자자		공격적 투자자
테마 강도가 약함 더 나올 뉴스 없음		테마 강도가 강함 더 나올 뉴스 있음
학습 효과의 누적치가 많은 경우 기대감에 이른 급등락		학습 효과가 없는 신생 테마주

　누적된 경험치가 많을수록 디데이보다 빠르게 행동할 수 있다. 남들보다 안전하게 매도하고 싶은 심리는 매도 시점을 앞당긴다. 과거 경험치대로 주가가 움직일 것이라는 기대감으로 매도를 하지만 그런 이들이 많다 보니 기대감에 오른 주가는 디데이 이후 빠른 급락세를 탄다. 정치주의 경우 대통령 선거일(디데이) 전에 세력이 이탈한다. 엔터테인먼트주도 BTS 앨범 발매 전, 천만 영화 개봉일 전이 안전한 탈출인 셈이다. 앨범 발매 후 반짝 인기 시간도 짧다. 2~3개월 활동 후에는 다음 앨범까지 공백기다. 리스크를 안고 수익을 더 얻느니 안전한 수익에 만족할 줄 알아야 한다.

　반대로 신생 테마는 이야기가 다르다. 새로운 길을 가기에 고점은 창조의 과정이다. 기대하지 않던 이벤트 발생이 큰 관심이 되고 과한 거래량과 주가 급등을 만든다. 회사 가치에 비해 엄청난 버블이 생기고 이벤트 발생 디데이 이후 상당 기간 급등을 보일 수 있다.

매도일 포함 최소 3일은 수익금 재투자 금지

매도 수익금은 재투자하기 전 3일은 고민하자

수익금은 투자로 인해 불어난 여유 자금이니 매도일 포함 최소 3일간 없는 셈 치자. 흥에 겨워 준비 없이 아무 곳이나 뛰어들면 고스란히 날릴 수도 있다. 원래 없던 돈이라고 생각하면 그 돈이 없다고 투자금이 모자라는 것도 아닐 것이다. 주식시장에서는 매도일 포함 3일째에 현금을 찾을 수 있으니 그때까지 고민해 보자.

수익금을 지키는 투자를 하자

수익금은 현금화 전에는 언제 잃어버릴지 모르는 불확실한 돈이다. 수익금을 오롯이 지키는 현금화 전략도 있다. 만약 재투자를 한다면 수익금을 최대한 지킬 수 있는 가치투자를 권한다. 시가배당률 최소 5% 이상의 고배당주가 투자 대상 1순위다. 분기 또는 중간 배당 등 배당을 자주 하는 기업도 좋다. 정기적인 배당이 이자처럼 더해지니 안정적 수익도 가능하다.

안정적으로 운용하면 급락장에서 매수할 수 있는 대기 자금이 된다

재투자 금지의 주된 이유는 돈을 지키는 것도 있지만 위기 시 구원투수 활용 목적이다. 위기는 갑자기 찾아오는데 주로 전쟁, 국가간 마찰, 해외 금융 위기 등 글로벌 리스크이다. 이때 수익금이 추가 매수 자금으로 유용하게 쓰인다. 실적과 무관한 위기라면 스치는 바람일 수 있으니 바람이 지나가면 언제 그랬냐는 듯 주가는 원상 복귀된다.

매도 목표가는
움직인다

매도 목표가는 수시로 변한다

테마는 변동성이 크기 때문에 상황이 뜻하는 대로 흘러가지 않을 수 있어서 항상 조심해야 한다. 최초 목표치에만 매달리는 고지식한 투자는 테마주에 맞지 않는다. 주식투자에서는 일관된 뚝심보다는 상황에 맞게 움직이는 융통성이 필요하다. 디데이 이벤트 끝물이라면 목표치 도달 여부는 중요치 않다. 미련 없이 이별할 수 있어야 안정적인 수익을 거둘 수 있기 때문이다.

목표가는 기업가치(실적, 재무비율, 시가총액, PER 등) 변화, 테마 관련 뉴스 강도 등을 고려해 조정한다. 실적이 좋아진다면 미래 PER 기준 목표를 상향한다. 대통령이 미세먼지 대책을 꺼내들면 주가 목표를 높인다. 장마를 기대하고 매수했는데 마른장마가 예상된다면 기대치를 낮추어야 한다.

수익이 목표에 못 미쳤다고 아쉬워하지 말자. 한 번에 목표 수익을 못 얻었다 하더라도 다음 종목에서 목표 수익을 채우면 된다. 다음 타자에게 자리를 양보하는 것이 융통성 있는 투자다. 수익 목표치 80% 이상 도달했다면 욕심을 내려놓아도 된다. 다음 종목에서 20%만 얻으면 된다. 목표치 99%에서 미끄러져 못 파는 것보다 나은 선택이다.

복리의 마법을 기억하라

현실적으로 매번 목표 수익률에 도달하기란 쉽지 않다. 목표는 그저 희망 사항일 뿐이지, 목표에만 매달리다 보면 좋은 매도 기회를 놓칠 수 있다. 티끌 모아 태산이라 했으니 매번 1%라도 수익을 내면 되는 것이다. 복리의 마법, 스노우볼 효과를 무시하지 말자. 작은 눈덩이가 구르다 보면 눈사람이 된다. 투자 원금 1,000만 원으로 1년에 4번, 매번 10%씩 수익이라 가정하고 10년을 원금과 이자를 재투자한다면 투자원금의 66배인 6억 6,000만 원이 되는 것이다. 참고로 복리(複利)의 복(複)은 '겹칠 복'으로 투자 원금에 이자가 붙은 금액에 다시 이자가 붙는다는 뜻이다. 반면, 단리는 원금에 대해서만 이자가 붙는다.

본전에 파는 것도 훌륭한 매도 전략이다

투자 규모가 부담이라면 반은 본전에 털어 낸다

최초 매수는 25~50% 공격적으로 하고 추가 매수를 하자고 했다. 추가 매수로 투자 금액은 커진다. 이럴 때 불안하다면 투자 금액을 축소하는 것도 방법이다. 감내할 수 있는 수준으로 불안함을 없애는 것이다. 추가 매수로 매수 단가가 낮아졌다면 금세 본전이 될 수 있다. 본전이 되면 리스크 관리 측면에서 반은 덜어 내는 것이다. 부담이 줄어드니 감정적인 대응이 줄어들고 이성적으로 판단할 수 있게 된다.

3개월 이상 손해 본 종목이라면 반은 본전 매도를 하자

긴 기다림은 언제나 괴롭다. 특별한 기다림이 아닐 때 3개월(1분기) 이상 손실인 종목이 본전이면 보유 물량 50% 이상 매도하자. 수익이 났을 것이라면 진즉에 났을 것이라는 점을 기억하면서 미련 없이 팔자.

다음 싸움을 위한 본전 매도도 매력적이다

이번 싸움은 무승부지만 다음 전쟁을 위해 본전 매도를 한다. 다음을 기약하기 위해서는 현금이 있어야 한다. 시장 급락에서의 서킷브레이커^{CB}는 바겐세일이나 다름없다. 이때 현금은 상비약이다. 본전 매도는 잃지 않고 현금을 보유하는 것이니 투자금을 보유하게 되는 것만으로도 다음 기회를 잡을 수 있게 된다.

테마주에 맞는
매도 수단을 활용하라

테마주에 맞는 매도 수단은 따로 있다

테마주는 기습 작전이기 때문에 시작과 끝이 눈 깜짝할 사이만큼 짧다. 기습 순간을 위해 계속 시세판을 볼 수 없으니 잊고 살 방법이 필요하다. 이에 필요한 방법이 예약 주문, 시세 알림, 시장가 주문 등이다.

① 예약 주문 서비스

정해진 가격에 자동으로 매매하니 잊고 살기 그만이다. 기간은 하루에서 한 달까지 설정할 수 있다. 예약 매매를 걸어 두었더라도 체결 전이면 수정과 취소가 가능하다. 나는 종종 15~20% 수익률에 30일 간 예약 매도를 걸어 둔다.

(좌) 일반은 하루지만 기간(수량 또는 목표)으로 표시된 부분을 선택하면 최대 30영업일 간 예약 주문이 가능하다. (우) 기간(수량)을 선택할 경우 시작일과 종료일을 정할 수 있다.

② 시세·공시 알림 서비스

포털 사이트, 증권사 애플리케이션 등을 활용하면 시세와 공시 사항 등을 메시지로 받을 수 있다. 시세는 시가, 종가, 시간별 가격 등을 알려 준다. 특히, 목표 가격, 목표 수익률 알림 기능이 있어 유용하다. 공시도 실시간으로 뜨니 발빠른 정보 습득이 투자로 연결될 수 있다.

③ 시장가 주문

호가는 매수와 매도 주문 가격이다. 여러 호가 중 시장가와 지정가를 주로 사용한다. 지정가 주문은 가격과 수량을 입력한다. 가격이 맞지 않으면 매매 체결

시장가 주문은 ① 수량만 입력하면 된다. 지정가 주문은 ① 수량과 함께 ② 가격도 입력해야 한다.

이 안 된다. 시장가는 가격을 뺀 수량만 입력한다. 가격과 상관없이 수량만 맞으면 바로 체결된다. 강력한 매도 신호가 오면 투자자들이 한꺼번에 팔기 때문에 주문이 쏠린다. 남들보다 빨리 팔아야 그만큼 이득이기 때문에 시간을 지체할 수 없다. 급등 테마주 매도라면 지정가보다 시장가 주문이 낫다. 일단 팔아야 수익이 난다.

④ 기타 주문 방법

조건부 지정가는 지정가에서 시장가로 변경되는 조건을 붙인 것이다. 최유리 지정가는 상대 가격에 유리한 주문이다. 최우선 지정가는 최유리의 반대로 나의 주문 가격이 최우선이다.

호가		차트	투자자		거래원	뉴스	>
	1,799	**26,900**	5.08%	PBR		4.15배	
	1,464	**26,850**	4.88%	외국인 신용		1.25% 5.24%	
	940	**26,800**	4.69%	체결합			
	1,455	**26,750**	4.49%	매도 매수		72,129 57,330	
최우선 매도호가		**26,700**	4.30%	체결강도		-11.43%	

26,650	3					
26,650	3	**26,650**	◄ 최우선 매수호가			
26,650	100	**26,600**	3.91%			2,089
26,650	1					
26,600	9	**26,550**	3.71%			306
26,600	686					
26,650	9	**26,500**	3.52%			1,757
26,650	10					
26,650	335	**26,450**	3.32%			1,904
	15,594	정규장		⋮		13,586

조건부 지정가 (지정가 → 시장가)	장중 지정가, 장 마감 10분(동시호가) 전 시장가 주문으로 전환된다.
최유리 지정가 (상대 먼저)	상대에게 유리한 가격이다. 매수는 최우선 매도호가, 매도는 최우선 매수호가다.
최우선 지정가 (내가 먼저)	내가 우선한 가격이다. 매수는 최우선 매수호가, 매도는 최우선 매도호가다.

⑤ 테마주라면 점심시간에도 시세 확인은 필수다

점심 식사를 마치고 시세를 보았더니 급등 후 원위치가 되었다. 한 시간 만에 이루어진 일이다. 식사 시간에는 시장 참여자가 적다는 것을 이용해 거래량으로 밀어 올린 다음 치고 빠지기를 한 것이다. 테마주 투자자라면 점심시간에도 틈틈이 시세를 확인해야 한다.

거래소 운영 시간은 언제일까

거래소 운영 시간은 정규 매매 시간과 동시호가 그리고 시간 외 매매 시간 등이 있다.

구분	호가 접수 시간	매매 거래 시간
시간 외 종가	08:30~08:40(전일 종가)	
정규 시장 (장전 동시호가) (장마감 동시호가)	08:30~15:30 (08:30~09:00) (15:20~15:30)	09:00~15:30 (09:00) (15:30)
시간 외 종가	15:30~16:00 (당일 종가)	15:40~16:00 (당일 종가)
시간 외 단일가	16:00~18:00(당일 종가 ±10%)	

시간 외 매매 시간 외 종가, 시간 외 단일가로 나뉜다. 시간 외 종가는 단일가(전일 종가, 당일 종가)로만 매매되며, 시간 외 단일가는 당일 종가 기준 ±10% 범위 내로 10분 단위로 매매된다.

동시호가 매매 동시호가 주문 시간에 주문을 받아 동시호가 마감 시간(장 시작 전 09:00, 장마감 시 15:30)에 일괄 체결하는 방식이다. 호가 접수 시간은 장 시작 동시호가 08:30~09:00, 장 마감 동시호가는 15:20~15:30이다.

테마주 매도 전략 6

투자 원칙	세부 내용
분할 매도로 평정심을 유지한다.	1 매도 후 주가 급등에 평정심을 잃고 고가로 재매수하는 실수를 저지르지 말자. 2 손실 시마다 추가 매수하듯 매도도 나눠서 하자. 3 50%씩 2번 매도를 원칙으로 하되, 주가 상승 상황에 따라 최대 3번이다.
강력한 매도 사인에는 일괄 매도가 답이다.	1 강력한 매도 사인이 뜨면 세력들은 짐을 싸서 이사를 가고 있다. 이럴 경우 전량 매도가 안전한 투자다. 2 강력한 매도 사인은 투자경고 종목 지정(예고) 등 주가 이상 급등 공시, 뉴스 디데이(더 나올 뉴스 없음), 고점 매물 폭탄(유상증자, 주식 관련 사채 발행, 주식 관련 사채 주식 청구), 최대주주, 회사 임원, 자사주 고점 매도 등이다. 3 전량 매도한 날은 평정심 유지를 위해 시세판을 꺼 놓자. 4 급락 하락이 멈춘 횡보 구간까지 매수는 금지다.
거래량에 주목하라.	1 급락 저점에 과한 거래량은 세력이 들어오는 것이지만, 급등 고점이면 세력이 나가는 것이다. 2 급등주의 오전 거래량이 어제 거래량 이상이라면 빠져나올 준비를 해야 한다. 3 급등 이후 주가 급락에도 거래량이 적다면 세력 저점 매수 또는 매물 털기 목적일 수 있다. 4 강력한 매도 사인과 거래량 과다 발생이 동시에 일어난다면 확실한 세력 이사다.
디데이에 미련 없이 매도하라.	1 디데이 매도는 정해진 뉴스 디데이 부근에 파는 것이다. 2 더 나올 뉴스가 없다면 디데이가 주가 과열 정점일 수 있으니 디데이 오전에 미련 없이 팔아라. 3 경험치가 누적될수록 디데이 이전 매도가 안전할 수 있다.
매도 목표가는 움직인다.	1 매도 목표가를 기업가치, 추가 뉴스 여부 등에 맞게 수정하라. 2 다음 종목에서 수익이 나면 되니 목표 수익에 못 쳐도 괜찮다.
테마주에 맞는 매도 수단을 활용하라.	1 테마주는 기습 작전이기 때문에 이에 맞는 매매 수단이 필요하다. 2 정해진 조건에 자동 매매되는 예약 주문, 시세와 공시 등 자동 알림, 수량만 입력하면 되는 시장가 주문, 참여자가 적어 치고 빠지기 전법이 난무하는 점심시간대의 주가 급등락 여부 확인 등을 활용하자.

Chapter 7

테마주
심리 전술 5

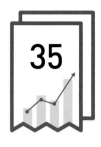

35

심리 싸움에서 이겨야 주식투자에 성공한다

주식투자 마지막 단계는 심리 공부

주식투자는 불안감과 싸우는 과정이다. 불안감이 강할수록 심리가 무너진다. 매력적인 주식임에도 안 사거나 매수했어도 버티지 못하기도 한다. 롤러코스터를 제대로 못 타니 투사 실패로 이어진다. 주식투자는 선택의 문제로 결국 심리가 흔들리면 주식투자 전체가 흔들린다. 심리 공부가 주식 고수가 되는 마지막 관문인 셈이다. 주식투자 공부는 지식 습득으로 기초 체력 만들기, 실전 투자 임상 실험으로 체력 강화하기, 심리 근육 키우기처럼 단계별로 차근차근 밟아가야 한다. 투자 고수가 되기 위해서는 최종 관문인 심리 단련에 집중할 필요가 있다.

심리 싸움에서 이기는 방법

테마주는 군중심리 역이용이 많다. 호재에도 급락이 비일비재하니 정신이 혼미해지기 일쑤라 몇 가지 노력이 필요하다.

첫째, 냉정해져야 한다. 사실 위주로 해부해 보는 것이다. 흥분을 가라앉히고 이성을 높이면 편향된 시각은 줄고 생각의 균형감은 올라간다. 심리 연습을 하면 악재는 호재, 손해는 매수 기회라는 역발상이 가능하고, 차분히 상대의 심리를 이용하는 역지사지가 된다.

둘째, 축소 지향적 심리를 바꾸어야 한다. 축소 지향은 절약에만 집중하니 대범함과는 거리가 멀다. 생각하는 단위, 규모가 작아 나무에만 집중하고 숲을 보지 못한다. 작은 손해에도 본전 생각 때문에 심리가 흔들린다. 투자는 고정된 틀을 벗어나 확장성에 집중하는 것이다. 절약이라는 고정된 틀에서 벗어나 투자라는 넓은 세계로 나오자.

셋째, 투자 전 분석하는 습관이 심리 안정에 도움이 된다. 투자 분석은 기업가치를 알아가는 과정이지만 믿는 구석이 되기도 한다. 강한 믿음은 악재에도 흔들리지 않는 강심장이 된다.

넷째, 과한 욕심을 내려놓는다. 제대로 분석했다면 자신을 믿고 도전하자. 욕심을 버리면 불안감이 잦아든다.

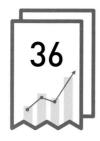

36

매번 승리할 수 있다는 자신감을 가져라

이길 싸움이어야 자신감이 생긴다

테마주 투자는 과학이다. 여러 측면에서 분석하며 타당한 근거를 바탕으로 투자하기 때문이다. 합리적 이유가 발견되었다면 믿는 구석이 생겨 자신감까지 늘게 된다. 늘어나는 자신감은 확신이 되고 이에 비례해 수익이 날 확률도 높아진다. 미치도록 사고 싶어 잠들기 어려우면 아주 좋은 투자가 될 수 있다. 이길 싸움이기에 아침이 기다려지고 자다가도 벌떡 일어나게 된다. 이런 종목은 기다림도 길지 않아 높은 수익이 난다. 이성적인 투자 판단으로 얻은 자신감에 매수 열망도 높으니 좋은 소식을 기다릴 만하다.

자신감이 생기지 않으면 매수하지 마라

스스로 합리적 설득이 가능하다면 자신감이 넘치게 된다. 그러나 분석했어도 자신감이 없다면 투자를 보류하는 편이 낫다. 합리적 설득 이유가 부족한데 투자하는 것은 투기다. 투기 요행수에 재산을 맡기는 것은 결국 운에 맡기는 것과 마찬가지인데, 운은 매번 들어맞을 수가 없다. 작은 손해에도 불안에 떨기보다 합리적인 믿음으로 자신 있게 기다릴 수 있는 투자가 마음 편하다.

승리가 자신감을 만든다

생각을 행동으로 연결시켜야 한다. 생각은 실천이 되고, 경험치가 쌓이면 실력이 된다. 늘어난 실력 덕분에 실패를 모른다. 쌓이는 승리에 자신감도 커지니 사기가 충만해져 투자에 재미가 붙는다. 불안감이 없으면 일상을 집중력 있게 꾸려나갈 수 있다.

끝까지 물고 늘어지는
집념을 가져라

절박해야 돈을 번다

가난한 조상, 소심한 성격, 바쁜 회사 일, 좋지 않은 시장 탓만 한다면 주식투자는 하지 않는 편이 좋다. 단지 불운하다는 생각으로 세상을 바라보기에는 성공한 사람이 너무 많다. 그런데 자세히 들여다보면 불운한 게 아니라 부자가 되겠다는 절박함이 없어서다. '어떻게든 되겠지' 하는 편안함으로 주식 전쟁터에 나가면 패배한다. 엉성한 실력으로는 절대 과녁에 화살을 맞힐 수 없다. 많은 사람이 조금 더 잘 살기 위해 밤잠 안 자며 자기계발과 야근을 밥 먹듯이 한다. 그렇다면 돈을 버는 주식 공부도 절박하게 해야 하지 않을까?

낭떠러지에 섰다는 절박함을 가져라

하회마을의 경치는 강이 소나무 숲을 휘감고 있어 아름답다. 그런데 최적의 관람 포인트는 마을 앞 절벽이다. 눈 아래가 아찔한 낭떠러지 끝에 서야만 멋진 풍광을 허락한다. 주식투자도 낭떠러지 끝에 섰다고 생각하면 다르다. 투자에 앞서 절벽 위에 매달린 위태로운 모습을 상상해 보자. 단돈 1원이라도 잃으면 떨어진다는 절박함이 허튼 투자를 막고 독하게 싸우게 만든다.

끝까지 물고 늘어지는 집념을 가져라

절박함의 시작은 끝까지 물고 늘어지는 집념에 있다. 일시적 손해는 있어도 실패는 없다. 오랜 분석 끝에 고른 종목도 매수하자마자 손해인 경우가 있다. 일시적 손해더라도 끝까지 견디는 것이다. 손절매는 그저 손해에서 빨리 도망가는 기술일 뿐 필승 비책은 아니다. 한번 먹이를 물면 절대 놓아서는 안 된다. 독하게 물고 늘어져 단 1%라도 수익을 내보자.

| 심리 전술 3 |

조급증을 버려라

실력도 없으면서 일확천금만 노리고 있는가?

실력도 없으면서 벌고만 싶은 것은 도둑 심보다. 불가능을 가능으로 만드는 건 기적뿐이다. 노력 없이 투자 행운을 바라는 것은 로또 당첨과 같다. 단계를 밟아 인진하게 지산을 늘리자. 일확천금을 얻겠다며 욕심을 내니 과한 리스크를 감수하다 급락을 맞는 것이다. 개그맨 전유성은 노후 대비는 평생 할 일을 만드는 것이라고 말했다. 주식투자도 실력을 갖추면 평생 일자리다. 들쑥날쑥한 투자 결과보다는 매달 받는 월급 같은 안정감이 중요하다. 요행수가 아닌 끊임없는 연습이야말로 실력이 된다.

과한 기대감보다 손실에 집중하라

사막에서 갈증이 심하면 오아시스가 보이듯 과한 기대감이 벼락부자 신기루를 만든다. 신기루는 실체가 없으니 그 기대감은 오르지 못할 나무일 뿐이다. 못 오를 것이라면 차라리 현실에 눈을 뜨는 것이 낫다. 과한 기대감 대신 투자금을 잃지 않도록 집중하자. 잃지 않겠다고 결심하면 보수적인 투자자가 된다. 가슴은 차가워지며 목표한 수익이 나면 과감히 매도한다. 한 종목에서 큰 수익을 내기보다 합리적 대안을 많이 찾는다.

무엇보다 잃지 않기 위해 노력하게 되면 기업가치를 연구하게 되며, 혹여 손실이 나더라도 빠져나올 방법을 찾게 된다. 그러한 과정이 반복되다 보면 가치투자자로 거듭난다. 과한 기대감이란 구름이 가치투자란 햇볕을 가려왔다. 이제부터는 기대감이라는 먹구름을 떨쳐버리고 손실을 보지 않는 현명한 투자자의 길로 나아가자.

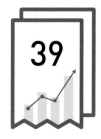

이성이 감정보다 먼저다

이성과 감정, 순서가 뒤바뀌면 실패한다

매수할 때는 기대감에 겨워 감정이 충만하다. 반대로 과한 손실 뒤에는 매우 이성적이 된다. 뒤늦게 실패 원인도 찾고 손절매도 기계처럼 잘한다. 이성적인 매수 후 기쁨에 찬 매도여야 하는데 그저 안타까운 일이다. 주식투자는 뜨거운 심장보다 차가운 머리가 먼저 나가야 한다. 생각 없는 뒷북 투자, 끊임없는 손절매, 매도 후 고점 재매수를 하지 않도록 감정을 다스리는 연습이 필요하다.

스스로 설득당할 이유를 가져라

감정을 다스리기 위해서는 합리적 절차가 필수다. 이성적 분석에 감정 다스리기를 더해 보자. 바로 자기만의 생각을 갖는 것이다. 자신을 설득할 이유 3가지를 적어 보자. 설득한 이유를 찾는 동안 생각은 논리적이고 촘촘해진다. 남의 생각대로 투자하는 것은 자기 실력이 될 수 없다. 수익이면 내가 뛰어나서, 손실이면 남 탓으로 여기기 쉽기 때문이다. 오롯이 내 생각으로 투자 판단을 해야 실력이 는다.

스스로 설득이 되지 않거나 투자 매력이 없으면 사지 않는다. 합리적 이유로 설득이 되면 흥분한 심장은 내려가고 냉정한 머리는 돌아온다. 다양한 경우의 수를 끊임없이 고민해보자.

매수 전 심호흡을 세 번 하라

메시가 있는 아르헨티나 축구팀은 남미 특유의 흥 때문에 기복이 심하다. 골을 먼저 내주면 격하게 흥분해 경기를 망친다. 주식도 다혈질이면 안 된다. 충동적이고 흥분을 잘한다면 이러한 성격은 버려야 한다. 매수 전 심호흡 세 번이 흥분을 가라앉힌다. 매수를 매도로 선택하거나, 매도 가격에서 0 하나를 빼는 실수를 하지 않도록 먼저 호흡에 집중하는 편이 좋다. 심호흡을 하며 혹여 실수 요소는 없는지 최종 복기해 보자.

공포를 즐기는 역발상 전문가가 되라

주식이라는 창으로 세상을 바라보자

주식투자가 어렵다면 세상의 모든 일을 주식과 연결시켜 보자. 맥주 가격이 올랐다고 맥주 회사만 욕할 것이 아니라 맥주 회사 주식을 먼저 사는 것이다. 미세먼지가 괴롭다고 마스크만 찾을 게 아니라 관련주를 산다. 세상을 주식으로 연결하니 일상생활이 온통 주식투자다. 모두의 관심 최우선 순위만 찾으면 되는 쉬운 일이다. 만약 바빠서 뉴스를 볼 시간이 없다면 대통령의 관심사만 찾아도 된다.

역발상으로 세상을 뒤집어 보자

모든 사람이 세상을 똑바로 볼 때 혼자 뒤집어 보는 것이 역발상이다. 평범한 생각으로는 남들과 다르기 어렵다. 세상을 360도 돌려 보는 것이 하나의 방법이다. 매도할 때 매수자 입장에서 바라보자. 나의 매도는 상대편 시각에서 바라보면 매수 기회일 수도 있다. 맛집에는 모두가 생각하지 못하는 특별한 비법이 있다. 주식투자도 나만의 방법이 있어야 한다. 악재 뉴스에 호재는 없는지 일단 뒤집어 보는 것이다. 호재에 뒷북 투자하지 않고, 악재에 손절매하지 않으니 좋다. 유상증자는 주식 수가 늘어나니 악재다. 반대로 망하기 직전의 회사에게 유상증자는 단비와 같다. 유상증자 발표로 상한가다. 재벌 총수 구속은 악재지만 길게 보면 그는 풀려날 것이기 때문에 투자 기회이기도 하다.

주식으로 인생을 바꿀 수 있다

인생 역전 기회는 위기에서 나온다. 600년이 지나도 이순신을 기억하는 것은 임진왜란 때문이다. 난세에 영웅이 탄생하는 법임을 알았다면 주식투자에 이를 적용해 보자. 나는 급락장 공포 영화 마니아다. 모두가 공포에 떨고 있을 때 평정심을 유지하고 매수를 한다. 다람쥐 쳇바퀴 돌듯 특별할 것 없는 인생이라면 더욱 재테크에 담을 쌓지 말고 주식투자를 시도해 보자.

테마주 심리 전술 5

투자 원칙	세부 내용
매번 승리할 수 있다는 자신감을 가져라.	1 제대로 분석하고 합리적 이유가 있다면 자신감이 생긴다. 자신감이 없으면 매력 부족이기에 매수 불가다. 2 자신감에 매수 열망이 높아지면 성공 확률이 올라간다. 3 수익이 누적될수록 강심장이 된다.
끝까지 물고 늘어지는 집념을 가져라.	1 돈을 벌기 위해서는 절박함이 있어야 한다. 낭떠러지에 서 있다는 심정으로 독하게 싸우는 것이다. 2 한번 먹이를 물면 절대 놓치지 말자. 3 양보는 주식투자에서 미덕이 아니다. 집념이 성공 비결이다.
조급증을 버려라.	1 실력을 기르지 않고 요행수를 바라는 것은 로또 당첨을 꿈꾸는 것과 같다. 2 과한 기대감을 내려놓고 잃지 않는 것에 집중하는 보수적인 투자자가 되자. 3 단계를 밟아 안전하게 자산을 늘리자. 로또 같은 욕심을 내니 과한 리스크를 즐기다 급락을 맞는 것이다.
이성이 감정보다 먼저다.	1 감정이 이성을 앞서면 실패하기 쉽다. 감정을 다스리는 연습을 하자. 2 감정을 다스리기 위해서는 합리적인 절차가 필수다. 자신을 설득할 이유를 오롯이 자신만의 생각으로 채워 보자. 3 매수 전 심호흡 3번이 흥분을 가라앉힌다. 심호흡하며 혹여 실수는 없는지 최종 확인한다.
공포를 즐기는 역발상 전문가가 되라.	1 일상생활이 주식투자다. 모두의 관심 대상만 찾으면 된다. 특히, 대통령 관심사는 정책주 투자 1순위다. 2 세상을 뒤집어 보는 역발상이 수익을 부른다. 3 급락장 위기가 인생 역전 기회이다.

Chapter 8

약세장·
강세장에
대응하는 전략

약세장에서 테마주에
주목해야 하는 이유

약세장에 강한 테마주

대형주는 시가총액이 큰 산업 대표주다. 주가지수는 대형주 반영 비중이 높은데 약세장에서는 이들이 힘이 없다. 꿩 대신 닭이라고 대형주가 힘을 못쓰니 대체재인 중소형 테마주가 틈새시장으로 인기다. 갈 곳이 없는 투자자가 몰리지만 테마주는 부실기업, 과한 주가 버블, 주식 물량 폭탄이 상대적으로 많다. 약세장일수록 테마주의 장점에 가치투자를 보완한 '테마주 가치투자'를 주목해야 한다.

① 약세장에서 빛을 발하는 테마주

약세장에서는 대형주를 선호하는 기관 등이 휴식기이기 때문에 개인 세상이다. 개인이 즐겨 찾는 중소형 테마주가 인기다. 중소형주는 전체 시장(주가지수)과 무관하게 개별 호재로 움직인다.

대형주는 실적이 중요한데 중소형 테마주는 이슈 반복성이 중요하다. 테마 반복성은 약세장이나 기업가치와는 무관하다. 모두가 흘러내릴 때 혼자 빛을 발할 수 있다. 가령, 약세장 북한 핵실험 이슈가 방산주 호재가 되는 것이다. 반복성은 자주 돌아오기 때문에 지루함도 적다. 뉴스 1면 뜨거운 이슈는 시장 급락과는 무관하다. 뉴스 기사 하나가 강세장일 때보다 과한 관심을 이끌어 보다 큰 쏠림 현상을 만든다.

② 가치투자로 리스크 보완까지

약세장에서의 한탕주의가 만연하다 보니 불량 기업 테마주도 많아 리스크가 커졌다. 주가 버블로 고점 뒷북 투자라면 크게 손해를 볼 수 있다. 리스크 관리도 약세장의 중요 투자 포인트다. 가치투자로 망할 기업과 물량 폭탄을 피하니 크게 실패하지 않는다. 주가 거품이 많은 테마주 투자를 기업가치라는 브레이크로 멈추게 한다. 또한 손실 시에는 기업가치에 근거한 추가 매수로 위기를 탈출한다.

약세장(급락장)에 대응하는 전략

기존 손실 종목에 집중하자

기존에 보유하고 있는 종목에 집중해야 하는 이유는 새로운 종목에 투자하는 것이 불안감을 부르기 때문이다. 신규 종목에서 수익이 난다는 보장도 없고 손해를 보면 복잡한 마음만 든다. 그럴 바에는 기존 종목 손해율을 축소시키는 편이 낫다. 기존 보유 종목은 분석하고 투자했던 매력적인 종목이다. 약세장 덕분에 매력도가 더욱 높아졌으니 투자할 기회다. 또한 공포감에 우왕좌왕하지 말고 평정심을 유지해야 한다. 복잡하지 않게 기존 보유 종목에만 집중하면 냉정해질 수 있다. 냉정함을 찾으니 손절매도 하지 않는다. 굳이 새로운 종목을 매수하겠다면 기존에 알고 있던 관심 종목으로 한정하는 편이 낫다.

전통적인 약세장 강자를 노린다

전통적인 약세장 강자는 중소형 테마주와 경기 방어주다. 특히, 약세장 전환 시에는 우선주 등 품절주도 이유 없이 급등한다. 우선주 급등을 강세장 종료로 보는 시각도 많다. 약세장 테마 특징에 가치투자를 더해 테마주 가치투자를 해보자. 낮아진 주가에 테마가 더해지니 매력적이다. 약세장의 주된 이유는 글로벌 경기 둔화와 이로 인한 기업 실적 악화 등이다. 수출 기업보다 경기 방어주 타격이 상대적으로 적다. 경기 방어주는 경기에 둔감한 셈이다. 유통(백화점, 마트), 식품, 전력 등 공공재와 같은 내수 위주이기 때문에 아무리 불황이어도 실적이 상대적으로 안정적이다. 워런 버핏이 코카콜라 주식을 좋아하는 이유이기도 하다. 불황에 100% 버티는 것은 아니지만 수출주보다 내림 폭이 작다.

약세장 최대주주와 자사주 매입, 주식 증여 기업에 주목하라

최대주주는 내부자로 회사를 가장 잘 안다. 자사주를 보유한 경우도 마찬가지다. 그들의 주가 고점 매도는 악재다. 더 이상 오를 수 없기 때문에 내다 판 것이다. 반대로 주가 저점에서의 주식 매수와 증여는 호재다. 내릴 만큼 내렸으니 투자를 목적으로 둔 접근이다. 주가 하락에 증여세를 아끼는 전략이다. 이윤 추구 비즈니스에 능통한 그들이 투자 기회를 놓칠 리 없다. 약세장 최대주주 지분 증가, 자사주 매입, 주식 증여 뉴스를 눈여겨보자. 자사주도 저가에 사서 고가에 팔 수 있으니 투자 대상이 될 수 있다. 최대주주에게 매도도 가능해 경영권 방어에 도움이 된다. 증여(상속)세는 몇 년간 나눠 낼 수도 있는데 이를 고배당으로 해결할 수도 있다. 증여(상속)세는 증여(상속) 시점 기준 앞뒤 2개월간 평균주가 기준이다. 자사주는 취득 공시 이후 3개월 내 매수를 해야 한다. 하루 최대 매수량이 정해져 있기 때문에 분할 매수해야 한다. 증여(상속)세를 낼 최대주주나 자사주를 매입할 기업 입장에서는 주가 상승이 반가울 리 없기에 일반적으로 자사주 취득, 증여(상속)세 산정 기간 동안 주가는 크게 오르지 않는다. 이 기간이 눌림목 투자 기회다. 다만, 예외적으로 자녀들 간 지분이 엇비슷해 경영권 분쟁 이슈가 생기면 주가가 급등하기도 한다. 2020년 신격호 롯데그룹 회장 사망 후 자녀들의 경영권 분쟁 기대감에 롯데지주 주가가 급등하기도 했다.

급락장 투자 시그널을 확인하라

급락장에서는 투자자가 팔기 시작하니 과한 하락세가 나타난다. 기관 손절매, 신용 융자 담보 가치 하락과 미수로 인한 반대매매, 공매도, 개인 순매도가 하락을 이끈다. 손절매는 기관 자동 강제 손절매로 '스톱로스'라고도 한다. 미리 정해진 손절매 가격, 수량 등을 시스템에 입력해 놓는데 시장 급락에 매도 주문이 자동으로 나간다. 서킷브레이커^{CB}는 코스피, 코스닥 지수가 직전 거래일 종가보다 8%, 15%, 20% 이상 각각 하락하면 발동을 예고하고, 이 상태가 1분간 지속되면 모든 종목 매매를 중단한다. 급락장 CB를 계속 확인해야 한다. 지진도 여진이 이어지듯 CB 충격도 계속된 반대매매로 2~3일 지속될 수 있다. 투매가 투매를 부르는 형국이다. 급락장에서는 대차 잔고와 공매도, 신용 융자 잔고, 개인 순매도량을 체크할 필요가 있다. 시장 급락이 멈추려면 이들 통계치가 줄어들었는지가 중요하다. 다 쏟아내고 더 나올 매도 물량이 줄어야 급락이 멈춘다.

CB와 같은 급락장에서 주가 저점을 유지한다면 당분간 믿고 보는 가격 저점이다. 기업가치가 변하지 않는다면 최소한 그 가격 이하로는 떨어지기 어렵기 때문이다. 반대로 주가 저점을 하향 돌파한다고 겁먹지 마라. 삼세번 지지해온 저점이 뚫렸다고 끝난 것은 아니기 때문이다. 오히려 역발상으로 지점에 매수할 수 있는 강력한 기회가 되기도 한다. 재고떨이 수준인 가격 할인을 즐기자. 자신의 보유 종목만 내린 게 아니고 전체 시장이 급락했으니, 일시적 충격이 지나고 나면 원위치될 것이다. 만약 더 떨어진다면 추가 매수로 끝까지 물고 늘어져 보는 것도 괜찮다. 물론 전제는 최소한 망할 기업은 아니어야 한다.

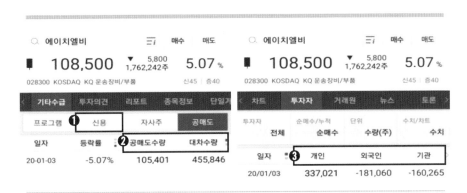

증권사 애플리케이션으로 ① 신용 융자, ② 공매도(대차 잔고) 수량, ③ 투자자별 순매매 현황 등 파악이 가능하다.

기업가치와 무관한 시장 급락에 투자한다

시장 급락의 원인은 보통 글로벌 악재다. 2018년 10월 말 미중 무역전쟁으로 코스피가 급락했다. 속상함에 남을 탓하기보다 역발상의 기회로 삼아야 한다. 기업 실적에 악영향이 아니면 기회이기 때문이다. 글로벌 악재는 빠른 시간 안에 해소될 수 있다. 2007년 미국 신용 등급 하락에 1,000선까지 하락했던 코스피도 1년 후 크게 회복했다. 그 당시 2만 원대였던 대림산업도 1년 만에 18만 원대까지 6배 상승했다. 시장 급락에 가치투자 원칙에 기반한 저평가 우량 기업을 고르면 된다.

약세장에 함부로 빚내서 투자하지 마라

강세장이라면 레버리지 투자 승률이 높다. 대세 상승 분위기에 상환 기한이 짧은 신용 융자, 미수로 큰 수익을 얻기 쉽다. 약세장에서는 약세가 언제 끝날지 모르기 때문에 짧은 상환 기간이 정해진 빚 투자는 위험하나. 오르는 건 분명한데 돈을 빌린 기간이 지나서 오르니 잘못하면 주가 하락에 반대매매를 당하기 쉽다. 기한이 정해진 이사 대금, 대학교 입학금 등을 이용한 투자도 약세장에서는 조심해야 한다.

급락장에서 저가 매수했다면 긴 호흡을 유지한다

약세 급락장에서 저가 매수한 주식이라면 작은 수익에 만족하지 말자. 강세장 전환까지 버텨 보는 게 좋다. 큰 수익이 확실한데도 새가슴에 이른 매도는 자제해야 한다. 시가배당률이 10%일 경우 보유만 해도 매년 10% 배당을 받는다. 3년 정기 적금이다 생각하고 묻어 두면 최소 2배의 이익이 가능하다. 시가배당률이 5%가 되어도 여전히 매력적이다. 장기 투자란 강력한 저가 매수로 오랜 기간 기다리는 것이다. 잦은 매매로 손해를 보는 것보다 나은 투자 방법이다.

급락장 위기는 준비된 자에게 온다

급락장 위기에서는 대비한 투자자만 살아남을 수 있다. 만일의 사태를 대비한 다음 계획을 세워 두는 것도 좋다. 우선 급락장에서의 매수 종목을 미리 점찍어 두는 것이다. 급락 시 투자할 현금 조달 방법도 세워 둔다. 급락장 매수 이후 주가가 내렸다고 손절매는 안 될 말이다. 오히려 저가 매수이기 때문에 일시적 손해라도 끝까지 물고 늘어져 보자. 추가 매수로 매수 단가를 더 낮추는 것이다. 전제는 처음부터 좋은 종목이어야 함을 다시 한번 강조한다.

43

강세장에
대응하는 전략

외국인과 기관투자자를 따라 대형주에 투자하라

강세장에 강한 대형주에 집중할 필요가 있다. 대형주는 가치투자자인 큰손 외국인과 기관투자자가 좋아하는 종목이다. 큰손인 외국인과 기관투자자를 따라만 해도 강세장이 편한 투사사가 될 수 있다. 그들이 움직이니 수가지수(코스피, 코스닥)를 구성하는 시가총액이 큰 대형주 장세다. 개인들이 좋아하는 중소형주는 소외될 수 있다.

외국인, 기관 집중 매수 종목을 아는 방법은 뉴스 정보를 통해서다. 매일 장 마감 후나 주말에 한 주간의 기관과 외국인 매수·매도 상위 종목 통계를 살펴본다. 매일 체크하다 보면 특별하게 거래량이 늘어난 종목이 보인다. 이들 종목 변동

[표]주간 코스닥 기관·외국인·개인 순매수·도 상위종목[12월 23일~27일]

[서울경제]

<기관> (단위 : 백만원, 주, 기간 : **12.23~27일**)

종목	순매수		종목	순매도	
	금액	수량		금액	수량
에이치엘비	57,763	563,058	SK머티리얼즈	13,296	72,159
젬백스	39,896	1,179,927	에이치엘비생명과학	9,070	317,196

주말이면 지난 한 주간 시장별(코스피, 코스닥), 매수 주체별(외국인, 기관) 상위 순매매 현황 기사가 나온다.

이유를 세밀히 들여다보면 투자 기회가 생긴다. HTS·MTS, 네이버 등에도 매매 통계가 나오니 관심 종목이라면 상세히 보자. 또한 펀드를 가입했다면 보내 주는 펀드 보고서 상 세부 투자 내역도 참고 대상이다. 펀드를 운용하는 자산운용사도 기관투자자다. 일상이 투자 기회이듯 자신의 펀드 투자 종목도 유심히 봐 두면 투자 이유가 생긴다.

대형주는 실적 기준 가치투자(미래 PER, 시가배당률)가 가능하다. 업계 큰형님들이기에 업황 분석이 곧 해당 기업 투자 분석이다. 투자에 참고할 증권사 리포트나 뉴스도 많다. 장수 기업이 많아 경험치도 많고 오랜 기간 견뎌온 만큼 망할 가능성이 낮다. 시가총액이 크기 때문에 약세장에서도 낙폭이 중소형주 대비 낮다. 몸집이 크니 외풍에 잘 견디는 것이다. 지수 편입 효과도 높아서 주가지수(코스피, 코스닥)에 편입되면 펀드 등 기관과 외국인 투자 등의 유입이 많아진다. 또한 안정적인 배당 기업들이 많다. 최근 스튜어드십 코드^{Stewardship Code} 도입으로 배당이 높아질 수 있다. 스튜어드십 코드는 주인 재산을 관리하는 집사처럼 연기금, 자산운용사 등 기관투자자가 고객의 이익을 극대화시키기 위해 주주 역할을 충실히 하는 것을 말한다. 자사주 매입과 배당 확대 요구 등이 늘 수 있다.

바이오가 단기 테마가 될 수 있다

바이오주는 꿈을 먹는 주식으로 강세장에서 특히 잘 부풀려진다. 2017년 말 코스닥 시장 활성화 정책에 바이오가 가장 급등한 이유다. 고수익을 낼 신약 개발에 대한 기대감이 현재 기업가치보다 과한 급등을 만든다. PER 100배가 넘는 주가 버블, 적자 누적 기업도 조 단위 시가총액을 쉽게 만든다. 하지만 급등이 큰 만큼 급락도 심하니 기업가치는 잘 살펴봐야 한다.

바이오는 오랜 실험 기간과 많은 임상 비용이 필요하다. 유상증자, 주식 관련 사채 발행 등 자금 조달 공시는 단골 손님이다. 많은 시간과 돈을 쏟아 부었음에도 임상 실험에 실패 사례도 많다. 기존 약보다 효능이 월등하기란 쉽지 않다. 최악의 경우 신약이 완성되기 전 바이오 기업이 없어질 수도 있다.

전통적인 굴뚝 산업은 강세장 오버슈팅^{Overshooting}이 어렵다

굴뚝 산업은 업종 변환을 하지 않는 한 과거, 현재, 미래에 큰 변화가 없다. 미래에도 신약 성공과 같은 신기루 환상이 없기 때문에 강세장 버블도 힘들다. 노동집약적 산업인 굴뚝 산업은 땅 부자인 경우가 많아 보유 자산 대비 주가가 저평가인 저PBR이다. 다만, 재산이 많아도 수익이 나지 않으면 급격한 주가 상승을 기대하기 어렵다. 저PBR이라도 실적 기대치가 낮으면 강세장에서 소외되는 것이다. 보유 자산 기준 저PBR보다 실적 기준 저평가인 저PER이 보다 매력적인 이유다.

강세장 투자운을 실력으로 오판하지 말자

주식투자는 운이 따라야 한다. 30% 투자운을 실력으로 오판하지 말아야 한다. 단지 강세장 시기를 잘 만난 덕에 분석 없이도 수익을 낸 것일 뿐이다. 투자운을 실력이라 믿고 투자 금액을 키우는 실수는 절대 범하지 말자. 만고불변의 진리는 투자는 기업가치를 분석하면서부터라는 것이다. '부실기업 제외'라는 단순 논리가 주식투자로 망하지 않는 지름길이다. 가치투자 요소인 실적 개선, PER, 시가배당률, 재무 안전성, 호재 공시 등을 잘 살펴보자.

1부에서 설명했던 가치투자를 위한 재무지표 점검은 각자의 몫으로 남긴다. 시가총액, 미래 PER, 시가배당률에 따른 투자 판단은 매일 바뀌는 주가에 따라 달라지며, 당기순이익, 재무비율은 분기 단위로 계속 변한다. 이 책에서 저평가라고 언급해도 그것은 이미 과거의 기록일 뿐이다. 매수하려고 할 때 직접 수치를 찾아 계산해야만 시의적절하게 평가할 수 있다. 따라서 3부에서는 동일하게 반복된 과거 경험에 의한 학습 효과 위주로 설명하려고 한다. 과거의 학습 효과는 설명했으니, 각자 현재 기업가치를 정확히 판단하여 최종 투자 결정을 내리기 바란다.

테마주
실전 종목 분석

● 테마주 투자 포인트 캘린더 ●

1월 · JAN	2월 · FEB	3월 · MAR
고배당주 배당락 저점 매수 포인트		미세먼지주 고점 매도 포인트(3~4월)
		· 분기 배당 기준일 · 3월 말 결산 법인 배당 기준일

4월 · APR	5월 · MAY	6월 · JUN
미세먼지주 고점 매도 포인트(3~4월)		· 분기 배당 기준일 · 6월 말 결산 법인 배당 기준일
	조류독감주 저점 매수 포인트(4~6월)	
	여름 폭염주 고점 매도 포인트(5~8월)	
		장마주 고점 매도 포인트(6~7월)

7월 · JUL	8월 · AUG	9월 · SEP
	미세먼지주 저점 매수 포인트(7~8월)	
	여름 폭염주 고점 매도 포인트(5~8월)	
장마주 고점 매도 포인트(6~7월)		· 분기 배당 기준일 · 9월 말 결산 법인 배당 기준일

10월 · OCT	11월 · NOV	12월 · DEC
	조류독감주 고점 매도 포인트(10~12월)	
		· 연말 배당 기준일 (12월 말 결산 법인 기준) · 중소형주 저점 매수 포인트 (12월 말 대주주 양도세 대상 확정 이슈)

월 / 투자 포인트

Chapter 9

계절주:
계절은 1년마다
돌아온다

계절주 정의

전통적인 계절주는 쇠퇴하고 있다

전통적인 계절주는 계절별로 매출이 반짝 집중되기 때문에 더위와 추위에 민감하다. 여름이 아이스크림과 맥주가 잘 팔리는 시기라면 겨울은 보일러와 호빵 등이 잘 팔린다. 무더위 속 정전에 콘돔 회사도 상한가다. 겨울철에는 차량 사고도 증가하여 손해보험 회사들은 실적 악화에 시달려야 한다. 반대로 패딩 매출과 홈쇼핑 실적은 좋아진다. 특히 홈쇼핑은 사람들이 외부 활동을 하지 않으면 매출 증가로 이어지기 쉬워서 한파, 장마, 태풍 등과 같은 시기가 반짝 특수다.

그런데 산업 발달로 계절에 따른 매출 집중도가 하락세다. 보통 여름에 잘 팔리는 맥주와 아이스크림은 겨울에도 잘 팔린다. 여름에 보일러를 미리 놓는 경우도 많기 때문에 전통적인 계절주 의미가 무색해졌다. 겨울철마다 외투를 사지 않으니 국민 교복이라 일컬어진 패딩의 인기도 시들하다. 홈쇼핑도 계절의 영향보다는 1인 가구, 워킹맘 등의 인구구조 변화에 따른 영향이 더 커졌다.

새롭게 떠오르는 계절주, 자연재해와 전염병주

산업 발달의 역설로 인해 환경 파괴가 위협 요소로 떠오른다. 계절을 반복하며 자연재해와 전염병이 어김없이 돌아온다. 봄이면 미세먼지와 황사, 여름이면 폭염과 장마(태풍), 가을과 겨울에는 AI(조류독감) 등이다. 메르스, 에볼라, 사스, 홍콩독감, 코로나19 등 전염병과 구제역, 돼지열병과 같은 동물 전염병도 수시로 창궐한다. 엘니뇨로 따뜻한 겨울, 긴 장마 등 이상기후가 이제는 친숙해졌으며 남의 이야기였던 지진도 자주 찾아온다. 자연재해, 전염병이 계절마다 어김없이 반복되니 계절주가 바뀌어 가고 있다. 공포감과 충격도 심해 언제나 뉴스 1면을 차지한다. 이제는 자연재해와 전염병이 계절주의 투자 열쇠가 되었다.

계절주 특징

반복성이 높은 계절주는 축적된 데이터베이스가 자산이다

정치인과 산업은 영원할 수 없다. 정치인은 늙거나 인기가 식으면 사라진다. 산업도 한번 경쟁력을 잃으면 회복하기가 어렵다. 그러나 계절은 때마다 찾아온다.

이렇게 매년 반복되는 계절주 투자 경험은 데이터베이스가 되어 쌓이고 결국 실력으로 이어진다. 학습 효과도 높기 때문에 실전에서 쓰이기도 좋다. 실적만 과하게 변하지 않는다면 과거 경험치를 그대로 대입하면 된다. 머리 복잡할 일 없이 과거 경험치 학습 효과만 따르면 되는 간단한 투자다.

계절주, 이런 매력이 있다

계절마다 돌아오는 종목은 정해져 있다

새로운 종목이 매번 많이 나오면 투자는 힘들어진다. 그만큼 누적된 데이터베이스가 없어서다. 계절주는 매년 변함없이 급등이 돌아오는 종목이 많기 때문에 다른 테마주보다 매력도가 높다.

▼ 계절주 종류

계절	계절 특징	관련 산업
봄	미세먼지, 황사	공기청정기, 마스크, 안약
여름	장마, 폭염	비료(농약), 제습기, 에어컨(선풍기)
가을, 겨울	AI	방역, 참치, 양돈(양계)

계절 변화만 체크하면 되는 쉬운 투자다

계절은 일 년에 한 번은 돌아오기 때문에 계절주 투자 후 한동안 잊고 살면 된다. 주식투자에 사활을 걸지 않아도 되니 여유로운 일상생활도 가능하다. 매매 타이밍이 계절과 관련되다 보니 계속해서 시세를 확인할 필요도 없다. 일기예보에 관심을 기울이며, 개구리가 잠에서 깬다는 봄 소식에 미세먼지주 매도 시기가 왔다고 생각하면 된다.

투자 기회가 자주 돌아온다

매 계절마다 투자를 한다면 일 년에 네 번의 투자 기회가 있다. 전염성 질환 발병은 계절에 상관없이 찾아오기 때문에 부정기적 주가 급등 이슈다. 더블 역세권 종목도 많다. 위닉스는 미세먼지가 심한 봄철과 장마철에 2번의 매도 기회가 있다. 효성오앤비는 6월 결산 법인이기 때문에 6월 배당주다. 유기농 비료를 생산하는데 비료는 장마 테마주이면서 남북경협(인도적 지원) 대상이기도 하다.

매일 일기예보는 돌아온다

인터넷이나 TV에서 날씨 뉴스는 꼭 나온다. 자연재해 급이라면 첫 번째 뉴스다. 만약 날씨를 보지 못했다고 하더라도 휴대폰의 재난 경보 문자메시지가 주의를 환기시켜 줄 것이다. 날씨는 미리 알려 주는 예보 시스템이다. 중국에서 시작한 황사는 우리나라에 도착하기 2~3일 전부터는 알 수 있다. 매도 디데이를 알게 되니 선점하고 기다리기만 하면 된다.

| 일기예보와 투자 전략 |

올해는 여름 장마가 길어진다는 뉴스가 1월에 나왔다. 우기 장마에 대비해 제습기, 비료(농약)주를 선점한다. 또한 올 겨울은 삼한사미라는 뉴스가 10월 초에 나왔다. 3일은 춥고 4일은 미세먼지이니 관련주 선점에 신경 쓰자.

산업 예측에서 자유로우니 머리 아플 일이 적다

개미가 산업 예측을 한다는 것은 불가능하다. 증권사 리포트와 뉴스에 의존하지만, 전문가조차도 틀릴 때가 많다. 변화무쌍한 실적을 맞추지 못해 어닝쇼크earning shock가 난무한다. 계절주는 계절만 잘 확인하면 되니 매력적이다.

계절주 투자 전략

계절 말미에 사고 계절 정점에 팔아라

주식은 싸게 사서 비싸게 파는 것이라는 말에 충실한 투자법이다. 계절 정점은 모두의 관심이 집중되는 주가 급등 구간으로 매도 기회다. 계절 말미는 관심에서 멀어지기 때문에 저점 구간으로 매수 기회다. 계절 정점에 뒷북 고점 투자를 하고, 주가가 떨어진다고 계절 말미에 손절매하는 실수를 저질러서는 안 된다. 계절은 계속해서 돌아오는 것이기 때문에 차라리 다음 계절을 기다리면 수익으로 이어질 수 있다. 계절 정점에 가까워질수록 학습된 기대감으로 주가는 우상향하기 때문이다.

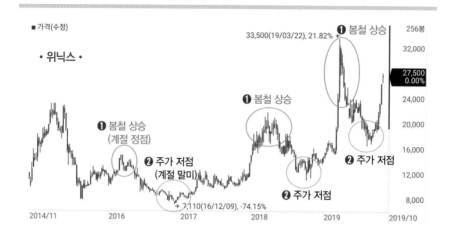

■가격(수정)

• 위닉스 •

❶ 봄철 상승

33,500(19/03/22), 21.82%

256봉

32,000

❶ 봄철 상승
(계절 정점)

❶ 봄철 상승

27,500
0.00%

24,000

❷ 주가 저점
(계절 말미)

20,000

❷ 주가 저점

16,000

❷ 주가 저점

12,000

7,110(16/12/09), -74.15%

8,000

2014/11   2016   2017   2018   2019   2019/10

공기청정기를 만드는 위닉스의 경우 ① 미세먼지가 심한 봄철이 계절 정점이고 ② 미세먼지가 사라진 여름 등
이 계절 말미 주가 저점이다.

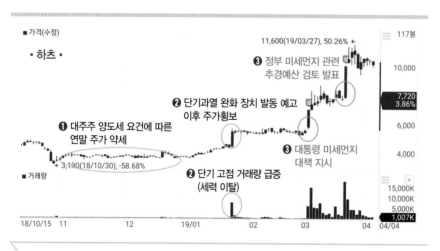

■가격(수정)

• 하츠 •

11,600(19/03/27), 50.26%

117봉

❸ 정부 미세먼지 관련
추경예산 검토 발표

10,000

❷ 단기과열 완화 장치 발동 예고
이후 주가횡보

7,720
3.86%

❶ 대주주 양도세 요건에 따른
연말 주가 약세

6,000

❸ 대통령 미세먼지
대책 지시

4,000

3,190(18/10/30), -58.68%

■거래량

❷ 단기 고점 거래량 급증
(세력 이탈)

15,000K

10,000K

5,000K

18/10/15 11   12   19/01   02   03   04 04/04

1,007K

① 중소형주 대주주 양도세 이슈로 12월 한 달 동안은 주가 상승이 어렵다. 중소형주는 개인 투자자 참여율이
높은데 슈퍼개미 매수세가 없으니 거래량은 줄고 주가는 낮은 폭으로 움직인다. ② 12월이 지나고 우상향했다.
급등에 단기과열 완화 장치 발동 예고 경고를 내렸으니 잠시 쉬어 가는 횡보다. ③ 3월 황사가 불어오니 계절
정점이다. 탁한 공기에 정부 정책이 더해져 단기간 급등했다.

분기별 매매 vs. 연간 매매

분기별 매매는 제철인 계절주를 계절 정점에 팔고 다음 분기 정점인 계절주를 한 분기 전에 선점하는 전략이다. 예를 들면, 겨울철 계절 정점인 AI주를 팔고 다음 계절주인 미세먼지주를 선점하는 식이다. 연간 매매는 계절 말미 연중 저점 구간을 정해서 매수한 후 이듬해 계절 정점까지 보유한다. 각 계절마다 매도 기회를 짧게 이용할 것인가, 아니면 느긋하게 일 년에 한 번 계절을 이용할 것인가의 판단은 선택의 문제다. 오래 기다릴수록 수익률은 올라가지만 그만큼 돌발 변수가 많다. 반면, 짧은 기다림은 수익률이 낮을 수 있으나(계절 정점이 가까워졌기에 일 년 기다림보다 저점이 높을 수 있다) 대신 짧게 자주 수익이 나며 변화에 따른 대응이 빠르다. 두 경우 모두 목표 수익률은 40%다. 분기별 매매로 매 계절마다 10%씩 4번 수익을 얻는다. 연간 매매는 한 번에 40% 수익을 목표로 한다.

계절주 캘린더를 만들어라

분기마다 계절주에 투자할 수 있으니 계절주 캘린더가 필요하다. 달력이 있는 다이어리를 하나 마련해 보자. 캘린더 내용은 심플하다. 4계절에 맞춰 매매 종목만 나열하면 된다. 분기별로 매매를 하겠다면 다음 예시와 같이 일정을 짜고 달력에 적으면 된다.

연간 매매라면 최적 매수 저점과 매도 고점을 기록하자. 미세먼지주 크린앤사이언스는 7~8월 또는 12월에 저점 매수하고 3월에 매도하며, AI(조류독감) 관련 주인 중앙백신은 4~5월 매수 후 11월 매도하는 일정으로 캘린더에 기재한다.

또한 계획과 매매 결과가 일치하는지 검증도 필요하다. 계획 아이디어에 실제 매매일지를 더해 작성해 두자. 계획은 파란색, 실제 매매는 빨간색으로 구분하면 보기도 좋다. 몇 년간 계획과 매매일지가 쌓이면 그 누구도 따라할 수 없는 시험 족보가 된다. 그 족보 하나면 산업과 새로운 종목을 따로 공부하지 않아도 안전한 투자를 할 수 있다.

▼ **분기별 투자 전략 캘린더 예시**

구분	봄	여름	가을(겨울)	봄
매도	미세먼지주	장마(폭염)주	AI주, 배당주	미세먼지주
매수	장마(폭염)주 배당주	AI주, 배당주	미세먼지주	장마(폭염)주 배당주

종목 분산으로 리스크를 최소화하라

앞서 대장주에 집중하라고 했지만 계절주는 예외다. 대장주와 후발 주자 모두 학습 효과가 여러 차례 검증되었기 때문이다. 대장주가 여럿인 테마인 셈이다. 테마주 투자의 기본은 리스크를 최대한 낮추는 데 있다. 한두 종목이 잘못되어도 큰 타격이 없도록 종목을 분산하는 것이다. 한 종목에 집중하여 투자하는 것은 나중에 감내해야 할 손실이 클 수 있다. 펀드나 ETF의 특징처럼 개별 기업 악재 또는 혼자 오르지 못하는 리스크를 피하자.

종목 분산 방법에는 한 계절보다 두세 계절로 나누는 것이 있다. 또한 같은 계절도 나눠서 사는데, 동물 백신주라면 중앙백신, 제일바이오, 이글벳 등으로 분산한다.

계절주, 절대 손절매하지 마라

계절 정점에 고가로 매수했다고 아쉬워하지 마라. 1년 후면 다시 매도 기회가 오니 계절 말미에 추가 매수해 매수 단가를 낮추자. 계절주를 손절매하는 것은 바른 투자법이 아니다. 기업이 부실하지 않다는 전제하에 손실 구간은 매력적인 투자 기회이기 때문에 버티는 사람이 이기게 된다. 적자에 운영 자금 부족으로 유상증자와 주식 관련 사채 발행을 남발하는 회사는 계절주 가치투자 대상이 아니다. 계절주 투자는 마음 편하게 기다릴 수 있어야 한다. 그러기 위해서는 부실 회사는 과감히 투자 종목에서 제외하자.

공포의 강도를 체크하라

자연재해, 전염병은 공포 마케팅이다. 두려움에 비례해 주가가 올라가기 때문에 그 강도가 세지 않다면 주가 상승은 어렵다. 동물보다 인간 전염병에 의한 주가 상승에 반응이 더 과한 이유다. 공포감 지속성도 주시해야 할 사항이다. 전염병은 인간(동물) 치사 여부, 전파 속도 등에 따라 공포감이 지속되는 기간도 다르다. 뉴스가 계속되면 테마는 지속된다. 그렇다면 반은 매도하고 반은 조금 더 공격적으로 보유해 볼 수 있다. 반대로 공포감은 감정이기 때문에 시간이 지나면 무뎌진다. 돼지열병, 구제역이 매일 반복되는 일상이 되면 방역주 테마도 힘을 잃는다. 반복되는 일상으로 공포감이 무뎌지기 전에 안전하게 매도할 필요가 있다.

47

미세먼지와 황사는 돌아온다

미세먼지와 황사 관련주

미세먼지는 폐와 눈에 영향을 준다. 덕분에 공기청정기, 에어필터, 마스크, 안과 질환 관련주들이 테마가 된다. 다만, 공기청정기를 만드는 LG전자, 삼성전

▼ 미세먼지(황사) 관련주

구분	관련주 예시
공기청정기	크린앤사이언스(에어필터, 마스크 부직포), 하츠(환기청정기), 위닉스(공기청정기) 등
마스크	모나리자(마스크), 오공(마스크), 케이엠(마스크), 웰크론(마스크 부직포) 등
안과 질환	안국약품(안과약품), 디에이치피코리아(인공눈물), 삼천당제약(인공눈물) 등

자는 테마주가 아니다. 왜냐하면 시가총액이 매우 크고 공기청정기 판매 비중도 전체 매출 대비 작기 때문이다.

미세먼지와 황사주 특징

봄철이면 돌아온다

봄철 미세먼지는 인터넷 포털 사이트의 검색 단골손님이다. 외출 전 초미세먼지 수치 확인과 마스크 준비는 필수다. 겨울 동안 추위에 짓눌려 있던 미세먼지가 봄 날씨를 타고 무장 해제된 것이다. 매년 봄철이면 어김없이 돌아오는 일상이 된 미세먼지는 투자 기회인 셈이다.

겨울에도 미세먼지 공습은 계속된다

미세먼지는 봄철 단골손님인데 최근에는 가을과 겨울에도 기승이다. 중국에서 난방을 시작하면서 우리나라까지 영향을 주는 듯하다. 중국은 세계 1위 석탄 소비국이다. 석탄으로 10억이 넘는 인구가 한겨울을 나니 하늘은 한증막과 다름없다. 중국 동부 석탄 발전소 비중도 높다. 이들 난방 먼지는 반나절이면 한반도에 도달한다. 앞으로도 중국은 석탄 발전소를 계속 지을 계획이라고 하니 미세먼지는 미래에도 계속될 암울한 화두다.

호흡기 질환 전염병도 돌아온다

호흡기 질환(메르스, 에볼라, 홍콩 독감, 사스, 코로나19)은 무색무취인 전염병이다. 문제는 사람이 죽는 병이라는 것이다. 동물이 죽는 것보다 공포감이 더 크니 심리적 두려움이 주가를 지배한다. 호흡기 전염병은 백신주와 함께 미세먼지주 급등을 불러온다.

호흡기 전염 질환에 미세먼지 테마(공기청정기, 마스크, 안과 질환제) 중 마스크주 급등이 제일 컸음도 기억하자. 사회적 거리두기로 사람들이 외출을 자제하니 온라인 쇼핑이 증가하면서 택배용 골판지(태림포장, 대림제지 등), 전자결제 대행(NHN한국사이버결제, KG이니시스, 인포뱅크 등) 관련주들이 인기다. 하루 종일 집에만 있다 보니 간편식품(서울식품, CJ씨푸드, 사조오양, 우양, 푸드웰 등), 미디어콘

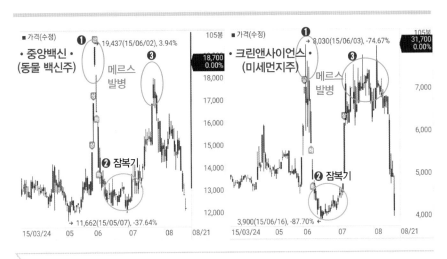

2015년 5월, 우리나라에 메르스 환자가 최초로 발생했다. ① 치사율 높은 호흡기 전염병 때문에 동물 백신주인 중앙백신과 함께 미세먼지주 크린앤사이언스도 급등했다. ② 전염병의 특징은 잠복기다. 1차 환자 발생 후 잠잠해지던 주가는 ③ 2차 후속 발병으로 또 한 차례 급등했다.

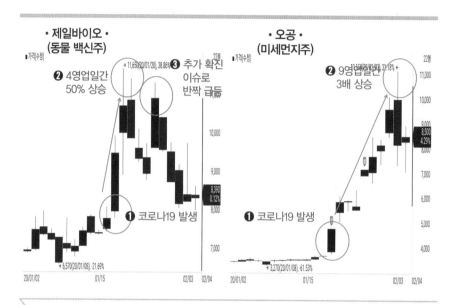

2020년 1~2월 코로나19(신종 코로나 바이러스)로 동물 백신주와 미세먼지주가 재소환되었다. 마스크 품절 덕에 동물 백신주보다 마스크주 급등세가 더 컸다. (좌) 동물 백신주 제일바이오는 4영업일 간 50% 오름세였으나 (우) 마스크주 오공은 9영업일간 3배 상승세였다.

텐츠(아프리카TV, SBS콘텐츠허브 등), 게임(엔씨소프트 등) 관련주들도 관심 대상이 된다.

개학 연기로 온라인 교육 기업(메가스터디교육, 아이스크림에듀 등), 재택근무 확산으로 원격근무 관련 소프트웨어 기업(더존비즈온, 알서포트 등) 주가도 강세다. 여기에 방역을 위한 소독제(창해에탄올, 백광소재, 깨끗한나라 등), 진단 키트(씨젠, 랩지노믹스, 수젠텍, 피씨엘 등)도 소환된다. 다만, 적자 기업도 많으니 실적과 기술력 체크는 필수다.

미세먼지 정책은 정책주로 돌아온다

미세먼지는 법으로 정한 자연재해다. 2019년 봄 미세먼지 저감 조치가 7일 연속 발령될 정도였다. 대통령은 전국 유치원과 학교 등에 공기청정기 설치를 지시했다. 인공강우 실험과 봄철 노후 석탄 발전소 가동도 중단했다. 미세먼지 정책은 미세먼지 관련주를 실적주로 만들었다. 대통령이 언급할 정도이니 매년 봄이면 대통령 관심을 받을 수 있다.

2018년 모든 서울시장 후보 공약이 미세먼지였다. 미세먼지만 잡으면 몰표를 받을 수 있는 상황인 것이다. 반기문 유엔 사무총장도 노년에 미세먼지 대책위원장을 맡을 정도다. 유럽은 이미 환경 대책의 일환으로 경유차 생산을 하지 않겠다고 하니, 앞으로 대통령 후보 단골 공약도 미세먼지가 될 것이다. 미세먼지는 단순 계절주를 넘어 성장주, 정책주, 정치주로 더블 역세권이 될 전망이다.

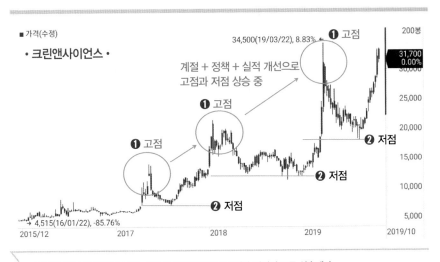

계절 반복성과 함께 정책 지원, 실적 개선이 더해져서 고점과 저점이 모두 상승세다.

상황별 공기청정기주·마스크주 주가 추이 비교

① 대통령 정책에 따른 공기청정기주 vs. 마스크주

2019년 3월 5일, 대통령이 학교 등에 대한 공기청정기 의무화를 지시하자 공기청정기 관련주가 급등했다. 정책이 곧바로 실적 개선과 연결되니 강한 상승세였다. 다만, 마스크주는 공기청정기 확대 수혜와 직접적인 연관성이 적다. 같은 미세먼지 테마이긴 하지만 공기청정기주 급등을 지켜봐야 했다.

하지만 테마는 돌고 돈다. 공기청정기주가 오를 만큼 오르고 투자경고 종목 지정 예고 공시가 떴다. 풍선 효과풍선의 한 쪽을 누르면 다른 쪽이 부풀듯이, 규제를 강화하면 투기 수요가 이전되는 현상로 세력이 마스크주로 옮겨가니 모나리자는 짧은 급등을 경험했다.

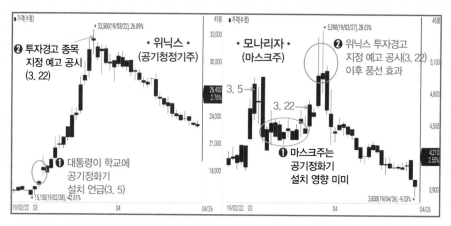

① 대통령 공기정화기 설치 언급에 (좌) 공기청정기주 위닉스는 급등한 반면, (우) 마스크주 모나리자는 횡보세였다.
② (좌) 위닉스 급등으로 투자경고 종목 지정 예고 공시가 뜨자 세력들이 (우) 모나리자로 이동하니 풍선 효과 급등세였다.

② 코로나19 전염병에 따른 공기청정기주 vs. 마스크주

2020년 1월에 발생한 코로나19 영향은 마스크주가 더 강하게 받았다. 폐렴 바이러스가 사람 간 침에 의해 전이된다는 점에서 마스크 품절 사태가 벌어졌다. 덕분에 공기청정기주보다 마스크주가 과한 급등을 맛봤다.

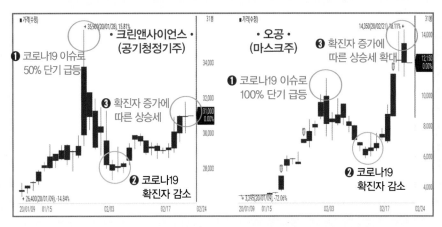

① 코로나19 발생으로 (좌) 공기청정기주 크린앤사이언스가 단기 50% 상승, (우) 마스크주 오공은 100% 상승세였다. ② 코로나19 확진자가 감소하자 더 나올 뉴스가 없으니 테마 바람은 꺼진 듯했다. ③ 확진자가 크게 증가하자 마스크주 폭등세가 거세다. 앞선 급등분보다 더한 급등 장세였다.

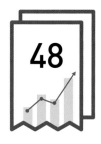

48

미세먼지와 황사주
투자 전략

계절 정점인 봄에 매도하라

미세먼지·황사 관련주는 상고하저(상반기 높고, 하반기 낮음)다. 봄철(3~4월)이 연중 최고점이고 그 이후론 추워질 때 잠깐 반등이다. 그래서 오랜 학습 효과대로 봄철에 매도해야 한다. 사계절 중 봄과 가을은 가장 짧다. 언제 왔다 가는지도 모르기 때문에 과한 욕심을 부리다 보면 봄철이 지나갈 수 있다. 목표 수익률에 연연하기보다 봄에 파는 것이 중요하다. 봄철 고점을 놓치면 다음 봄까지 1년을 더 보유해야 할 수도 있다. 일단 봄에 매도하고 정점이 지난 뒤 저점에 다시 매수 기회를 노리는 전략이 바람직할 것이다.

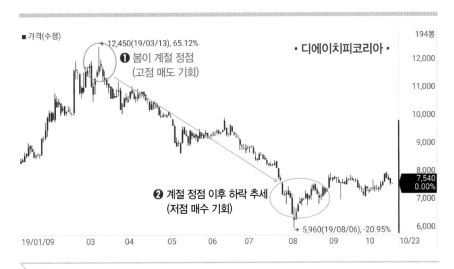

■가격(수정)

→ 12,450(19/03/13), 65.12%

194봉

12,000

❶ 봄이 계절 정점
(고점 매도 기회)

• 디에이치피코리아 •

11,000

10,000

9,000

8,000
7,540
0.00%

7,000

❷ 계절 정점 이후 하락 추세
(저점 매수 기회)

6,000

→ 5,960(19/08/06), -20.95%

19/01/09   03   04   05   06   07   08   09   10   10/23

인공눈물 제조사인 디에이치피코리아에서도 3월 이후 세력은 모두 다른 종목으로 이사갔다. 봄철 급등에 매도
하지 않으면 몇 달 간 길고 긴 하락을 맞이할 수 있다.

봄철 이후 저점 매수를 노려라

일반적으로 봄철 이후 추워지기 전까지는 미세먼지가 덜하다. 관심권에서 멀
어지니 투자해서 수익이 날 일이 적다. 호흡기 질환 발생으로 급등할 수도 있지
만 불확실한 이슈다. 주가가 조정 중인 이 시기에 저점 매수 구간을 찾아보자.

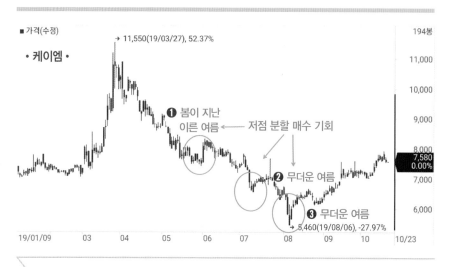

■ 가격(수정)

• 케이엠 •

→ 11,550(19/03/27), 52.37%

194봉

11,000

10,000

❶ 봄이 지난
이른 여름 ← 저점 분할 매수 기회

9,000

8,000
7,580
0.00%

❷ 무더운 여름

7,000

❸ 무더운 여름

6,000

→ 5,460(19/08/06), -27.97%

19/01/09   03   04   05   06   07   08   09   10   10/23

마스크주 케이엠도 봄철이 지나고 나니 저점 매수 기회가 찾아왔다. 무관심에 거래량은 줄어들고 주가는 빠져 있으니 저점 분할 매수를 할 수 있는 기회다.

가을과 겨울 난방철, 단기 급등에 매도가 먼저다

앞서 언급했듯 추워지면 중국에서는 석탄으로 난방을 시작한다. 가을과 겨울에 미세먼지가 반짝 나쁠 수 있다. 봄에 더 오른다는 사실은 알고 있지만 일단 수익이 나고 있으니 급등하는 때에 한 번 매도를 시도하는 전략도 있다. 전제는 봄이 되기 전 매도한 가격보다 싸게 재매수할 가능성이 높은 경우다. 12월 대주주 양도세 대상 확정 이슈로 중소형주 주가는 횡보한다. 가을부터 초겨울까지 급등에 매도하고 12월 저점 재매수를 노리는 것이다. 다만, 이 전략을 잘못 쓰면 매도 가격보다 높아진 가격에 재매수할 우려가 남아 있다. 봄철 기대감에 매도

한 가격 이하로 떨어지지 않을 수 있기 때문이다. 보수적 투자자라면 보유분 반은 가을이나 초겨울 급등에 매도(12월 저점에 매도분만큼 재매수)하고 나머지 반은 봄철까지 기다려보는 것도 전략이 될 수 있다.

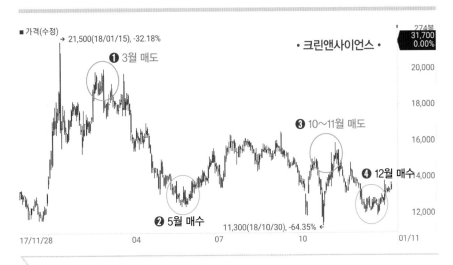

미세먼지주 연 2회 매매 사례 2018년 크린앤사이언스 차트의 경우 ① 3월 고점 매도, ② 5~6월 횡보 구간 저점 매수, ③ 10~11월 사이 반짝 급등을 이용한 매도, ④ 대주주 양도세 이슈로 인해 주가 저점인 12월 재매수 전략이 가능함을 보여 준다.

종목 분석: 공기청정기주 1

위닉스

공기청정기와 제습기가 주력인 회사로 미세먼지와 장마의 더블 역세권이다. 마른장마로 인해 제습기 인기가 시들해지자 주력 제품을 공기청정기로 전환한 전략이 주효했다. 지금은 미세먼지 쪽이 훨씬 강하다. 2019년 미세먼지 악화로 공기청정기 매출이 크게 늘었다.

2020년 연 2회(2월 주당 300원, 7월 200원) 배당했다. 2020년 3월 말 기준 부채비율은 87%였다. 2020년 3월, 회사가 보유한 자사주와 교환하는 조건으로 교환사채^{EB}를 발행(5년 만기, 무이자)했다. 1986년에 설립되어 2000년 코스닥에 상장했다.

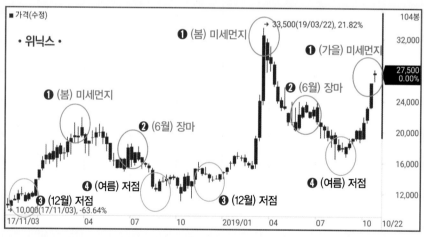

①~② 봄 미세먼지와 장마 등 2번의 급등 매도 기회가 있다. ③~④ 여름과 12월은 주가 저점 매수 기회다.

상반기 두 번의 이벤트(미세먼지, 장마)로 인해 하반기보다 주가가 높다. 다만, 2019년부터는 난방철 미세먼지 영향으로 가을 상승폭도 커지고 있다. 실적 개선으로 인해 매년 고점이 높아지고 있다. 미세먼지가 시간이 지날수록 심해져 테마도 강해지고 있다. 미세먼지가 장마보다 급등폭이 훨씬 크다. 하지만 위닉스도 12월 대주주 양도세 이슈를 피해갈 수 없다. 여름 저점과 함께 12월 지루한 횡보가 투자 기회다.

종목 분석: 공기청정기주 2

크린앤사이언스

자동차(산업용) 여과지, 공기청정기용 에어필터, 마스크용 부직포 등을 생산하는 회사로 국내 여과지(점유율 42%)와 필터(70%) 부분에서 각각 1위다. 삼성전자, LG전자 등 주요 공기청정기 생산 기업들이 고객사다. 마스크 부직포를 생산하기에 마스크주 성격도 있다. 가치투자 측면에서는 실적 개선 증가세를 보이고 있다. 필터(여과지)는 소모품이기 때문에 지속적인 매출도 가능하다. 미세먼지 증가로 인해 필터 수요가 늘어남에 따라 2019년 말까지 필터 제조 공장을 증설했다. 증설로 인한 매출 증가를 기대해

① 매년 봄마다 급등 매도 기회다. ② 2019년은 과거와 다르게 정책과 실적이 더해지니 가을에도 미세먼지주가 인기였다. ③ 2020년 코로나19 이슈로 에어필터, 마스크용 부직포 수요 증가 기대감에 급등세였다. ④~⑤ 여름과 12월이 저점 매수 기회다.

볼 만하다. 2020년 주당 300원(시가배당률 1.2%) 배당을 했다. 1979년에 설립되어 2000년에 코스닥에 상장했다.

매년 미세먼지와 황사가 괴로운 봄마다 반복되는 급등 패턴이다. 연간으로 보면 상고하저의 모습이다. 봄이 지나면 꽤 오랫동안 하락세가 이어진다. 봄철 고점 매도 이후 저점 횡보 구간을 노려 재매수하면 다음 봄을 기약할 수 있다. 중소형주이기에 12월 말 대주주 양도세 이슈로 주가는 크게 움직이지 않았음을 기억하자. 실적이 계속 좋아짐에 따라 고점도 높아졌다. 2019년은 학교 등에 공기청정기를 보급하라는 대통령 정책이 더해져 급등 폭이 매우 컸다. 정부 정책 지원, 실적 증가 기대감, 미리 선점하려는 기대 수요 덕분에 2019년 가을 상승 폭도 과거보다 높았다.

종목 분석: 공기청정기주 3

하츠

가스레인지 후드, 환기 시스템 등을 만드는 회사로 미세먼지 테마주다. 환기 시스템에 대한 정책 지원도 풍부하다. 2019년 서울시는 건물 신증축(리모델링)시 환기 장치 설치를 의무화했다. 국회도 학교에 공기정화 장치 설치를 법제화했다. 최대주주는 상장사인 벽산(건축 자재업)이다. 2020년 주당 30원(시가배당률 0.4%) 배당을 했다. 2020년 3월 말 기준 부채비율 19%, 당좌비율 445%였다. 1988년에 설립되어 2003년 코스닥에 상장했다.

2018년 이후 미세먼지 연관성이 높아져 3월이면 급등하고 그 이후 주춤한다. 하츠역시 중소형주이기 때문에 12월 대주주 양도세 요건이 주가 상승 족쇄다. 이때가 연중마지막 저점 매수 기회일 수 있다. 다른 공기청정기주와 마찬가지로 2019년 봄에는 미세먼지 종합 대책에 고점을 더욱 높였다.

위닉스, 크린앤사이언스와 동일한 패턴이다. ①〜② 봄에 고점이고 ③〜④ 여름과 12월이 저점이다.

Case Study

종목 분석: 마스크주 1

케이엠

반도체 클린룸(생산 시설인 무균실)에서 사용하는 소모품 제조 기업이다. 쿠팡 자체 브랜드인 탐사 마스크(미세먼지 마스크 중 쿠팡 판매 1위)를 생산하다 보니 미세먼지 테마 마스크주다. 마스크 매출액은 2015년 8억에서 2018년 52억, 2019년 110억으로 전체 매출의 약 13%까지 폭발적 성장세를 보이고 있다. 마스크가 그저 테마에 그치는 것이 아니라 실적과 연결되는 현상을 보여준다. 다른 미세먼지주와 비슷하게 봄에는 고점이고 여름과 12월에는 저점이다. 최근 3년간 주식과 현금 배당을 동시에 하고 있다. 2020년 주식 배당은 주당 0.015주, 현금 배당은 50원(시가배당률 0.6%)이다. 2020년 3월 말 기준 부채비율 54%였다.

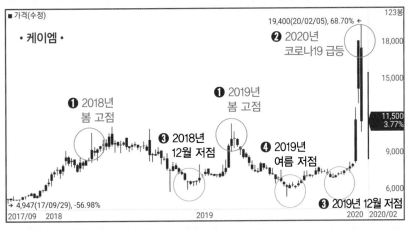

2018년부터 미세먼지 연관성이 높아졌다. 다른 미세먼지주와 동일하게 ① 봄에 고점이고, ③~④ 여름과 12월에는 저점이다. ② 2020년 코로나19에 예년보다 과한 급등을 겪었다.

종목 분석: 마스크주 2

모나리자

화장지 제조사인데 마스크도 생산한다. 마스크 매출 비중은 미미하지만 미세먼지 이슈와 엮였다. 실적과 무관하니 테마는 스치는 바람이다. 미세먼지에 급등했으나 미세먼지가 물러나면 주가도 같이 내린다. 화장지 원료인 펄프를 수입해 오기 때문에 환율과 국제 펄프 가격에 민감하다. 원자재 수입 회사는 환율이 내려야 보다 저렴하게 사올 수 있어서 좋다. 2018년은 펄프 가격과 환율 인상 등으로 인해 적자(-18억 원)였다. 다행히 2019년은 흑자(당기순이익 24억 원)다. 2020년 주당 50원(시가배당률 1.4%) 배당을 했다. 2020년 3월 말 기준 부채비율 31%였다.

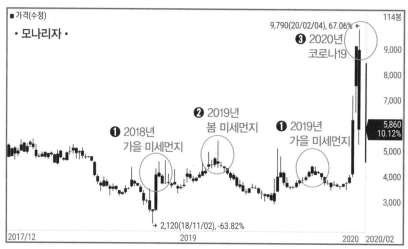

2018년 가을부터 미세먼지 테마에 합류했다. ①~② 봄과 가을 미세먼지 이슈에 급등세. ③ 2020년에 다른 마스크주와 마찬가지로 코로나19 이슈에 과한 급등세를 보였다.

오공

오공 본드로 알려진 본드 제조사다. 150여 개 회사가 난립한 접착제 분야에서 업계 1위(점유율 15%)다. 마스크를 유통한다고 하지만 매출 비중은 미미하다. 2018년 7월 기 발행 주식 대비 50% 유상증자는 악재로 보수적으로 바라볼 필요가 있다. 2020년 주당 50원(시가배당률 1.5%) 배당을 했다. 2020년 3월 말 기준 부채비율 54%였다.

원조 마스크 대장주로 봄 황사 시즌이면 급등 패턴 반복이었다. ① 하지만 2018년 유상증자 등으로 고점 하락 추세였고, 대장주를 반납하는 듯했다. ② 2020년 코로나19에 대장주로 귀환했다. 마스크주 중 제일 먼저 급등하고, 급등 폭도 가장 강했다.

코로나 바이러스-19 이슈에 마스크주 주가 추이 비교

일자	주가(일반)	등락률	• 오공 •	일자	주가(일반)	등락률	• 모나리자 •	일자	주가(일반)	등락률	• 케이엠 •
20/02/03 ⑤	8,150	-15.10%	공매도 과열 지정	20/02/03 ⑤	6,520	-28.59%	투자경고 지정	20/02/03 ⑤	13,150	-27.35%	투자경고 지정
20/01/31	9,600	21.21%	매매정지 예고	20/01/31	9,130	23.05%		20/01/31	18,100	21.07%	
20/01/30	7,920	2.99%		20/01/30	7,420	0.27%		20/01/30	14,950	7.17%	
20/01/29 ④	7,690	7.25%	투자경고 지정	20/01/29 ④	7,400	-8.53%	투자경고 지정 예고	20/01/29 ④	13,950	-7.62%	투자경고 지정 예고
20/01/28 ③	7,170	29.89%	상한가	20/01/28 ③	8,090	29.86%	상한가	20/01/28 ③	15,100	29.61%	첫 상한가
20/01/23	5,520	-5.64%		20/01/23	6,230	4.18%		20/01/23	11,650	17.44%	
20/01/22 ②	5,850	0.00%	투자경고 지정 예고	20/01/22 ②	5,980	30.00%	첫 상한가	20/01/22	9,920	9.73%	
20/01/21	5,850	22.51%		20/01/21	4,600	3.84%		20/01/21	9,040	1.35%	
20/01/20 ①	4,775	29.93%	첫 상한가	20/01/20	4,430	11.31%		20/01/20	8,920	11.22%	

코로나19 이슈로 ① 1월 20일, 가장 먼저 오공이 상한가를 쳤다. 다음 날도 오공 상승세가 제일 컸다. ② 1월 22일, 오공은 이틀 연속 급등으로 투자경고 종목에 지정 예고되었다. 세력이 이사간 덕분에 모나리자가 첫 상한가다. ③ 1월 28일에는 확진 환자 증가로 오공, 모나리자에 이어 케이엠도 첫 상한가다. ④ 1월 29일에 오공은 투자경고 종목 지정, 나머지 두 종목 지정 예고로, 세력 퇴각 나팔이다. ⑤ 2월 3일에 오공은 매매 정지 예고 및 공매도 과열 종목으로 지정되고, 모나리자와 케이엠은 투자경고 종목으로 지정되어 더 나올 뉴스가 없다면 테마 급등은 끝났다고 볼 수 있었다. 다만, 안타깝게도 2월 3일까지 3~4일간 잠잠했던 확진자는 일주일이 지나며 폭등했다. 뉴스가 계속 발생하니 주가는 다시 상승세로 전환했다.

종목 분석: 안과 질환주 1
안국약품

눈 영양제 토비콤으로 많이 알려져 있지만 진해거담제(국내 점유율 20%)도 주력 제품이다. 2018년부터 미세먼지 테마에 동참했다. 안과 질환주로 봄 고점, 여름과 12월 저점 패턴이다. 정부 정책 지원 이슈가 있었던 공기청정기주와 달리 2018년 대비 2019년 고점이 낮아진 점은 아쉽다. 2015년 42억 원어치 전환사채 발행과 2018년(132억 흑자) 대비 2019년 실적(21억 흑자)이 줄어든 점은 체크 사항이다. 2020년 주당 220원(시가배당률 2%) 배당을 했다. 2020년 3월 말 기준 부채비율 43%였다.

안국약품도 ① 봄에는 고점, ②~③ 여름과 12월에는 저점 패턴이 반복된다. 하지만 실적 하락 등의 영향으로 2018년보다 2019년에 고점이 낮아졌다.

종목 분석: 안과 질환주 2
디에이치피코리아

 회사 전체 매출의 95%가 1회용 인공눈물로 건강보험심사평가원 고시 약가가 매출과 직결된다. 최근 3년간 1회용 점안제(티어린프리) 약가는 지속적으로 내렸다.(2016년 320원 → 2017년 314원 → 2018년 263원) 그 결과 매출액은 별 차이가 없어도 당기순이익은 조금 감소했다.(2016년 115억 → 2018년 100억) 다행히 2019년 실적은 당기순이익 146억 원으로 증가했다. 최대주주는 삼천당제약(38.4%)이다. 2020년 주당 100원(시가배당률 1.3%) 배당을 했다. 2020년 3월 말 기준 부채비율 11%, 당좌비율 812%였다.

① 봄 고점, ②〜③ 여름과 12월 저점인 전형적인 미세먼지 계절주 패턴이다.

종목 분석: 안과 질환주 3

삼천당제약

2018년 기준 안과용제 판매 비중은 회사 전체 매출의 53%다. 삼천당제약은 다회성 인공눈물, 자회사인 디에이치피코리아는 일회용 인공눈물이 주된 분야다. 바이오시밀러 사업 진출로 실적도 개선되고 있다. 실적이 늘어나니 외국인 비중도 증가 추세다. 2018년 11월 바이오시밀러 개발 비용 200억 원을 한국투자파트너스로부터 투자받았다. 투자 방식은 전환사채^{CB} 100억 원, 신주인수권부사채^{BW} 100억 원이었으며 주식 청구 신청 가능 기간은 2019년 11월 19일부터 2021년 10월까지다. 주가 급등에 주식으로 청구될 수 있는 점은 고려 사항이다. 2020년 주당 50원(시가배당률 0.2%) 배당을 했다. 2020년 3월 말 기준 부채비율 29%, 당좌비율 311%였다.

2018년부터 미세먼지 테마에 합류했다. ① 실적 개선 등의 영향으로 안국약품과 달리 2019년 봄 고점이 2018년과 비슷하다. ②~③ 여름과 12월에는 저점 패턴이 반복된다.

장마와 폭염은
돌아온다

물난리와 무더위가 주가 상승을 부른다

장마는 일종의 물난리다. 해를 보기 어려우니 빨래가 잘 마르지 않는다. 그래서 장마철에는 제습기 매출이 증가한다. 또한 장맛비로 인해 쓰러진 벼에 병충해가 들기 쉽다. 비가 그치면 농약이나 비료를 뿌린다. 장마가 지나면 본격적으로 무더위가 시작되고 냉방기 사용이 늘어난다. 전력 사용량 증가로 정전이 되면 한국전력과 콘돔 회사인 바이오제네틱스가 관심 대상이다. 다만 정전은 잘 일어나지 않는 일이고 정부의 전기료(누진세) 인하 정책도 한국전력에는 악재다.

제습기주와 선풍기 등 냉방기주는 미세먼지와 장마(폭염) 더블 역세권이다. 비료주도 남북경협과 엮였다. 장마와 폭염 외에 믿는 구석이 하나 더 생기니 좋은 일이다. 최근에는 여름 계절주들이 장마보다 미세먼지, 남북경협 이슈에 보다 과한 급등을 보인다.

▼ 장마와 폭염 관련주

구분	관련주 예시
(장마) 제습기	위닉스(제습기)
(장마) 비료·농약주	효성오앤비, 경농, 조비, 남해화학 등
(폭염) 선풍기 등	신일전자(선풍기), 파세코(창문형에어컨) 등

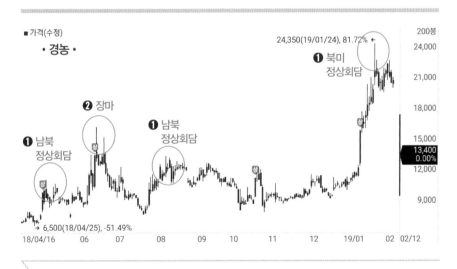

비료주 경농도 ① 남북경협(남북과 북미 정상회담)과 ② 6월 장마 이슈로 상승했다.

장마와 폭염주
특징과 투자 전략

장마와 폭염은 돌아온다

여름 날씨를 대표하는 두 재난은 물난리와 찌는 듯한 더위다. 지구 온난화로 해수면 온도가 상승하며 생긴 이상 기후가 물난리와 열대지방 같은 더위를 만드는 것이다. 참기 힘든 괴로움이 주가를 끌어올린다. 다만, 미세먼지와 같은 강렬함은 최근에는 없다. 참을 수 없는 괴로움이어야만 강한 테마가 되는데 장마와 폭염은 미세먼지와 달리 참을 만하다.

2013년 기록적인 장마는 그 당시 생소했던 제습기를 필수 가전으로 만들었다. 매일 비가 내린 탓에 제습기 판매량은 급증했다. 하지만 2015년부터 시작된 마른장마는 제습기 테마의 강도를 약하게 만들었다.

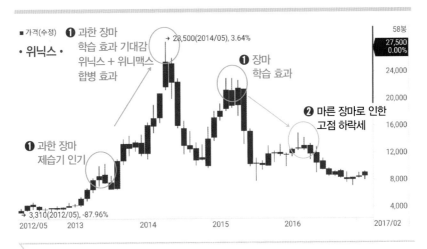

- 가격(수정)
- 위닉스 •

❶ 과한 장마 학습 효과 기대감 위닉스 + 위니맥스 합병 효과

→ 28,500(2014/05), 3.64%

❶ 장마 학습 효과

❷ 마른 장마로 인한 고점 하락세

❶ 과한 장마 제습기 인기

→ 3,310(2012/05), -87.96%

58봉
27,500 0.00%

2012/05 2013 2014 2015 2016 2017/02

① 과한 장마가 불러온 제습기 인기로 3년간 주가 급등세였다. 여기에 위닉스(제조 담당)와 위니맥스(판매 담당) 합병에 따른 비용 절감 효과가 더해져 주가 급등 폭이 높았다. ② 2015년 여름부터 시작된 마른장마 영향으로 장마철 주가 고점은 낮아졌다.

이상기후 예보에 여름 계절주를 선점하라

기상청은 계절이 바뀌기 전 미리 날씨를 예측하는데 보통 여름 날씨는 1월에 안내된다. 그래서 올 여름은 비가 많이 내린다거나 폭염이 심할 것이라는 뉴스가 나오는 것이다. 일기예보를 참고한 관련주 선점이 수익을 부를 수 있다. 다만, 아주 심한 폭염이나 장마가 지속되어야 한다는 점을 잊지 말자. 과함이 없으면 정작 장마나 폭염이 와도 주가는 요동치지 않을 수 있다.

신일전자는 공기청정기와 선풍기를 제조하는 회사이기 때문에 미세먼지와 폭염에 반응한다. 특히, 2018년 5월 20일 기상청 폭염 예상 뉴스에 신일전자 주가

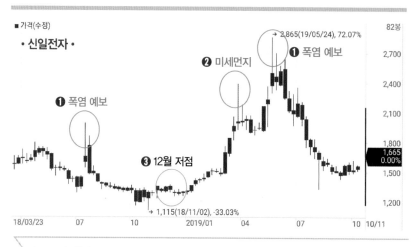

■ 가격(수정)

• 신일전자 •

② 미세먼지

❶ 폭염 예보

→ 2,865(19/05/24), 72.07%

❶ 폭염 예보

❸ 12월 저점

→ 1,115(18/11/02), -33.03%

18/03/23 07 10 2019/01 04 07 10 10/11

① 2018년 7월과 2019년 5월 일기예보의 폭염 예보에 주가 급등 패턴이다. ② 공기청정기도 제조하기에 미세먼지 테마에도 엮였다. ③ 중소형주 12월 대주주 양도세 대상자 확정 이슈로 주가 저점 구간이다.

는 25% 이상 상승했다. 2019년 7월에도 역대 최악의 폭염이 기승할 것이란 예보에 단기 급등한 바 있다.

계절 정점 매도로 투자 정석을 지키자

최근 마른장마로 인해 장마 기간이 짧아지고 있다. 2019년에는 장마나 폭염도 없었다. 날씨는 사람의 힘으로 좌지우지할 수 없기 때문에 욕심을 내려놓고 기회가 있을 때 매도해야 한다. 제때 결정하지 못하면 최소 일 년을 기다려야 함을 기억하자.

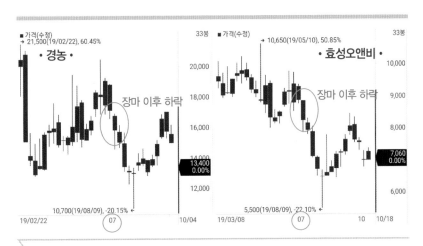

비료주 경농, 효성오앤비도 6월 말 장마 정점 이후 하락세다. 반짝 상승에 매도하지 못하면 내년 장마까지 기다릴 수도 있다.

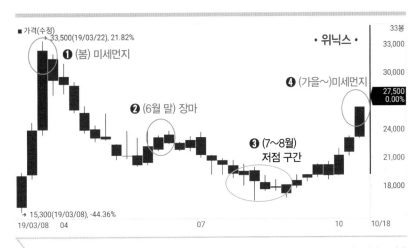

① 위닉스는 봄철 미세먼지(공기청정기) 급등 이후 ② 장마철(제습기)로 반짝 상승했다. 마른장마로 인해 급등은 미세먼지보다 약하다. ③ 장마가 지나니 7~8월 주가 저점 구간이다. ④ 가을 이후 미세먼지 이슈로 다시 상승세다.

종목 분석: 냉난방기주 1

신일전자

　　신일전자는 대한민국 선풍기의 역사다. 지금도 회사 매출의 40% 이상이 선풍기에서 나온다. 여름이 되기 전 폭염을 예상하는 기상예보나 한여름 40도에 육박하는 고온이 지속될 경우 단기 테마 이슈가 된다. 공기청정기도 생산하고 있어서 폭염과 미세먼지 더블 역세권이다. 최근 3년간 실적도 꾸준히 증가세다. 최대주주 등 지분이 11.6%로 작아 경영권 분쟁 우려가 있다. 경영권 분쟁은 서로 보유 주식을 많이 가지려 지분 싸움을 하니 주가 상승에 호재다. 2020년 주당 20원(시가배당률 1.1%) 배당을 했다. 2020년 3월 말 기준 부채비율 33%였다.

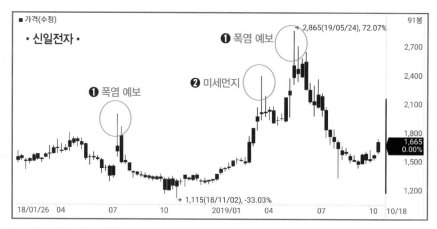

2019년 미세먼지보다 폭염 예보 이슈에 고점이 더 높았다. 상반기 두 번의 고점 매도 기회가 있었다. 봄철(미세먼지) 매도 후 여름철(폭염) 주가 상승을 기대한 선점이 가능하다. 미세먼지나 폭염은 대부분 상반기에 발생하기 때문에 상고하저 차트 패턴을 보인다.

종목 분석: 냉난방기주 2

파세코

주력 제품이 겨울철 난방용품인 회사지만 겨울보다 봄철 미세먼지(공기청정기, 주방 후드 관련 장비), 여름 폭염(냉방기) 테마에 엮인다. 봄철 미세먼지보다는 여름철 냉방기 이슈 상승 폭이 더 크다. 2019년 5월 창문형 에어컨을 출시했다. 일반 에어컨과 달리 실외기와 배관 구멍이 필요 없다. 창문만 있으면 되기 때문에 1인 가구에 적합한 틈새 상품이다. 홈쇼핑 완판 행진이라는 뉴스가 뜨고 네이버 실시간 검색어에도 올랐다. 최 대주주 지분이 70%로 높은 편이다. 다른 중소형주와 마찬가지로 12월은 대주주 양도 세 회피 이슈로 인해 주가 저점 구간이다. 2020년 주당 250원(시가배당률 2.7%) 배당을 했다. 2020년 3월 말 기준 부채비율 73%였다.

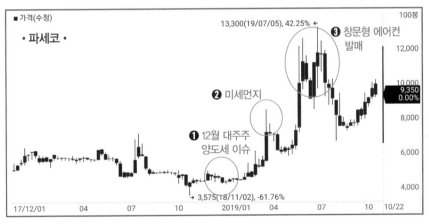

① 12월 말 대주주 양도세 회피구간 이후 ② 미세먼지, ③ 창문형 에어컨 발매 등으로 주가는 지속적 상승세다. 미세 먼지보다 창문형 에어컨 발매 시점에 주가 고점이 높다. 미세먼지 이후 또 한 차례 급등 기회를 노려볼 만하다.

동물 전염병 관련주 특징과 투자 전략

식생활에 영향을 미치는 동물 전염병 관련주

가축은 식생활과 연관되어 있기 때문에 전염병이 영향을 미친다. 조류독감, 구제역, 콜레라와 돼지열병 등 치사율 높은 전염병 공포에 관련주들은 돌아온다. 메르스, 사스, 에볼라, 홍콩 독감, 코로나19 등 인간 전염병에도 엮인다. 관련주로는 동물 백신주, 양돈(양계)주, 수산주, 사료주, 시멘트주 등이 있다. 동물 백신, 시멘트, 사료주는 남북경협(인도적 지원)과도 엮인다. 양돈(양계), 수산주는 동물 전염병이 돌면 반사이익을 누린다. 왜냐하면 서로 대체품을 찾기 때문에 조류독감에는 돼지고기와 수산물, 돼지열병에는 닭고기와 수산물을 찾을 것이라는 심리 때문이다. 수산주는 계란 살충제 파문, 일본 원전 오염수 쟁점과도 엮

구분	관련주 예시
동물 백신	중앙백신, 제일바이오, 이글벳, 체시스, 대성미생물 등
양돈(사료)	팜스토리, 우리손에프앤지, 팜스코, 선진, 이지바이오 등
양계	하림, 마니커, 마니커에프앤지, 체리부로, 푸드나무 등
수산물	동원수산, 한성기업, 사조오양, 사조대림, 사조씨푸드, CJ씨푸드 등
시멘트	쌍용양회, 성신양회, 한일현대시멘트, 한일시멘트, 삼표시멘트, 고려시멘트, 아세아시멘트 등

인다. 사료주는 돼지열병으로 가축에게 남은 음식을 주는 것을 금지하는 잔반금지 이슈가 호재다. 시멘트주는 생석회가 구제역, 돼지열병 등 방역에 쓰인다는 이유로 관련주다. 모두 실적보다 심리적인 이유가 강하기 때문에 전염병이 소멸하면 주가는 다시 원위치로 온다.

동물 전염병 관련주 특징

시베리아 철새는 찬바람에 돌아온다

동물 전염병은 비정기적인 발생 때문에 예측이 어렵지만 조류독감만은 늦가을이면 매년 찾아온다. 시베리아에서부터 온 철새들이 병원균을 몰고 날아오기 때문이다. 철새가 늦가을에 와서 이른 봄에 떠날 때까지 병원균은 잠복기다. 반복된 경험으로 인해 이른 봄 이후 하락했던 주가는 추워지면서 점진적으로 우상향한다. 계절주로 치면 철새가 날아오면 계절 정점, 철새가 날아가면 계절 말미인 셈이다.

동물 전염병은 시도 때도 없이 찾아온다

전염병은 불규칙적으로 찾아온다. 2018년도 겨울은 예년과 달리 조류독감이 발생하지 않았다. 하지만 2019년 초 구제역과 돼지열병이 발생해 주가가 급등했다.

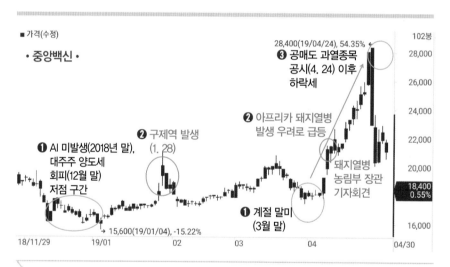

① 12월 대주주 양도세 회피 구간과 철새가 날아간 3월 이후는 계절 말미다. ② 구제역, 돼지열병 등 비정기적인 동물 전염병으로 주가는 급등했다. ③ 돼지열병으로 인한 과한 급등에 주가 고점 공매도 출현이다. 공매도 과열 종목 지정 공시 이후 주가는 하락세다.

전염병은 한 번만 오지 않는다

전염병 방역이 힘든 이유는 전염성 때문이다. 한번 감염이 시작되면 빠르게 퍼져 연이어 발병한다. 2019년 가을, 돼지열병이 처음 발생한 이후 관련주 급등이 하루로 끝나지 않았다. 전염병은 실적과 무관한 공포 심리가 만들어낸 단기 이벤트다. 주가 버블 시그널인 이상 급등 종목 공시(단기과열 완화장치 발동, 투자경고 종목 지정 등)이면 보수적 투자 측면에서는 매도가 바람직하다. 지나치게 발병이 길어지면 공포심은 무뎌지고 방역에 의한 가축 수 감소로 실적이 줄어들 수 있다.

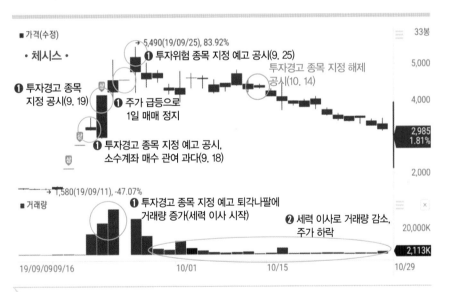

① 연이은 돼지열병 발생 소식에 투자 위험 종목 지정 예고까지 연일 급등세였다. 반면, 주가 버블 경고에 따라 거래량 급증과 함께 세력들이 다른 곳으로 옮겨갔다. ② 세력이 이사를 떠난 결과 거래량이 감소하고 주가는 점진적으로 하락했다.

동물 전염병 관련주 투자 전략

철새가 날아가면 저점 매수다

늦가을 날아온 철새는 이듬해 봄이 되기 전 떠난다. 철새가 날아오는 늦가을에서 초겨울(10~11월)이 주가 고점에 해당하고, 철새가 날아간 이후(4~8월)가 저점이다. 투자의 열쇠는 무관심 저점 구간인 4~8월이다. 시가총액에 영향을 주는 과한 실적 변동, 주식 수 증감 등이 없다면 과거 저점 구간을 최대한 노려보는 것이다. 최초 매수했다면 일정 손실마다 추가 매수로 매수 단가를 낮추는 분할 매수를 투자 전략으로 삼는다. 가을이 다가올수록 기대감에 주가는 상승세를 타니 저점 매수 후 10~11월 고점에 맞춰 매도한다.

동물 백신주인 중앙백신도 철새가 날아오는 늦가을이 주가 고점, 철새가 날아

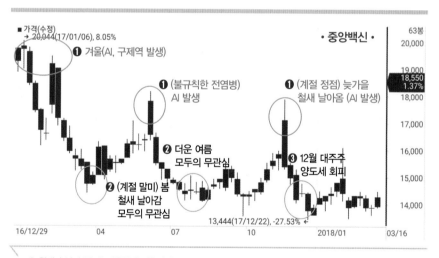

① 철새가 날아오는 늦가을부터 겨울까지는 조류독감 발생 이슈로 고점에 매도할 수 있다. ② 철새가 날아가는 봄철 이후 무관심 저점일 때가 매수 기회다. ③ 매년 12월 말은 대주주 양도세 회피 이슈로 무관심 저점 구간이다.

간 4월 이후부터 추워지기 전까지가 저점이었다. 마른장마에 장마주가 힘을 잃듯 조류독감이 없는 동물 백신주도 어려워진다. 기대감에 늦가을 주가가 올랐다면 조류독감 발생 여부와 상관없이 절반은 매도하는 안전한 투자도 고려해 볼 수 있다.

조류독감이 발생하면 닭고기주 저점 매수다

조류독감 발생에 닭고기주는 울상이다. 1년 중 이 시기가 닭고기주 주가가 가장 낮다. 이 추운 계절만 지나면 삼계탕 시즌이 돌아온다. 동물 전염병주와 달리 추울 때 사고 따뜻할 때 파는 역발상이다. 다만, 닭고기주는 최근 적자 기업들이 많으니 실적 점검은 필수다.

① 조류독감 발생 우려가 높은 가을은 닭고기주 하림에게는 주가 저점이다. ② 2019년에는 돼지열병 발생으로 닭고기주가 반사이익을 보았다.

종목 분석: 동물 백신주 1

중앙백신

중앙백신은 동물 백신을 개발하는 국내 기업 중 매출 1위로 그동안 대장주 역할을 해왔다. 언론에 따르면 국내 백신시장의 70%는 외국계 제약사 몫이며 중앙백신의 점유율은 10% 수준이다. 중국 동물 백신시장 규모는 8,000억 원인 한국보다 훨씬 큰 35조 원으로, 중앙백신은 중국 백신시장 진출도 오랫동안 노력해 왔다. 하지만, 사드 보복으로 인해 중국 진출은 주춤하다. 2020년 주당 50원(시가배당률 0.3%) 배당을 했다. 2020년 3월 말 기준 부채비율 21%, 당좌비율 218%였다. 2018년 7~8월 안정적 재무구조에도 불구하고 시설과 운영 자금 목적으로 주주배정 유상증자와 무상증자(1주당 0.2주씩 배정)를 한 점은 고려 사항이다. 1994년 설립되어 2003년 코스닥에 상장했다.

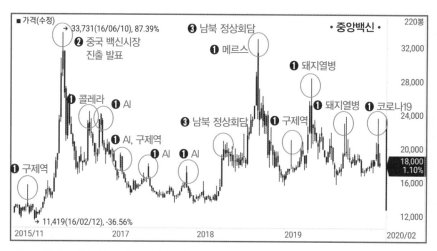

① 전통적인 동물 백신 이슈, ② 중국 백신시장 진출, ③ 남북경협으로 차트가 요약된다. ① 조류독감 발생 기대감 등으로 매년 11~12월 완만한 주가 우상향이다. 비정기적인 구제역, 돼지콜레라, 돼지열병, 코로나19 등으로 단기 급등했다. ② 2016년에는 중국 백신시장 진출로 과한 급등을 보여주었다. ③ 동물 백신은 남북경협 인도적 지원 사업이다. 2018년 이후에는 남북 정상회담 등으로 급등을 경험했다.

종목 분석: 동물 백신주 2

제일바이오

동물 약품 제조업체로 중앙백신과 함께 동물 백신 대장주다. 2019년 가을 이후 중앙 백신이 주춤한 사이 제일바이오 급등세가 커졌다. 매년 10억 원 내외이긴 하나 흑자라 는 점은 가치투자 측면에서 좋다. 다만, 최근 3년간 배당이 없었던 점은 아쉽다. 2020 년 3월 말 기준 부채비율 8%, 당좌비율 444%였다. 2015년 156억 원 주주배정 유상 증자 이후 주식 관련 사채 발행이나 유상증자는 없었다. 2020년 8월 말 기준 최대주 주 지분 26.5%, 자사주 지분 5.8%을 보유하고 있다. 1977년 설립해 2002년 코스닥에 상장했다.

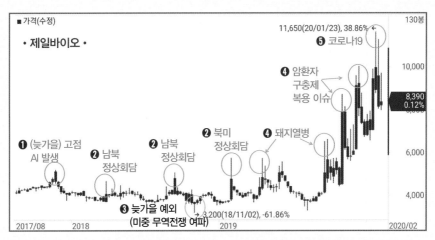

중앙백신과 동일하게 ① 동물과 사람 전염병, ② 남북경협 이슈로 비정기적인 급등을 보였다. ③ 조류독감에 대한 기 대감으로 가을이 되면 완만히 상승한다. 2018년 가을은 조류독감이 발생하지 않았다. 또한 미중 무역 갈등이 심화되 면서 약세 투매장에 동반 하락세였다. ④ 2019년 돼지열병, 동물 구충제(펜벤다졸)의 항암 효과 이슈로 급등했다. 특 히, 폐암 투병중인 개그맨의 펜벤다졸 복용 뉴스가 화제가 되어 관련 구충제를 판매하는 제일바이오에 매수세가 몰 렸다. ⑤ 2020년 코로나19 이슈로 주가 고점이 전보다 더 높아졌다. 2019년 가을 이후 동물 백신주 대장주가 되었다. 각종 이벤트마다 급등 폭도 높고 고점도 지속적으로 높아지고 있다.

종목 분석: 동물 백신주 3

체시스

자동차 부속품을 만들지만 자회사 덕에 방역주가 되었다. 체시스가 17%의 지분을 보유 중인 자회사 넬바이오텍(2019년 매출 44억 원)은 동물 의약품 사업 등을 하고 있다. 최근 3년간 매년 적자에 2020년 3월 말 기준 부채비율(207%)과 당좌비율(32%)도 리스크가 있다. 가치투자 측면으로 접근하면 선뜻 투자하기는 쉽지 않다. 적자 기업의 경우 낮아진 기업가치만큼 시가총액도 작아진다. 아담해진 사이즈로 인해 작전 세력에게 좋은 먹잇감이다. 고위험 고수익이다. 적자임에도 불구하고 중앙백신, 제일바이오 등 대비 작은 시가총액 덕에 주가 급등 탄력도가 높다. 2019년 돼지열병에 다른 종목보다 훨씬 과한 급등을 나타냈다.

2018년까지 크게 주목받지 못했으나 ① 2019년 돼지열병 이슈로 테마로 엮였다. 시가총액이 작아 급등이 과했다. 학습 효과로 인해 첫 번째보다 두 번째 발병 시점의 급등 폭이 더 컸다. ② 코로나19에도 동물백신주로 엮여 다시 한번 주가 급등은 돌아왔다.

종목 분석: 동물 백신주 4

대성미생물

대성미생물은 동물 의약품 회사로 매출액 중 구제역 백신 19%, 돼지열병 백신 3.3% 비중이다. 동물 백신과 함께 남북경협 이슈로도 엮였다. 안정적인 당기순이익과 재무 비율은 장점이다. 2020년 3월 말 기준 부채비율 52%, 당좌비율 544%였다. 2020년 주당 85원(시가배당률 0.5%) 배당을 했다.

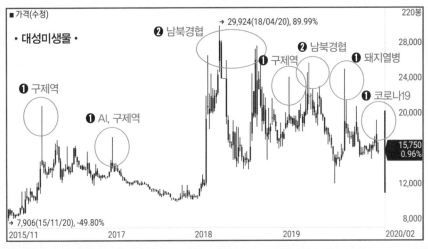

① 구제역, 조류독감(AI), 돼지열병, 코로나19 등 전염병과 ② 남북경협 이슈로 급등한 바 있다.

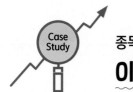

종목 분석: 동물 백신주 5

이글벳

동물 의약품 전문 기업으로 전체 매출의 비중 10%는 아프리카, 동남아 등에 수출한다. 2020년 주당 20원(시가배당률 0.3%) 배당도 했다. 2020년 3월 말 기준 부채비율은 33%였다. 체시스와 함께 시가총액이 작아 주가 급등 탄력도가 높다.

▼ 동물 백신주 시가총액 비교

중앙백신	제일바이오	체시스	대성미생물	이글벳
1,673억 원	1,248억 원	653억 원	625억 원	1,024억 원

* 2020년 8월 21일 기준

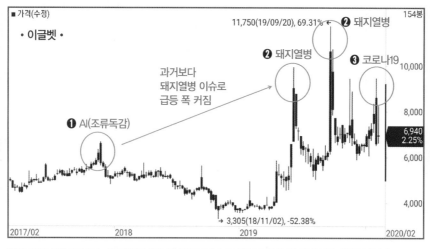

체시스와 동일한 모양새다. 시가총액이 작아 돼지열병, 코로나19 이슈로 과거보다 과한 급등 패턴을 보인다.

Chapter 10

배당주:
배당도 계절주처럼
일 년마다
돌아온다

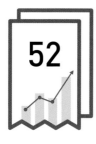

52

배당주 기초 지식 쌓기

시가배당률이 배당주 투자 열쇠

배당주에 투자할 때 주된 판단 요소는 시가배당률이다. 시가배당률은 배당금을 현재 주가로 나누는 것이다.

> **시가배당률 = 배당금 ÷ 현재 주가**
>
> **계산 예시**
>
> 배당금 600원, 현재 주가 1만 원이면 시가배당률은 6%다.
>
> 배당금(600원) ÷ 현재 주가(1만 원) = 시가배당률 6%

쉽게 말해 은행 예적금 금리라고 생각해 보자. 1,000만 원으로 2% 시가배당률인 주식에 투자하면 세전 2% 이자(20만 원) 적금을 든 것과 같은 원리다. A 주식은 배당을 1,000원, B 주식은 10원을 준다고 해서 A 주식이 고배당주라고 단정하기 어렵다. 배당 금액보다 시가배당률이 높은 주식이 고배당주다. 시가배당률은 미래 PER과 함께 저평가 판단 기준이다. 가치투자자에게 꼭 필요한 투자 수단이다. 시가배당률이 은행 이자율(2%대)보다 높으면 좋다. 5%대 이상이면 배당 매력도가 높다.

투자 전략은 간단하다. 매력적인 시가배당률에 저가 매수하고 배당 매력이 떨어질 경우 매도하면 그만이다. 가령, 시가배당률 6%에 매수하고 보수적 투자라면 4.5%, 공격적 투자라면 3%까지 기다리면 된다. 6%에서 4.5%로의 변화가 약하다고 생각할지 몰라도 주가는 33% 올라야 한다.(하단 계산 예시 참고) 배당은 과거보다 미래 실적치 기준이다. 실적 개선으로 과거보다 배당을 더 할 것 같으면 예상 시가배당률도 더 높게 잡는다.

> **계산 예시**
> 시가배당률이 6%에서 4.5%로 내리려면 현재 주가는 1만 원에서 1만 3,300원으로 33% 올라야 한다.
> 배당금(600원) ÷ 현재 주가(1만 원) = 시가배당률 6%
> 배당금(600원) ÷ 현재 주가(1만 3,300원) = 시가배당률 4.5%

현금·현물배당 결정

	1. 배당구분	결산배당	
	2. 배당종류	현금배당	
	- 현물자산의 상세내역	-	
❶	3. 1주당 배당금(원)	보통주식	900
		종류주식	-
	- 차등배당 여부	미해당	
❷	4. 시가배당율(%)	보통주식	1.9
		종류주식	-
	5. 배당금총액(원)	7,817,204,700	
❸	6. 배당기준일	2018-12-31	

① 주당 900원씩 배당이다. ② 배당액보다 시가배당률이 더욱 중요하다. 배당을 현재 주가로 나눈 시가배당률이 높아야 고배당인 것이다. 시가배당률은 1.9%다. ③ 배당 기준일은 중요 확인 사항으로 배당 기준일에 매수하면 배당을 받을 수 없음을 기억하자. 공시에서 배당 기준일은 12월 31일이다.

배당락에 매수하면 배당을 못 받는다

배당락의 '락'은 '떨어질 락'이다. 배당에 떨어졌으니 배당을 못 받는다. 반대로 배당부의 '부'는 '붙을 부'로, 붙었으니 배당을 받는다. 배당락과 배당부를 결정짓는 열쇠는 배당 기준일이다. 배당 기준일은 배당 공시에 친절하게 나와 있다.

초보 투자자가 가장 많이 하는 실수는 기준일을 오해하는 것이다. 배당 기준일은 결제일(T+2일) 원리를 기억해야 한다. 주식은 매매일(T일) 2영업일 후가 결제일(T+2일)이다. 결제일은 매수대금과 주식을 교환하는 날이다. 결제일 이전에는 주식을 매매할 권리만 있다. 그러므로 기준일에 매수하면 배당을 못 받는다. 기준일 2영업일 전에 매수해야만 기준일이 결제일(T+2일)이 되고, 결제일에 주식이 계좌에 들어와 배당을 받는다. 기준일 개념은 배당뿐만 아니라 유무상 증자(감자), 액면 분할(병합) 등 여러 행위 등에 동일하게 적용된다. 기준일 2영업일 전 매수를 기억하자. 영업일은 달력의 일수가 아닌 주식시장이 열리는 일하는 날$^{Working\ day}$ 기준이다. 금요일(T일)에 매도를 했으면 결제일(T+2일)은 2일 후인 일요일이 아니라 2영업일 후인 그다음 주 화요일(T+2일)이다.

| 거래소 휴장일 vs. 폐장일 |

거래소는 매년 12월 31일에 쉰다(휴장일). 12월 31일이 공휴일(토요일)이면 직전 영업일이 휴장일이다. 폐장일은 한 해 거래소 마지막 영업일로 휴장일 하루 전날이다.

12월 결산 법인 배당부 vs. 배당락

① 12월 31일이 월요일인 경우

12월 결산 법인의 경우 배당 기준일을 12월 31일로 공시한다. 기준일인 12월 31일이 휴장일임을 고려해야 한다. 결국, 폐장일인 12월 28일(금)보다 2영업일 전인 12월 26일(수)에 매수해야만 배당을 받을 수 있다. 6월 말 배당 등은 휴장일이 없으니 기준일 2영업일 전이 배당부다. 6월 30일(금)이 배당 기준일이라면 2영업일 전인 6월 28일(수)이 배당부다.

12. 26(수)	12. 27(목)	12. 28(금)	12. 29(토)	12. 30(일)	12. 31(월)
배당부 (T일)	배당락 (T+1일)	폐장일 (T+2일)	휴일		휴장일

② 12월 31일이 토요일인 경우

12월 31일이 토요일로 휴일이니 휴장일은 하루 전 영업일인 12월 30일(금)이다. 12월 29일(목)이 폐장일이니 배당부는 폐장일인 12월 29일(목)보다 2영업일 전인 12월 27일(화)이다.

12. 26(월)	12. 27(화)	12. 28(수)	12. 29(목)	12. 30(금)	12. 31(토)
–	배당부 (T일)	배당락 (T+1일)	폐장일 (T+2일)	휴장일	휴일

주식으로 배당을 주면 배당락에 가격 조정이 있다

배당은 현금 외에 주식으로도 가능하다. 현금 배당과 달리 주식 배당은 주식 수가 늘어나기 때문에 주식을 배당하기 전 주가를 조정해 준다. 배당이 끝나는 시점인 배당락일에 기존 가격에서 받을 주식 수 비중만큼 수정한다.

무상증자 권리락 기준 가격도 주식 배당 공식과 동일하다. 유상증자도 권리락 기준 가격이 조정되는데 산식도 복잡하고 실전 투자에 중요도도 떨어져 생략한다.

주식 배당 배당락 기준 가격 = 배당부 종가 × (배당 전 주식 수 ÷ 배당 후 주식 수)

계산 예시

배당부 종가 1만 원인 주식 수가 100주인 회사가 있다고 생각해 보자. 10주당 1주 배당 (10% 배당)을 한다면 배당락일 기준 주가는 9,090원으로 수정된다.

배당락 기준 주가 9,090원 = 1만 원 × (100주 ÷ 110주)

시가총액은 주식 수와 주가의 곱셈인데, 주식 수가 10% 늘었으니 주가가 10% 줄어들어야 동일한 시가총액인 셈이다. 10%어치 주식을 주면 10%만큼 주가가 내려간다고 생각하면 편하다.

무상증자 권리락 기준 가격 = 권리부 종가 × (무상증자 전 주식 수 ÷ 무상증자 후 주식 수)

배당도 많이 받으면 종합소득세를 내야 한다

배당도 소득이니 소득세를 내야 한다. 이자, 배당 등을 합해 금융소득 2,000만 원까지 15.4%(소득세 14% + 지방소득세 1.4%) 단일 과세다. 대부분 개미 투자자는 15.4% 세금 떼고 배당을 받는다고 생각하면 된다. 다만, 2,000만 원이 초과될 경우 다른 소득(근로소득, 사업소득 등)과 초과 금융소득을 합산해서 종합소득세를 낸다. 종합소득세는 소득이 많을수록 세금을 많이 내는 누진세다. 여기에 10%를 지방소득세로 추가 과세한다. 가령 소득금액 1,200만 원 이하라면 6%에 지방세 0.6%를 더해 6.6%가 과세된다.

▼ 소득 금액별 종합소득세율

소득금액	세율	소득금액	세율
1,200만 원 이하	6%	1억 5,000만 원~3억 원 이하	38%
1,200~4,600만 원 이하	15%	3억 원~5억 원 이하	40%
4,600~8,800만 원 이하	24%		
8,800~1억 5,000만 원 이하	35%	5억 원 초과	42%

계산 예시

근로소득 과세표준(총소득 − 소득공제 금액) 5,000만 원 근로자에게 금융 소득 5,000만 원이 발생한 경우

① 금융 소득 2,000만 원까지는 15% 단일과세

② 금융 소득 3,000만 원(2,000만 원 초과분)은 종합소득세율(26.4%) 과세

　5,000만 원(근로소득 과세표준) + 3,000만 원(금융소득) = 8,000만 원

　8,000만 원 종합소득세율 과표 구간 24%에 지방소득세 2.4%를 더해 26.4%를

　과세한다.

53

배당주 특징

배당을 주는 회사는 망할 염려가 적다

배당은 의무 사항이 아니다. 곳간이 차고 넘치니 주주에게 베푸는 선의다. 배당을 할 정도로 여유가 있는데 회사가 망할 가능성은 적다. 주식투자에 있어 투자한 회사가 없어지지 않는다는 것은 중요한 일이다. 손실 중이더라도 손절매대신 추가 매수로 매수 단가를 낮출 수 있다. 낮아진 매수 단가로 손해를 보지않을 수 있기 때문이다. 실적이 좋아지면 낮아진 매수 단가에 매도 기다림도 더짧아질 수 있다. 매년(또는 반기 등) 배당을 더 해주니 손실도 일부 메꿀 수 있다.

배당은 최소 일 년마다 돌아온다

대한민국 대부분의 기업들은 12월 결산 법인이다. 결산은 일 년 단위 수입과 지출 계산을 마감하는 일이다. 12월 결산은 매년 회계장부 작성 기간을 1월부터 12월 말까지로 한다. 보통은 12월 말까지 수익액을 계산하고 배당금을 산정한다. 익년도 3월 주주총회에서 배당금을 확정하고 4월경 지급한다. 기업가치와 실적만 좋으면 매년 최소 한 번은(중간 배당은 2회, 분기 배당은 무려 4회) 배당을 예적금 이자처럼 정기적으로 받을 수 있으니 계절주와 같다. 최근 스튜어드십 코드stewardship code 도입으로 연기금 등 기관투자자의 배당 요구도 강해졌다. 미국 등 선진국처럼 배당 성향도 높아지는 추세인 점도 좋다.

실적 개선은 고배당과 주가 상승으로 돌아온다

실적 개선에 당기순이익이 늘어난다. 일반적으로 배당은 이익 범위 내에서 하는데 당기순이익이 늘었으니 배당이 늘어날 수 있다. 경우에 따라서는 중간 배당 또는 분기 배당도 한다. 실적 개선은 미래 PER도 매력적으로 만든다. 배당과 미래 PER이 좋아지니 기관투자자 등 가치투자자들이 늘어날 수밖에 없다. 호재가 호재를 낳는 선순환 구조다. 실적이 증가한 덕분에 장기간 주가는 빠지지 않고 안정적인 오름세다. 배당주 투자자라면 실적 체크는 필수다. 그동안 고배당 정책을 유지했다 하더라도 실적이 하락한다면 고배당은 어려울 수 있다.

실적 하락이 불러온 배당 감소와 주가 하락 사례

에스오일은 외화 유출 논란을 낳을 정도로 고배당주였다. 최대주주는 사우디 국영 석유회사 아람코(지분 63.5%)로 수익 대부분을 배당해 왔다. 정유주는 정제 마진(원유 가격 – 각종 경비)이 수익의 열쇠다. 그런데 유가 하락에 정제 마진이 낮아지니 순익이 줄어든다. 2018년 당기순이익이 전년도 대비 80%나 줄었다. 2019년도도 1분기 −1,474억 원 당기순손실이 발생했다. 다행히 2분기 516억 원, 3분기 2,024억 원 흑자로 돌아섰다.

▼ 에스오일 4년간 당기순이익 변동 추이

2016년 순익	2017년 순익	2018년 순익	2019년 순익
12,054억 원	12,465억 원	2,580억 원	654억 원

실적 감소로 배당이 줄어들었다. 2016년 실적 기준 주당 6,200원이던 배당은 2년 사이 750원으로 현격히 줄었다. 시가배당률도 8%에서 0.8% 수준으로 하락했다. 고배당 매력 감소로 주가도 하락세다.

▼ 에스오일 3년간 배당 추이

2016년 실적 기준 배당	2017년 실적 기준 배당	2018년 실적 기준 배당
6,200원	5,900원	750원

• 에스오일 •

❶ 실적 개선 고배당

→ 139,000(18/10/05), 36.95%

❶ 실적 개선 고배당

❸ 실적 개선 주가 상승

101,500 1.00%

❷ 실적 감소 배당 축소 결과 주가 하락

→ 68,700(16/09/02), -32.32%

202봉
130,000
120,000
110,000
90,000
80,000
70,000

2015/12 2017 2018 2019 2019/10

① 고배당 기대감 덕에 하반기 주가가 오르는 상저하고 주가 패턴이지만, ② 2018년 순익 악화, 배당 축소 결과 주가는 하락했다. ③ 급락한 주가는 2019년 3분기까지 순익 개선으로 하락폭을 일부 만회했다.

정유주 투자 한 줄 팁

정유주의 미래는 도전과 기회다. 셰일가스와 차량 산업 혁신(전기차, 수소차, 자율주행차, 차량 공유 경제)은 도전이다. 반대로 중동 지역의 지정학적 불안은 유가 상승 기회다. 2019년 사우디 정유 시설 피습에 정유주인 한국석유는 상한가였다. 다만, 유가 상승도 명암이 있다. 일반적으로 유가 상승은 정유주에 호재이지만 끝없는 유가 상승이 항상 좋은 것만은 아니다. 비싸진 원유 가격만큼 제품 가격을 인상하지 못하면 정제마진이 낮아지기 때문이다.

PEF 인수 이슈에 고배당은 돌아온다

사모투자펀드^{Private Equity Fund, PEF}는 투자자 자금을 모아 특정 회사 주식을 대량 인수한 후 경영에 참여하는 펀드다. 기업가치를 높인 후 되파는 바이아웃^{Buy Out} 출구 전략을 취한다. 투자금 회수를 위해 회사를 보유하는 기간 동안 고배당 정책을 쓴다. PEF가 인수했던 한온시스템, 쌍용양회, 오렌지라이프, 태림포장 등은 고배당 정책을 해왔다. 한온시스템과 쌍용양회는 매분기 배당을 했다. 반대로 PEF가 기업을 되파는 바이아웃 이후에는 PEF가 해온 고배당 정책이 계속 유지되지 않을 수 있다. 단기간 투자금 회수가 목적인 PEF와 달리 보통의 기업 소유주는 투자나 위기 대비용으로 수익을 회사에 쌓아 두고 싶어하기 때문이다.

PEF 인수가 불러온 배당 증가와 주가 상승

코엔텍은 울산에 위치한 산업폐기물 처리 업체다. 인근 산업공단에서 발생하는 폐기물을 최종 처리(소각, 매립)하고 있다. 폐기물 소각시 발생하는 폐열(스팀)도 생산·판매한다. 회사는 최근 3년간 꾸준한 실적 상승을 보였지만 2017년 6월 최대주주 변경을 주의 깊게 살펴볼 필요성이 있다. 최대주주는 그린에너지홀딩스로 호주계 PEF인 맥쿼리 PE의 자회사다.

▼ 코엔텍 당기순이익과 배당금 추이

구분	2016년 실적 기준	2017년 실적 기준	2018년 실적 기준	2019년 실적 기준
당기순이익	147억 원	161억 원	245억 원	241억 원
배당금	25원	25원	400원	540원

2016년과 2017년 실적 기준, 주당 25원 배당으로 시가배당률은 1%(0.88%, 0.48%) 이하였다. 최대주주 변경 후인 2018년 실적 기준으로는 주당 400원 배당 (시가배당률 5.4%)을 했다. 총배당금은 199억 원으로 2018년 당기순이익 245억 원의 81%를 배당한 셈이다. 2019년 실적 기준으로는 540원을 배당했다.

코엔텍은 2017년 4월 PEF가 인수한 이후 실적 증가, 고배당 정책 등으로 지속적으로 우상향했다. ① 2018년 말 고배당 기대감에 급등한 주가는 ② 배당락 이후 횡보를 보이다 다시 상승했다.

PEF 매도가 불러온 배당 감소 리스크

오렌지라이프는 네덜란드 계열 ING생명이 이름을 바꾼 회사다. PEF인 MBK 파트너스가 2013년 매수해 2018년 9월 신한금융지주에 매각했다. 매각 이슈에 급등했던 주가는 매각 이후 배당 하락 우려감이 반영돼 하락했다. 다행히도 2019년 2월에는 신한금융지주가 고배당 정책을 유지했다. 2018년 실적 기준 중간 배당 1,000원, 연말 배당 1,600원 등 총 2,600원 배당을 했는데 시가배당률은 9.3%였다.

① PEF 매각으로 인해 배당이 줄어들 것이라는 우려가 반영되어 하락세였으나 ② 기존 고배당 정책을 유지해 반등세를 보였다. ③ 2019년 하반기 실적 감소로 인한 배당 축소 우려에 하락세였다.

최대주주 이슈에 고배당은 돌아온다

최대주주 지분율이 높으면 고배당 가능성이 높다. 수익에 대해 법인세를 내는 것보다는 배당이 나을 수 있기 때문이다. 배당 대부분을 최대주주 본인이 받기에 셀프 고배당이다. 주주가치 제고라는 아름다운 타이틀이지만 최대주주 본인을 위한 아낌없는 배려다.

최대주주 증여(사망)도 배당 측면에서 눈여겨볼 이슈다. 최대주주는 살아 있을 때 증여를 하거나 사망 이후 상속을 할 경우 거액의 증여(상속)세를 내야 한다. 금액이 크면 물려받을 재산의 40~50%가 세금이다. 오랜 기간 대비했다면 모르지만 최대주주가 갑자기 사망하면 세금은 큰 부담이다. 세금을 물려받은 주식 담보로 대출을 받거나 몇 년간 고배당으로 처리(세금을 몇 년간 나눠 낼 수 있음)한다. 다만, 세금을 다 내고 나면 고배당은 줄어들 수 있다. 최악의 경우 증여(상속) 세금 마련을 위해 보유 지분 일부나 전부를 팔 수도 있다.

증여(상속)세는 증여(상속) 시점 앞뒤 2개월 평균 주가(총 4개월 간)로 세금 산정을 한다. 세금이 커질 수 있기에 이 기간에는 일부러 주가를 올리지 않고, 가능하다면 내리는 경우가 많다. 증여(상속)세 산정을 위한 2개월이 지나면 세금과 무관해지니 억눌렸던 주가는 상승할 개연성이 높다. 담보대출을 받은 경우도 담보인 주식 가치가 하락하면 반대매매가 될 수 있어 주가 관리는 필수다. 다만, 최대주주 주식담보 대출이 많으면 반대매매 공포감을 노린 공매도의 괴롭힘도 시작된다는 것을 알자.

약세장에서 주목받는
고배당 리츠(인프라 펀드)

2019년 상반기는 미중 무역 분쟁이 야기한 경기 둔화 우려로 약세장이었다. 그래서 고배당주인 리츠와 인프라 펀드가 인기였다. 장기간 부동산 임대차 계약으로 안정적 수익 확보와 고배당 정책이 약세장에서 갈 곳을 잃은 투자자를 불렀다. 주식시장에서 실시간 매매가 되니 배당주 투자 방식과 다를 바 없다.

정부는 공모 리츠 배당소득 과세특례를 신설했다. 2021년 말까지 투자하는 경우 공모(재간접) 리츠 및 부동산 펀드 등으로부터 3년간 받는 배당소득에 대해 투자액 5,000만 원 한도로 9.9% 분리 과세 혜택을 준다. 일반적으로 이자, 배당 등 금융 소득 2,000만 원까지는 15.4%를 과세하고, 그 이상은 다른 소득과 2,000만 원 초과 금융 소득을 합산해 종합소득세를 낸다. 3년간 매년 최소 5.5%(15.4% – 9.9%) 세금 혜택을 보는 셈이다. 다만, 3년 미만 투자시에는 감면 세액을 추징하고 가산세 10%도 물리니 참고하자.

관련주로는 펀드(맥쿼리인프라, 맵스리얼티1), 리츠(신한알파리츠, 이리츠코크렙, 롯데리츠, NH프라임리츠) 등이 있다. 2018년 말 기준 시가배당률은 맥쿼리인프라(5.9%), 맵스리얼티1(4.9%), 신한알파리츠(3.5%), 이리츠코크렙(5.1%)이다. 맵스리얼티1을 제외하곤 연 2회 배당을 해왔다.

▼ 리츠와 인프라 펀드 배당 횟수와 기준일

연 2회 배당	연 1회 배당
맥쿼리인프라·이리츠코크렙·롯데리츠(6월·12월), 신한알파리츠(3월·9월), NH프라임리츠(5월·11월)	맵스리얼티1(12월)

리츠^{REITS}는 Real Estate Investment Trusts의 약자로 부동산 투자신탁이다. 투자자 자금으로 부동산 등에 투자한 후 수익을 돌려주는 구조다. 부동산 경기 침체로 투자한 부동산의 가치가 떨어지거나 공실률 증가로 예상한 임대 수익이 나오지 않으면 낭패다. 목표한 임대 수익 등이 줄어들면 배당수익이 줄어드니 주가는 하락한다. 과거 모두 투어리츠와 케이탑리츠가 고전했던 이유가 여기에 있다. 반대로 임대 수익 증가, 투자 부동산 가치 증가는 주가 상승 요인이다. 리츠가 잘 운영되면 수익 극대화를 위해 부동산 편입도 계속 증가한다. 부동산 간접투자 활성화로 리츠는 더 늘어날 수 있다.

리츠 투자 한 줄 팁

상장 전에는 공모 청약을 하면 된다. 최근 관심도가 높으니 상장 초기 급등을 이용해 높은 수익 실현이 가능하다. 2019년 상장한 롯데리츠는 공모 가격이 5,000원이 었지만 상장 둘째 날은 장중 7,100원까지 급등했다. 다만, 높은 수익성이 기대될 경우 청약 경쟁률이 높아 신청액 일부만 받을 수 있다. 2019년 롯데리츠 청약 경쟁률은 63:1 이었다.

상장 이후에는 주식처럼 주식시장에서 실시간 매수하면 된다. 시가배당률이 투자 열쇠다. 아무리 좋은 주식도 급등하면 매력이 떨어진다. 주가 급등으로 시가배당률이 은행 이자율(보수적 투자자라면 시가배당률 3%)보다 낮아지면 기존 보유자는 적절한 매도 시기를 보는 것이 좋다.

① 맥쿼리인프라(인프라 펀드)

2019년 말 현재 주식시장에 상장된 유일한 인프라 펀드다. 호주계 맥쿼리자산운용이 운용한다. 2019년 말 현재 서울에서 춘천 간 고속도로, 인천공항고속도로 등 11개 유료 도로와 부산 신항만 등에 투자하고 있다.

안정적인 실적과 고배당 정책 덕에 주가도 2008년 금융 위기 이후 10년간 꾸준히 상승했다. 키움증권에 따르면 2021년도까지 주당 700원 이상 배당을 예상하고 있다. 다만, 2042년 펀드 만기 시점에는 주당 3,000원으로 돌려주는 구조다. 결국 만기 시점 주가는 3,000원에 수렴된다는 점을 참고하자.

▼ 연도별 실적 기준 배당

2016년	2017년	2018년	2019년
400원	540원	622원	700원

② 맵스리얼티1(부동산 펀드)

2007년에 상장한 부동산 펀드로 미래에셋자산운용이 운용한다. 2019년 말 현재 미래에셋대우 본사가 있는 센터원 빌딩(지분 50%), 브라질 상파울루 빌딩, 판교 미래에셋센터 등 5곳의 부동산을 보유 중이다. 이 중 가장 큰 투자 자산은 센터원 빌딩(펀드자산 전체의 74%)인데, 언론에 따르면 2019년 이곳의 임대율은 90%가 넘었다.

③ 신한알파리츠(부동산 리츠)

2018년 8월 상장한 리츠로 신한리츠운용이 운용한다. 2019년 말 현재 판교 알파돔 시티, 용산 더프라임타워 등에 투자하고 있다. 알파돔시티는 네이버 등과 5~10년 임 대차 계약 중이다. 매년 2.5%의 임대료 인상도 예정되어 있다. 용산 더프라임타워는 남영역 역세권으로 대형 금융 기관 지점과 콜센터 등이 들어서 있다. 최초 공모 당시 배당 수익을 10년 평균 연 7%대(공모가 5,000원 기준)로 제시한 바 있다.

④ 이리츠코크렙(부동산 리츠)

2018년 6월 상장한 리츠로 이랜드리테일과 15년 이상 장기 임대 계약 중이다. 2019년 말 현재 이랜드리테일 최상위권 매장인 5개(야탑, 평촌, 일산, 중계, 분당) 뉴코아 아울렛 등 점포 임대료가 기반인 리츠다. 최초 공모 당시 연 7%(공모가 5,000원 기준) 배 당 수익을 제시한 바 있다.

⑤ 롯데리츠(부동산 리츠)

2019년 10월 상장한 리츠로 롯데쇼핑이 보유한 10개 점포(백화점 4개, 마트 4개, 아울렛 2개)가 기초 자산이다. 9~11년간 임대차 계약을 맺었다. 이 임대 수익으로 배당금을 지급한다. 롯데쇼핑 보유 백화점과 마트 지점에 대한 우선매수청구권도 있기 때문에 향후 부동산 추가 매수도 가능하다. 회사에서 제시하는 배당수익률은 6.4%(공모가 5,000원 기준)다. 다만, 이리츠코크렙과 함께 쇼핑몰을 기초 자산으로 하기 때문에 오프라인 쇼핑몰 수요 감소는 향후 투자 위협 요인이 될 수 있다.

⑥ NH프라임리츠(부동산 재간접 리츠)

2019년 12월에 상장한 재간접 리츠로 상장 전 공모 경쟁률은 317.6:1로 매우 높았다. 재간접 리츠는 롯데리츠처럼 실물자산을 직접 편입하는 것이 아니라 해당 부동산에 투자한 펀드 지분 일부를 담는다. NH프라임리츠도 서울스퀘어, 강남N타워, 잠실 SDS타워, 삼성물산 서초사옥에 투자한 펀드의 지분 일부를 보유하는 형태다. 회사가 제시한 7년 연평균 배당수익률 목표는 5.5%(공모가 5,000원 기준)다.

2020년 이후에도 SK네트웍스 직영 주유소를 담은 리츠, 벨기에 등 해외 사무용 빌딩에 투자하는 리츠, 제주도 호텔에 투자하는 리츠 등 부동산 간접투자 활성화에 따라 다양한 투자상품이 등장할 예정이다.

배당주 투자 전략

초보 투자자라면 안전한 배당주에 집중하라

초보 투자자는 투자 경험이 적고, 실력도 부족하다. 공부할 것은 많은데 막상 해 보면 복잡하고 어려운 것 같다. 부동산을 살 거액의 투자금은 없고 은행 이자로는 노후 준비가 안 된다. 주식을 공격적으로 하고 싶지만 잘못하면 손해를 볼까 봐 무섭기만 하다. 이럴 경우, 5%씩 배당을 주는 배당주가 답일 수 있다. 은행 금리의 2배 이상인 고배당주는 찾아 보면 생각보다 많다. 배당락 이후 시기만 잘 고르면 수익률 높은 안전한 투자다. 펀드도 ELS, DLS 등 고위험 파생 결합 증권보다 배당주 펀드에 집중하는 것이 좋다.

총 투자금액의 25% 이상은 고배당주를 담아라

모든 투자를 변동성이 큰 테마에만 집중하지 말자. 급등주가 급락하면 심각한 손실이 발생할 수 있다. 일정 비중 이상은 안전함이 최우선이다. 고배당주를 테마주와 함께 투자해야 하는 이유는 첫째, 약세장에서도 고배당 메리트로 인해 잘 버티기 때문이다. 덕분에 고배당주를 팔아 급락한 주식의 추가 매수 자금으로 쓸 수도 있다. 둘째, 정기적으로 안전한 배당 수익을 주기도 한다. 공격적 투자자일수록 총투자 금액의 25% 이상은 고배당주에 투자해 보기를 권한다.

나만의 배당주 캘린더를 만들어라

배당주에 집중하겠다면 배당주 캘린더를 만들어라. 수익 실현이나 배당금을 지급받은 경우 캘린더에 기록해 두자. 캘린더가 충실해질수록 선택지가 다양해지니 좋다. 호흡이 빠른 분기 배당, 중간 배당 종목 등에 대해 연 3~4회 매매가 가능하다.

배당주 캘린더 만드는 법

<u>결산월 체크</u> 3월, 6월, 9월 등 12월이 아닌 결산 법인을 체크해 두는 것도 좋다. 연 1회 배당이라면 보통은 결산일 기준으로 배당한다. 대부분은 12월 결산 법인이기 때문에 12월 말을 기준으로 배당한다. 12월 결산 법인이 아닌 경우 틈

새시장으로 매력이 있다.

▼ 12월 결산이 아닌 기업 중 배당 기업

결산 월	배당 기업 리스트
3월	JTC(2월), 대신정보통신, 이씨에스, 이지케어텍, SV인베스트먼트, SBI핀테크솔루션즈, 한국주철관, 신영증권, 기신정기
6월	양지사, 아세아텍, 효성오앤비, 포시에스, 만호제강, 세원정공, 코리아에셋투자증권
9월	풍강(8월), 인터엠, 한스바이오메드, 방림, 금비, 현대약품(11월)

중간·분기 배당 중간 배당, 분기 배당 기업들도 정리해 놓자. 한번 하기도 힘든 배당을 연 2~4회 하니 더욱 좋다. 자주 돌아오는 배당 기회의 매력에 투자금이 빠져나가지 않으며, 주가 하락에 저가 매수 대기 자금이 들어온다.

2019년 말 기준 3개월마다 분기 배당했던 기업은 코웨이, 씨엠에스에듀, 포스코, 삼성전자, 두산, 천일고속, 한온시스템, 쌍용양회, 미원상사 등이었다. 중간(분기) 배당 기업 중 (신형)우선주로는 두산우, 두산2우B, SK이노베이션우, 현대차우, 현대차2우B, 현대차3우B, 대교우B, S-Oil우, 삼성전자우, 쌍용양회우 등이 있다.

2019년 말 기준 중간 또는 분기 배당 기업은 총 58개사로, 코스피 41개사, 코스닥 17개사다. 이 중 3년 연속(2017~2019년) 중간 또는 분기 배당 기업은 39개사(코스피 28개사, 코스닥 11개사)다.

▼ 중간 또는 분기 배당 기업 리스트(2019년 말 기준)

코스피 (41사)	3년 연속 배당(28사)	GKL, KPX케미칼, KPX홀딩스, SK이노베이션, SK텔레콤, S-Oil, 그린케미칼, 까뮤이앤씨, 대교, 동양고속, 삼성전자, 삼화왕관, 신흥, 쌍용양회, 오렌지라이프, 코웨이, 진양산업, 진양홀딩스, 천일고속, 케이씨씨, 포스코, 하나금융지주, 하나투어, 한국단자, 한솔제지, 한온시스템, 현대차, 금비
	2년 연속 배당(6사)	SK, 동남합성, 두산, 두산밥캣, 미원상사, 제이에스코퍼레이션
	최초 배당(7사)	롯데지주, 미원에스씨, 코오롱글로벌, 태경산업, 태림포장, 한국토지신탁, 현대모비스
코스닥 (17사)	3년 연속 배당(11사)	한국가구, 메디톡스, 지에스이, 씨엠에스에듀, 청담러닝, 인탑스, 대화제약, 삼양옵틱스, 리드코프, 유아이엘, 한국기업평가
	2년 연속 배당(3사)	레드캡투어, 아나패스, 위닉스
	최초 배당(3사)	코웰패션, 에코마케팅, 해마로푸드서비스

* 출처: 금감원 2019년 중간·분기 배당 분석 및 평가

차등 배당주 최대주주보다 소액 주주에게 배당금을 더 주는 차등 배당주도 알아두자. 가령, 최대주주에게 주당 50원을 배당한다면 일반주주에게는 100원을 배당하는 식이다. 최대주주 양보를 통해 주주 우선 의지를 보여 주는 만큼 주가 상승에 도움이 된다. 2019년 말 기준 차등 배당을 하는 기업으로는 금호석유, 오리온홀딩스, 정상제이엘에스, 삼영엠텍, 일진파워, 핸즈코퍼레이션, 린더먼아시아, 디알젬, 쎄니트, SPC삼립 등이 있다.

약세장에 시가배당률이 높은 고배당주를 주목하라

약세장에서는 주가 하락 덕에 시가배당률이 올라간다. 은행 이자 대비 2배 (4~5%) 배당도 좋은데 7~8% 시가배당률이 많다. 기관과 외국인(기관)이 이를 모를 리 없다. 모두가 패닉에 내다 팔 때도 이들은 순매수 선점을 한다. 덕분에 고배당주 약세장에서도 급락 정도가 약하다. 약세장에서는 전통적 강자인 경기 방어주(식음료, 유통주 등)보다 고배당주가 안전한 투자인 셈이다. 배당주 펀드가 많아지면서 이들 펀드가 약세장에서 큰 안전망이 되고 있는 점도 좋다.

급락 투매장에 시가배당률 10% 이상인 종목을 매수했다면 평생 함께할 주식일 수 있다. 3년쯤 장기 투자하겠다고 마음을 먹고 기다리면 된다. 급락이 멈추면 주가는 오르고, 시가배당률 12%가 6%될 때까지 기다리면 100% 수익이다. 주가가 오르지 않아도 매년 배당을 10% 이상 받을 수 있어서 좋다. 매수 가격보다 더 떨어지면 시가배당률이 더욱 높아지니 추가 매수 기회다.

금리 인하가 예상되면 배당주를 선점한다

경제가 어려우면 경기 부양을 위해 금리를 인하한다. 대출 이자를 낮추어 줄 테니 이자 낼 돈으로 소비하라는 것이다. 저축 생활자에겐 받는 이자가 줄어드니 악재다. 덕분에 부동산 임대 사업이나 주식시장이 보다 매력적이 된다. 시가배당률은 그대로인데 은행 이자율만 낮아졌으니 고배당주의 상대적인 매력도가 더 올라간 것이다. 이를 가치투자자인 기관과 외국인이 모를 리 없다. 금리 인하 가능성에 먼저 움직인다. 그들을 따라 배당주를 선점하면 금리 인하 발표에 수익을 낼 수 있다.

배당락은 저가 매수 투자 기회다

12월 결산 법인은 12월 말 기준 배당락이다. 배당락으로 인해 1월은 당장 배당을 받을 수 없고, 1년을 기다려야 하기 때문에 배당 목적의 매수세가 없다. 주가 하락이 시가배당률을 올린다. 높은 시가배당률이라면 오랜 기다림은 문제가 안 된다. 5% 이상 시가배당률이라면 매수를 권한다. 매년 5%씩 이자만 받아도 저축은행의 금리 2배 이상이다. 12월 말 배당락부터 1월 중순을 주목해 보자. 이 시기가 고배당주 저점일 가능성이 높다. 중간 배당주라면 6월 말 배당락 후부터 7월 중순이 저점 매수 기회다.

매년 12~1월은 배당 뉴스(공시)에 집중해 보자. 배당 뉴스도 일 년 중 가장 많이 나온다. 배당 뉴스가 나오면 배당 금액만 볼 것이 아니라 시가배당률을 꼭 확인하자. 배당 공시에 시가배당률이 표시되어 있으니 쉽게 확인할 수 있다. 시가배당률이 5% 이상이라면 관심 종목군에 넣어 두자. 고배당주로서 최근 3년간 실적 개선이 지속적으로 이어졌다면 더욱 좋은 투자 대상이다. 혹여 투자 이후 손실이 나더라도 추가 매수는 필수다.

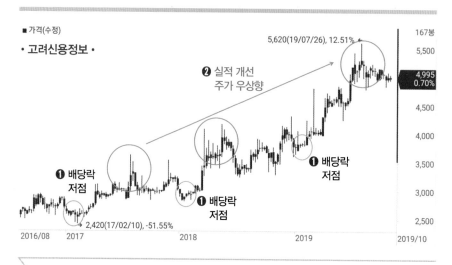

■ 가격(수정)

• 고려신용정보 •

❷ 실적 개선
주가 우상향

5,620(19/07/26), 12.51%

167봉
5,500
4,995
0.70%
4,500
4,000
3,500
3,000
2,500

❶ 배당락
저점

❶ 배당락
저점

❶ 배당락
저점

2,420(17/02/10), -51.55%

2016/08   2017   2018   2019   2019/10

① 고배당 정책으로 연초 배당락 부근이 저점 매수 기회다. ② 실적 개선 결과 매년 주가 고점 상승에다 배당락 저점도 올라가는 모양새다.

12월은 중소형 고배당주 매수 기회다

12월의 중소형주는 대형주와 다른 패턴이다. 대주주 양도소득세(22~33%)는 매년 12월 말 기준으로 대상자를 판단한다. 중소형주는 개인 투자자 비중이 높은데 12월 슈퍼개미가 매수하지 않으니 내림세다. 대주주 양도소득세로부터 자유로운 1월 초부터 원래 주가로 회복하니 12월이 중소형주 저점 매수 기회다. 이왕이면 고배당주를 선택해야 한다. 시가배당률 기준 5% 이상이라면 12월에 선점하고 1월 이후 매도 기회를 보는 것이다. 주가 상승에다 5% 이상 배당 수익은 덤이다. 일반 개미 투자자는 양도소득세에 대해 고민할 필요가 없다. 2020년 초 현재, 개미 투자자는 매도 시점에 양도소득세는 없고 증권거래세 0.25%(2020년 초 기준, 농어촌특별세 포함)만 내면 된다.

12월 말 배당주 '보유 vs. 매도' 판단 기준은 실적이다

배당주는 원래 찬바람 부는 가을과 겨울이 매도 시즌이다. 12월 말 배당 기준일에 앞서 매수세가 몰릴 때 수익을 남기고 파는 전략이다. 매도냐 배당이냐 하는 고민이 들 수 있다. 현재 수익액과 예상 배당금을 비교해서 수익액이 더 크다면 매도할 수도 있다. 그러나 실적 개선이 지속된다면 보유하는 편이 바람직하다. 배당락 이후 일시적인 하락은 있지만 금세 만회할 수 있다.

고배당주를 쉽게 찾는 한 줄 팁

네이버, 다음 등 포털사이트 메인 화면에서 '배당주'로 검색하면 시가배당률이 높은 고배당주를 찾을 수 있다.

① '배당주'를 입력하면 ② 배당수익률(시가배당률)순으로 정렬된 화면을 볼 수 있다.

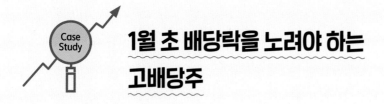

1월 초 배당락을 노려야 하는 고배당주

효성그룹 지주회사(자회사를 지배하는 모회사)인 효성은 최대주주 등 지분율이 55%로 높아지면서 배당이 올라갔다. 배당락 이후인 2019년 1월 3일 주가는 46,300원이다. 2018년 실적 기준 배당액은 주당 5,000원이니 시가배당률은 10.8%였다.(시가배당률 10.8% = 배당액 5,000원 ÷ 1월 3일 주가 46,300원)

2018년 12월, 실적 개선에 따른 고배당 뉴스가 자주 언급되었다. 뉴스 선점이 배당락 이후 저가 매수 기회를 부른다. 투자 전략은 첫째, 시가배당률 10.8%에 매수 후 매년 10%대 배당 수익을 즐기는 것이다.(실적이 현 수준 유지를 전제) 둘째, 보수적 관점에서 10.8% 시가배당률이 7.2% 수준까지 떨어질 때 매도한다.(50% 수익) 셋째, 공격적 관점에서 시가배당률 5.4%까지 버틴다.(100% 수익) 효성은 1월 저점 이후 우상향했다. 약세장에서도 고배당 이슈로 안정적인 상승 흐름이 이어졌다.

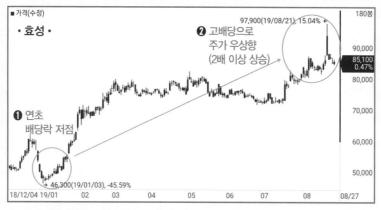

① 연초 배당락 저점이 매수 기회였다. ② 8개월 만에 주가가 2배 이상 상승했다. 고배당주 투자만으로도 단기간에 수익이 100%가 난 셈이다.

Chapter 11

정책주:
길목을 선점하면
정책은 돌아온다

정책주 특징

실적과 연결되니 가치투자가 된다

정책주는 보물선 테마와 같이 실체가 없는 쏠림 현상과는 차원이 다르다. 정부가 제시하는 합리적 근거와 명확한 향후 계획, 예산 투입 등과 같은 실체가 있다. 모두 실적 개선과 연결되기 때문에 가치투자와 가장 밀접하다. 미래 PER과 시가배당률도 좋아질 것이므로 테마가 끝나도 기업가치대로 판단할 수 있다. 합리적인 투자 이유가 있으니 장기 투자자인 기관과 외국인이 좋아하는 것은 당연한 일이다.

예를 들면, 수소차 충전소 확대가 발표되면 관련 회사의 실적이 개선될 것으로 기대된다. 사회간접자본^{SOC} 사업 확대로 토목, 건설 업종이 호재를 맞는다.

학교 등에 공기청정기 보급을 늘리라는 대통령 지시가 미세먼지를 정책주로 만든다. 증권거래세 완화(폐지)로 증권 거래가 활발해지면 증권사 실적 개선이 이루어진다. 벤처사업 육성책으로 벤처캐피털 사업성도 좋아질 것이다.

정책은 반복된다

정책은 단계를 밟아 순차적으로 진행된다. 먼저 도입하려는 정책의 청사진을 그린 다음 각 단계별 진행 경과를 발표한다. 일의 진행 경과에 따른 발표 일정도 앞서 공지한다. 예를 들면, 대책안을 발표하면서 "구체적인 내용은 다음 달에 종합 발표하겠다"라고 언급한다면 다음 달 종합 발표일이 급등 정점 매도 디데이가 되는 것이다. 정책은 선거와 정권마다 소환된다. 화제가 될 정책은 무한 반복되는 도돌이표나 다름없다. 고령화와 1인 가구의 증가, 출산율 감소, 청년 실업 증가, 4차 산업 등 미래 산업 육성, 미세먼지 환경 악화, 케이팝 문화 융성, 남북 이슈 등은 다시 돌아온다.

정책주는 성장주다

정책의 경우 예산 지원이 없다면 공염불이다. 정책 발표와 예산 투입 여부를 교차하며 같이 확인해 보자. 정부의 예산 투입이 이어진다면 성장하는 속도가 빠른 나무가 될 것이다. 특히, 대통령이 힘을 실어 준다면 재임 기간 내내 무럭무럭 자란다. 다음 정권도 같은 정당이 차지한다면 연속성은 더욱 길어질 수 있다.

워런 버핏은 중국 전기차 산업 정책을 믿고 전기차 회사 비야디^{BYD}에 초기 투자를 한 결과 큰 수익을 내고 있다. 싱가포르 국부 펀드 테마섹^{Temasek}은 2010년 5월 바이오시밀러(복제약) 제조사 셀트리온 주식 1,223만 주를 주당 1만 7,000원(총 2,079억 원)에 인수했다. 2019년 말 기준 1주당 17만 원대가 넘으니 10배 수익이 넘는 것이다. 성장주 하나를 잘 고르면 10년 새에 10배 수익이 가능하다. 믿고 기다릴 수 있는 성장주라면 자녀에게 증여하고 묻어 두는 것도 방법이다. 증여는 미성년자에게는 2,000만 원(성인 5,000만 원)까지 세금이 없다. 현금이나 주식 증여는 부동산과 달리 취등록세도 없다. 2,000만 원 증여가 10년 뒤 큰 자산이 될 수도 있는 것이다. 삼성전자 주가는 1979년부터 40년 후인 2020년 1월까지 800배 넘게 올랐다. 1년에 20배씩 오른 셈이다.

정책주는 더블 역세권이다

정책주는 정치, 남북경협 등과 연결되니 더블 역세권이다. 가령 4대강 개발처럼 대선 후보 정책 발표가 정치주 이슈로 확대되고, 휴전선 일대 개발 계획 발표가 남북경협과 엮이기도 한다. 여러 호재가 더해지니 믿는 구석이 늘어난다. 덕분에 주가 급등이 자주 돌아올 수 있어 실패 확률은 낮아진다.

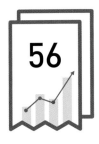

56 정책주 투자 전략

정책주 투자 전략 6가지 포인트

테마 측면

① 정책 수혜 여부 판단이다. 수혜 기업 선점이 수익을 부른다. 반대로 규제 대상이면 매수 금지다. 규제는 오랜 기간 지속될 수 있다. ② 정책 지속성 여부 판단이다. 일회성 정책 발표라면 발표일이 끝물이다. 정책 발표가 계속된다면 상승 이후 횡보 구간 눌림목을 노려볼 만하다. ③ 정책의 강도 여부 판단이다. 대통령의 주된 관심사면 지속적으로 헤드라인 뉴스가 될 수 있다. ④ 과거 경험치 여부도 중요한데, 정책 발표 반복성이 높다면 자주 소환될 수 있다. 과거 경험치는 투자에 좋은 참고 자료가 된다.

기업가치 측면

⑤ 정책과 실적 연계 시점을 판단해야 한다. 정책이 실적과 바로 연결되면 가치투자지만 실적 개선과 무관하거나 오랜 기다림이 필요하다면 잠깐의 버블일 가능성이 크다. ⑥ 마지막으로 기업가치 기준 저평가 여부를 판단하자. 정책주는 다른 테마와 달리 정책이라는 알맹이가 있다. 정책 훈풍에 기업가치까지 좋으면 일석이조다.

▼ 정책주 6가지 포인트 요약

테마 측면	① 정책 수혜: 정책 발표 수혜와 규제 대상 ② 정책 지속성: 일회성 정책과 다회성 정책 ③ 정책 강도: 대통령의 주된 관심사와 평이한 정책 ④ 학습 효과: 과거 정책 발표 반복성
기업가치 측면	⑤ 실적 연계: 정책 = 실적 ⑥ 저평가: 기업가치 기준 저평가

정권 코드에 맞는 주요 정책 과제에 집중하자

현 정부의 정책 코드를 선점해야 한다. 기업가치가 좋아도 소외주라면 관심도 하락, 거래량 감소로 주가 상승이 어렵다. 이런 기업에 정부 추진 의지라는 양념을 더하니 관심도가 상승하면서 거래량이 증가한다. 보수 정권 정책 과제와 거리가 멀었던 남북경협은 2018년 뜨거운 화두였다. 실적 악화, 한국지엠^{GM Korea} 철수설로 고전했던 자동차 산업은 2019년 대통령 수소 경제 역설과 수소차 로드맵으로 되살아났다. 다만, 대통령의 주된 관심사도 정권 후기가 되면 힘이 빠질 수 있다. 사업 연속성이 불투명해질 수 있음을 고려해야 한다. 이명박 정부 시절 원전 수출, 해외 자원과 4대강 개발 등은 기억에서 사라진 정책이 되었다.

정책 발표일 디데이를 선점하라

더 나올 뉴스가 없는 일회성 정책 발표라면 발표일이 정점이다. 정책 발표일이 디데이니 이 시점에 맞춰 매도하면 된다. 투자의 열쇠는 디데이 선점에 있다. 정부는 중요한 정책의 일정을 사전에 공지하는 경우가 많다. 장관 인터뷰, 정부 보도자료 계획, 정부 담당자 뉴스 언급 등을 통해 미리 보도한다. 가령, 사회간접자본^{SOC} 예비 타당성 면제 사업, 수소 경제 활성화 대책, 바이오 육성책 발표 등도 미리 발표 일정을 예고했다. 뉴스만 매일 챙기면 되는 간단한 투자법이다.

강한 규제는 피하는 것이 정답이다

규제가 강화된다면 실적 하락 우려가 있기 때문에 보수적인 관점으로 접근해야 한다. 보유 재산이 많아 저PBR인 공공기관도 실적 개선 없이 주가 상승은 어렵다. 친서민 정부는 서민 주거 안정이 최우선이다. 한국전력, 가스공사 등 인프라 기업의 주가 상승이 쉽지 않은 이유다. 한국전력은 누진제 요금 완화, 원전 축소, 탈 석탄화 등이 실적 개선 발목을 잡았다. 담배는 백해무익하니 KT&G도 규제 대상이다. 통신주도 정권마다 단골 이슈인 통신료 인하에서 자유로울 수 없다. 고강도 주택 대출 규제에 건설주와 은행주는 괴롭다. 광풍을 일으켰던 가상화폐는 정부 규제로 상승세가 한풀 꺾이기도 했다.

최소 두 가지 이상의 합리적 투자 논리를 정하라

정책 뉴스가 발표되면 정책주를 여섯 가지 관점에서 평가하자고 했다. 평가가 끝나고 기업가치도 확인했다면 자신의 생각이 꼭 필요하다. 정책주는 다른 테마주보다 가치투자 측면이 더욱 강조되기 때문이다. 가치투자에는 스스로 자신을 설득할 합리적인 이유가 있어야 한다. 최소한 두 가지 이상의 합리적 설득 이유를 찾자. 결국 이 과정이 정책주 매력도를 판단하는 최종 관문인 셈이다. 스스로 설득할 명확한 이유가 없다면 다른 테마와 달리 정책주 투자는 보수적으로 접근해야 한다.

정치 이슈로 땅 부자 기업은 돌아온다

: 2019년 1월 뉴스 :
정부는 총 24조 원대 규모 SOC(사회간접자본) 예비 타당성 조사 면제 사업을 발표했다.
10년간 순차적으로 도로, 철도 등에 정부 예산이 투입된다.

📊 땅 부자 기업, 저PBR이라서 좋다

땅 부자 기업은 굴뚝 산업이 많은데 바이오 산업처럼 미래 기대감이 높지 않아 주가
가 저평가되어 있다. 저PBR 주식으로 보유 자산 대비 시가총액이 작은 경우다. 땅은
도망가지 않으며 땅값 역시 물가 상승 덕에 계속 오른다. 오른 땅값을 과거치 평가액
으로 회계 처리하고 있다면 자산 재평가(현재 부동산 가치로 평가)를 받을 수도 있다. 이
는 호재로, 보유 자산 평가액이 늘어나니 PBR은 더욱 낮아진다. 실적까지 받쳐준다
면 저PER이 더해져 더욱 매력적이다.

📊 정치 논리에 자주 등장하니 돌아온다

부동산에 정치 논리가 개입되면 주가는 상승한다. 정치주, 남북경협주 성격을 띠기도
한다. 정치주는 선거철마다, 남북경협주는 남북 화해 분위기 때마다 돌아온다. 동남권
신공항 유치처럼 경쟁 과열, 찬반 논란 등이 엮이면 뜨거운 감자다. 어느 편을 들기
쉽지 않으니 결론은 미뤄진다. 장기간 논쟁만 반복되니 급등 기회는 많다. 때로는 부

동산 개발 정치 공약이 실제로는 실현되지 않는 허풍일 수도 있다. 과열도 쉽지만 그만큼 테마 바람이 지나가고 나면 주가는 다시 제자리임을 기억하자.

불경기에 부동산 개발 정책은 돌아온다

후버댐 건설로 미국이 대공황을 이겨냈듯 불경기에는 대규모 부동산 정책이 효과가 있다. 원자재 소비도 늘고 고용도 창출되니 경제지표가 바로 좋아지기 때문이다. 단기 처방약으로 그만이기에 정권을 불문하고 자주 등장하는 정책이다. 선거철마다 정치인들의 선심성 건설 개발이라는 공약까지 더해져 좋다.

정부 발표일을 미리 알 수 있다

정부는 미리 예비 타당성 조사 면제 결과 발표일을 알린다. 지역구 정치인들도 치적 홍보를 위해 발표 전에 언론플레이를 한다. 당연히 예비 타당성 조사 면제 결과 발표일이 노출되니 관심도는 증가한다. 발표 기대감에 주가는 오를 것이니 건설주를 선점하고 디데이 발표일 부근에 매도를 고민해 봐야 한다.

다만, SOC(사회간접자본) 사업은 10년 이상 장기 과제이기 때문에 당장 큰 수익은 나지 않는다. 발표일 부근 급등 뒤 주가가 다시 내릴 가능성이 높다. 건설주 대림산업도 발표 전 기대감에 상승세를 탔고, 이후에는 긴 하락세가 이어졌다.

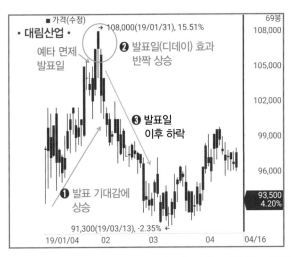

① SOC(사회간접자본) 예비 타당성 조사 면제 규제 완화는 건설주에는 호재다. 정책 발표 일정을 알기에 기대감에 미리 상승이다. ② 정부 발표 뒤 반짝 상승세였으나 ③ 더 나올 뉴스가 없으니 주가는 발표 이후 하락세다.

토지 개발 정책 관련주

토지 개발 이슈로는 휴전선 일대 개발, 신공항 건설, 수도 이전, KTX 세종역 신설, 제3기 신도시 건설, 지하철 개발 등이 있다. 이 중 휴전선 일대 개발은 남북경협주로도 엮인다.

① 휴전선 일대 개발

휴전선에 토지를 보유했다는 이유로 남북경협주다. 남북 평화 분위기 바람에 급등했다. 파주, 연천 등 DMZ 인근 토지 보유 기업이 강세다. 언론에 언급되는 기업으로는 일신석재, 코아스, 이월드, 유진기업 등이 있다.

포천 석산, 파주 토지 등을 보유한 일신석재도 남북 정상회담, 북미 정상회담 등 남북 화해 분위기마다 급등했다.

② 신공항 이슈

영남지역 동남권 신공항 건설은 현재 진행형이다. 부산 가덕도 인근에 토지를 보유한 것으로 알려진 기업들이 관련 이슈에 소환된다. 언론에 언급되는 기업으로는 동방선기, 영화금속, 영흥철강, 우수AMS 등이다.

③ 수도 이전, KTX 세종역 신설

세종시 이슈가 있을 때마다 세종시에 본사 또는 자산을 보유한 기업들이 급등했다. 언론에 언급되는 기업으로는 유아이디, 유라테크, 프럼파스트 등이 있다.

④ 제3기 신도시 발표

서울 주변 신도시 개발 기대 심리로 가구주인 에넥스, 현대리바트, 코아스와 벽지주인 대원화성 등이 반짝 상승했다.

⑤ 지하철 개발 발표

서울 시장이 강북 경전철(목동선 + 강북횡단선) 개발을 발표했다. 서부T&D가 보유한 신정동 서부 트럭 터미널 토지 가격이 오를 것이라는 기대감에 주가는 상승했다.

정권 핵심 어젠다 수소차는 돌아온다

: 2019년 1월 뉴스 :

대통령은 수소 경제 활성화 로드맵을 발표했다. 수소차와 관련 연료 전지 분야 세계 1위가 목표다. 정권 1호 규제 샌드박스(규제 면제)도 수소차 충전소 설치 규제 완화다.

로드맵 발표 전 선점할 수 있다

현대자동차는 2018년 12월 초 수소 전기차 비전 2030을 발표했다. 다음 날 정부는 관련 예산 확대를 발표했다. 경제 신문은 이에 맞춰 수차례 수소 경제 로드맵을 신년특집으로 연재했다. 정부는 대통령 신년사에 수소차를 담았다. 뉴스 체크만으로도 빠른 선점이 가능하다. 수소 가스 사업을 하는 풍국주정 주가는 현대자동차 로드맵 발표 이후 한 달간 지속적 우상향했다.

풍국주정은 소주 원료인 주정(에틸알코올) 생산 업체이지만 수소 가스 매출 비중도 높다. 매출 비중은 주정 40%, 수소 40%, 탄산가스 20%다. 수소 가스는 소비재이므로 수소차가 일반화되면 안정적인 매출이 가능하다. 2020년 주당 160원(시가배당률 0.98%) 배당했다. 2020년 3월 말 기준 부채비율 19%, 당좌비율 297%였다.

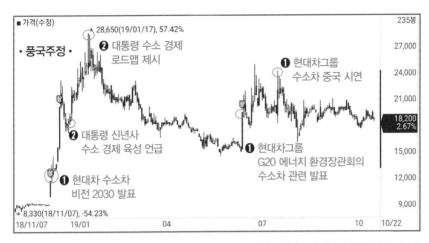

■ 가격(수정)

• 풍국주정 •

28,650(19/01/17), 57.42%

❷ 대통령 수소 경제
로드맵 제시

❶ 현대차그룹
수소차 중국 시연

❷ 대통령 신년사
수소 경제 육성 언급

❶ 현대차그룹
G20 에너지 환경장관회의
수소차 관련 발표

❶ 현대차 수소차
비전 2030 발표

→ 8,330(18/11/07), -54.23%

235봉
27,000
24,000
21,000
18,200
2.67%
15,000
12,000
9,000

18/11/07   19/01   04   07   10   10/22

대통령 관심이 정책주에는 주가 상승 기폭제다. 현대자동차 발표 이후 대통령 관심 언급에 풍국주정 주가는 추가 상승했다. 그 이후 간헐적인 수소차 이벤트마다 단기 급등했다.

정권 핵심 과제 1순위는 뉴스 1면에 계속 실린다

이번 정권 핵심 과제는 수소 경제다. 수소차는 친환경과 미래 산업이 만난 화두다. 대통령이 여러 차례 언급할 정도로 관심 1순위다. 해외에서 수소차량 탑승도 하는 등 행사 참여도 많다. 대통령 발언과 참여에 수소차는 뉴스 1면이다. 관심도 증가는 거래량 증가와 주가 상승으로 이어진다. 최우선 과제이다 보니 진행 경과 등이 자주 언급되고 그때마다 뉴스 헤드라인이 된다. 반복성이 많으니 좋다. 급등이 지나가도 지속적으로 거론되어 이벤트 기회는 여러 번 올 것이다. 다만, 아직은 개발 단계이기 때문에 수소차 관련 매출 증가는 조금 더 기다려야 한다.

📊 긴 호흡으로 성장에 투자하라

유럽은 나라별로 2025~2040년에 석유 연료 차량의 판매를 금지할 계획이다. 수소차는 전기차와 경쟁 중이지만 현재까지는 주행거리에서 앞서고 있다. 수소차 참여자는 기존 완성차 업체 위주다. 현재 세계 1위 수소차 개발 국가는 우리나라로 일본이 라이벌이다. 수소차가 우리 자동차 산업의 내일인 셈이다. 물론 수소 안전성, 다음 정권 핵심 정책 지속 여부 등 고려 사항이 있기는 하지만 긴 호흡으로 성장에 기대를 걸어볼 만하다. 장기 투자이기 때문에 적자 부실기업 투자는 신중해야 한다.

▼ **수소차 관련 주요 기업 현황**

분류	세부 분류	기업명
완성차	–	현대차
연료전지 스택	모듈/막전극접합체 분리판	현대모비스 현대제철
수소공급 장치	모듈 워터트랩, 밸브·센서	현대모비스, 유니크 세종공업
공기공급 장치	모듈 공기압축기 가습기	한온시스템 한온시스템, 뉴로스 코오롱인더
열관리 장치	모듈/라디에이터 워터펌프 온도센서	한온시스템 지엠비코리아 세종공업
수소저장 장치	수소저장용기 고압부품 수소센서	일진다이아 모토닉 세종공업
수소 충전소	운영 구축	에코바이오 효성중공업, 이엠코리아, 엔케이, 제이엔케이히터
수소가스	생산	풍국주정

* 출처 : 머니투데이

5G 도입에 실적 개선은 바로 돌아온다

: 2019년 4월 뉴스 :

미국보다 2시간 앞서 세계 최초로 5G가 상용화되었다. 이에 발맞춰 정부는 5G 기반 생산과 수출 확대 등을 목표로 5G+ 전략을 발표하고 2022년까지 5G 전국망을 구축하기로 했다.

5G는 4차 산업의 미래다

5G는 5세대 이동통신으로 G는 Generation, 즉 세대의 약자다. 5G는 모든 전자기기를 연결한다. 가상현실^{VR}, 자율주행, 사물 인터넷^{IoT}, 인공지능^{AI}, 빅데이터 등과 연결해 스마트 팩토리, 원격의료, 무인배송, 클라우드, 스트리밍 게임까지 4차 산업의 근간이다. 5G는 4G(LTE)에 비해 속도는 20배 빠르고 처리 용량은 100배 많다.

당장 실적이 개선되니 주가가 장기간 우상향이라 좋다

통신 장비주는 통신비 인하, LTE 투자 지연, 중국 기업 저가 수주 등으로 소외주였다. 실적 악화로 인해 적자 기업도 많았다. 수소차는 정책 발표 후 개발 기간까지 시차가 발생하나 5G는 상용화 덕에 당장 실적이 개선되었다. 수소차는 정책 발표 때의 기대감이 떨어지면 주가가 조정을 받지만, 5G는 실적 개선 덕에 지속적 우상향이다. 실적 개선주는 가치투자자인 기관과 외국인(기관) 최선호 주다. 그들은 한 번에 모두 사기보다는 저가로 분할 매수를 한다. 그 결과 실적주 주가는 조금씩 오르며 장기간으로 보면 끊임없이 우상향한다.

📊 실적 개선 대비 주가는 아직 저평가라 더 좋다

5G 개통에 단기 급등했어도 실적 대비 저평가라면 가파른 그래프도 투자하기 괜찮다. 미래 PER 기준 저평가일 때 이상 급등 종목 지정 등 단기과열 공시만 없다면 계속 쥐고 있는다. 정책 발표 이후 급등했음에도 미래 실적 기준 PER이 5배라면 적어도 10배까지는 버터 보는 것이다. 미래 실적은 뉴스나 증권사 리포트 등을 통해 접할 수 있다. 5G 상용화 이후 통신 부품주에 대한 증권사 리포트나 뉴스가 많이 나왔다는 것도 기억해야 할 대목이다. 빠른 정보 습득이 수익을 부른다.

📊 세계 최초이니 해외 수익 사업 기회가 많다

우리보다 5G 후발주자인 해외시장에서 앞으로 기회가 많아질 것이다. 정부에 따르면 2026년 세계 5G 시장 규모는 1,161조 원으로 2018년 반도체(529조 원)보다 2배 이상이다. 전기차라는 경쟁자가 있는 수소차와 달리 5G는 세계 단일 규격이다. 경쟁자가 없으니 우리나라 1위가 세계 1위가 될 수도 있다. 5G 부품 가격이 LTE보다 비싼 점도 수익성 개선에 좋다.

케이엠더블유는 5G 관련주로 무선통신 기지국 장비, 부품 등 생산업체다. 국내 3사뿐만 아니라 ZTE(중국 2위 통신 장비 업체), 노키아, 에릭슨에도 납품하고 있다. 2018년 적자(-313억 원)였으나 5G로 2019년 1,000억 원 이상 흑자 전환했다.

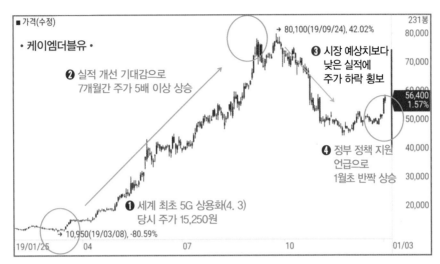

■ 가격(수정)   231봉

・케이엠더블유・   → 80,100(19/09/24), 42.02%

❷ 실적 개선 기대감으로   ❸ 시장 예상치보다
　 7개월간 주가 5배 이상 상승   낮은 실적에
　　　　　　　　　　　　　　　　　　　　　　　주가 하락 횡보

                                              56,400
                                              1.57%

                              ❹ 정부 정책 지원
                                 언급으로
                                 1월초 반짝 상승

❶ 세계 최초 5G 상용화(4. 3)
　 당시 주가 15,250원

→ 10,950(19/03/08), -80.59%

19/01/25   04   07   10   01/03

① 5G 상용화로 인한 실적 개선 기대감으로 ② 7개월간 주가는 5배 이상 폭등했다. ③ 실적 개선으로 급등했기 때문에 예상 실적 달성 여부 체크는 필수다. 2019년 하반기 시장 예상치보다 낮은 실적 발표를 이유로 주가는 한동안 하락세였다. ④ 다만, 2020년 초 정부의 5G 정책 지원 언급으로 반짝 상승세를 탔다.

미래 정책인 로봇 산업은 돌아온다

: 2019년 3월 뉴스 :
정부는 대통령이 참석한 로봇 산업 육성 행사를 열었다. 2023년까지 관련 산업을 3배로 키
우고 로봇 기업 육성도 확대하기로 했다.

로봇 산업은 성장주이자 정치주가 될 수 있다

인공지능[AI]은 4차 산업 중심축으로 응용 분야가 많다. 기술 장벽이 높은 고부가가치
산업이다. 글로벌 선구자가 될 수 있으니 바이오처럼 꿈을 먹는 성장주다. 산업이 성
장해 기업이 늘면 테마도 더 강해질 수 있다. 노동 인구 감소로 AI가 선거철 단골 정
책이 될 수도 있다. AI 육성이 벤처 활성화에도 도움이 된다. 손정의 회장도 대통령을
찾아가 AI를 논의하고 삼성도 AI 투자에 대한 관심이 매우 높다.

대통령도 참여한 행사라 더 좋다

대통령이 직접 행사에 참석해 연설을 한다는 것은 중요하다. 대통령이 언급하니 정책
적 지원 의지도 강하다. 대통령의 잦은 관심 덕에 더 나올 뉴스가 있으니 좋다. 정책
발표 일정을 선점하면 향후 디데이 매도도 가능하다. 2019년 3월 AI 육성책 발표 당시
후속 정책 발표를 7개월 후에 하겠다고 정부가 미리 예고했다.

로보로보는 코딩과 조립 중심 로봇 교육 기업이다. AI가 성장 단계이다 보니 로봇 교육 기업도 AI 테마가 된다. 국내 매출은 주로 초등학교 방과후 수업에서 나온다. 중국에도 진출해 있는데 국내와 중국 매출 비중은 반반이다. 2020년 주당 13원(시가배당률 0.3%)을 배당했다. 2020년 3월 말 기준 부채비율 9%, 당좌비율 667%였다.

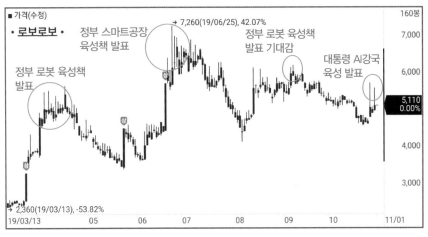

정책주는 정책 발표일이 디데이다. 정부 정책 발표 시점마다 동일한 급등 패턴, 고점 매도 기회다.

단골 정책 손님, 벤처 육성은 돌아온다

: 2019년 3월 뉴스 :
정부는 2022년까지 총 52조 원을 투입해 바이오, 핀테크, 인공지능, ICT 등 신사업 벤처를
육성하는 정책을 발표했다.

📊 3년간 정부 예산이 투입되는 벤처캐피털

벤처캐피털^{VC}은 자금을 모아 벤처 창업 등에 투자하는 모험 자본이다. 투자한 회사
가 크게 성공하면 그 과실을 투자자에게 분배한다. 벤처 육성 정책 최대 수혜주는 벤
처캐피털이다. 정부가 52조 원 예산을 투입하니 실체가 있다. 그러나 성공하기까지는
시간이 필요하다. 바이오라면 10년 이상 긴 임상 기간은 필수다. 그 사이 투자한 회사
가 망할 수도 있다. 당장 실적이 개선되지는 않기 때문에 긴 안목으로 바라볼 필요가
있다. 후속 정책 발표가 없다면 단기 이벤트로 끝날 수도 있다.

📊 강세장이면 벤처캐피털도 좋다

벤처캐피털은 투자한 회사가 거래소에 상장을 하는 것이 목표다. 높은 수익률을 얻
고 투자금을 회수할 수 있기 때문이다. 상장에 앞서 주식 공모를 하는데 공모가가 높
으면 더욱 좋다. 약세장에서는 주가 약세로 공모가가 낮아지기 때문에 투자 수익률
이 낮아진다. 약세장 주가가 떨어지기만 하니 때론 관심 부족으로 공모가 안 되기도

한다. 벤처캐피털 업계가 약세장보다 강세장을 원하는 이유다. 강세장을 부르는 증시 활성화는 벤처캐피털에 호재다.

📊 벤처 육성은 단골 정책 손님이다

저출산 고령화 사회에 노동 집약형 산업은 어렵다. 변화된 인구구조가 고부가가치 4차 산업을 요구한다. 정부 선택지는 기술 집약적 벤처 육성이다. 선거철 정치인도 좋아하는 공약 사항이다. 자주 언급될 기회가 있으니 반복성이 높은 것이다. 정치인 공약은 정치주로도 변신할 수 있으니 더블 역세권이다.

아주IB투자는 업계 대장주다. 최근 3년간 당기순이익도 안정세이고 정책 발표에 주가 탄력도도 높은 편이다. 지분율은 최대주주 아주산업 등 67.2%, 한국과학기술원 7.3%다. 2020년 주당 35원(시가배당률 2.8%) 배당했다.

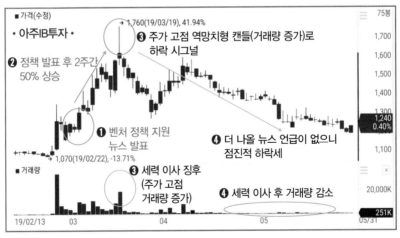

①~② 정부 벤처 정책 지원 뉴스 발표로 인해 2주간 50% 상승했다. ③ 주가 고점 거래량 증가와 역망치형 캔들은 주가 하락 신호다. ④ 더 나올 뉴스가 없으니 거래량 감소, 점진적 하락세다.

우리기술투자는 가상 화폐 거래소 업비트 운영사인 두나무 지분 8%를 보유했다. 그 이유로 비트코인 테마주로도 엮인다. 실적과 무관하게 비트코인 가격 급등락과 비슷한 주가 흐름이다.

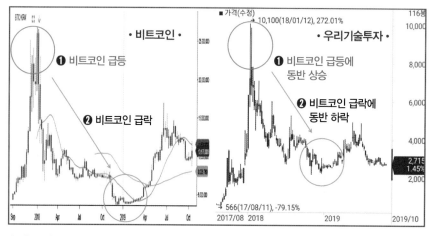

① 비트코인 급등에 비례해 우리기술투자도 동일한 급등 그래프를 보인다. ② 비트코인 급락에 동일한 차트 모양새가 나타난다.

금리 인하에 증권주가 돌아온다

: 2019년 9월 뉴스 :

미국 연방 준비 이사회가 금리 인하를 전격 결정했다. 이에 한국은행도 금리 인하 여력이 생겼다.

금리 인하에 울고 웃는 기업

금리 인하는 불경기일 때 경기 부양 목적으로 많이 내놓는 정책이다. 이자를 내려주니 채무자는 웃고 채권자는 운다. 저축을 적게 하니 은행에는 수익성이 악화되는 악재다. 보험사는 채권자 입장이다. 고객이 맡긴 돈을 운용해야 하는데 이자만으로는 수익을 내기가 어렵다. 채권 추심 업체는 저금리에 연체율도 낮아지니 할 일이 줄어든다. 건설주는 채무자 입장이다. 주택담보대출 이자가 줄어드니 부동산에는 호재다. 저금리 예적금 저축 대신 고금리 투자 상품으로 수요가 몰리니 증권사도 웃는다.

금리 인하에 배당 매력도가 올라간다

금리 인하는 주식시장 강세를 몰고 온다. 이자 수입만으로는 만족하지 못한 투자자가 몰린다. 고배당주도 상대적 매력도가 올라간다. 예적금 이자율보다 수익성 높은 고배당 주식과 펀드가 인기다. 기관과 외국인 투자 전략도 고배당주로 몰린다. 안정적인 배당금과 주가 상승까지 노릴 수 있다.

📊 배당주 가치투자가 가능한 금융 우선주

은행, 증권, 보험 등 금융주는 고배당주가 많다. 금융주 중 우선주를 주목할 필요가 있다. 주요 우선주로는 대신증권, NH투자증권, 부국증권, 신영증권, 유화증권, 삼성화재 등이 있다. 금리 인하 효과를 감안할 때 최고의 투자처는 증권 우선주다. 증권주는 2019년 증권거래세 인하 발표에 금리 인하까지 호재가 더해졌다. 증권사는 채권을 많이 보유하고 있다. 채권은 금리와 반대로 움직인다. 금리가 내리면 채권수익률은 올라간다. 증권사 채권수익률이 좋아지는 이유다. 참고로 금융사는 부채비율이 매우 높아 보이지만 고객이 맡긴 돈을 부채로 잡는 것이기 때문에 크게 걱정하지 않아도 된다. 증권사는 고객 예탁금(주식 매수 대기 자금)도 대출로 잡고, 차입을 통한 투자(발행 어음, 공매도 등)도 부채비율에 영향을 미친다. 은행과 저축 은행도 고객 예금을 부채로 잡는다.

📊 증권 우선주 종목 분석 사례

대신증권 우선주는 대신증권우, 대신증권2우B 2개다. 2018년 실적 기준으로 대신증권우는 670원(시가배당률 7.3%), 대신증권2우B 620원(7.2%) 배당을 했다. 2019년 실적 기준으로는 대신증권우는 1,050원(시가배당률 11.1%), 대신증권2우B는 1,000원(11.4%)을 배당했다.

신영증권 우선주인 신영증권우는 2018년 실적 기준 시가배당률 5%다. 12월 결산 법인인 다른 증권사와 달리 3월 결산 법인이다. 12월 말 기준 다른 종목 배당을 먼저 받은 후 신영증권우로 3월 말 배당을 노려볼 만하다.

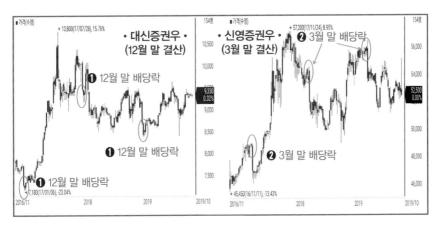

대신증권이 신영증권보다 3개월 먼저 배당락이다. ① 매년 12월(대신증권)과 ② 3월(신영증권) 배당락 이후가 시가배당률 기준 저점 매수 기회가 된다.

항공사 확대 반사이익으로 여행주가 돌아온다

⋮2019년 3월 뉴스⋮

정부는 신규 저비용 항공사^{LCC} 3개사에 대해 조건부로 국제선 운항 면허를 발급했다. 기존 8개에서 11개(LCC는 9개)로 국제선 항공사가 늘어난다. 다만, 신규 3개사는 2년 내 취항을 해야 한다.

📊 항공과 여행주는 유가, 환율 등 민감 요인 체크하기

여행은 항공, 면세점, 카지노 등과 한 몸이다. 유가, 환율, 경제 상황, 정치 이슈, 전염병 등 민감 요인도 많다. 유가가 내리면 항공과 여행 수요가 늘어서 면세점, 카지노가 잘된다. 환율이 내리면(ex. 1달러당 1,100원 → 1,000원) 환전해서 받는 외국 돈이 늘어나니 호재다. 경기가 살아나면 여유 자금이 증가해 여행 수요도 많아진다. 코로나19 등 전염병, 사드 보복, 반일 감정 등 대외 변수 악재는 고려 대상이다. 자유여행이 늘면서 패키지여행 수요가 줄어든 것은 여행주에 악재다.

참고로 2019년 상반기 대한항공 경영권 분쟁, 아시아나항공 매각 이슈가 뜨거웠다. 실적보다 테마 이슈로 급등한 것이다. 두 회사 모두 당기순손실(2018~2019년)과 높은 부채비율 등을 고려할 경우 보수적으로 바라볼 필요가 있다. 대한항공 경영권이 안정화되거나 아시아나 매각이 완료되면 이벤트는 끝날 수 있다.

웃는 여행주, 우는 항공주

규제 완화가 항공주에는 악재다. 허가받은 이가 많아지면 경쟁 과열로 항공료가 내려 간다. 여행사 입장에서는 협상 대상자가 많아지니 좋다. 취항까지 2년 남았기에 당장 여행사 실적 영향은 미미하다. 더 나올 뉴스가 없기에 하루 반짝 호재일 뿐이다.

레드캡투어는 여행사로 알고 있지만 렌터카와 여행 매출 비중이 반반이다. 패키지 여행이 힘들어지면 렌터카가 보완해 준다. 2019년 말 기준 지분율은 최대주주 75.1%, 자사주 4.1%다. 최대주주 지분율이 높기 때문에 셀프 고배당이다. 실적이 양호하다면 고배당 측면에서 바라볼 수 있다. 2019년 말 기준 800원 배당(6월 말 기준 중간 배당 200원, 12월 말 기준 600원)으로 시가배당률 5%다.

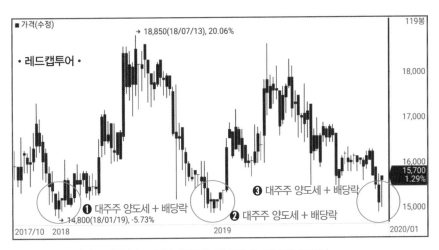

12월 대주주 양도세 이슈, 연말연시 고배당주 배당락 이슈로 인해 12~1월 연중 저점이다.

주세 인하로 맥주 회사가 돌아온다

: 2019년 7월 뉴스 :

맥주 주세를 가격에서 무게 중심으로 개편했다. 국산 캔맥주는 리터당 세금이 415원 내린다. 기존에는 수입 캔맥주보다 144원 높았다. 대신 국산 병맥주와 생맥주는 세금이 오른다.

국산 캔맥주도 만 원에 4캔 이벤트를 할 수 있다

수입 캔맥주 대비 가격 열세를 만회할 수 있게 된다. 국산 캔맥주가 2020년부터 더 저렴해질 수 있으니 국산 캔맥주도 만 원에 4캔 이벤트를 할 수 있다. 다만, 병맥주와 생맥주 세금 인상은 실적 상승 폭을 낮추는 요소라 아쉽다.

반일 불매운동으로 실적이 개선된다

수입 맥주 1위는 일본 맥주였다. 반일 불매운동으로 수입 맥주 소비량이 줄어 실적이 개선되었다. 반일 이슈 덕에 세금 인하, 가격 인상보다 주가 급등 폭이 더 컸다. 가격 인상은 뉴스 1면까지는 어렵지만 반일 불매운동은 애국심을 자극할 수 있는 헤드라인 뉴스가 될 수 있다.

하이트진로홀딩스는 맥주 회사 중 유일한 상장사다. 하이트, 테라 등 맥주와 참이슬 소주를 생산한다. 회사 전체 판매 비중에서 맥주는 40% 수준이다. 우선주인 하이트진로홀딩스우도 있다. 반일 불매운동 이벤트에 시가총액이 작은 우선주가 보통주보다 더욱 큰 상승세를 보였다. 2020년에 보통주는 350원(시가배당률 2.7%), 우선주는 400원(3.2%) 배당했다.

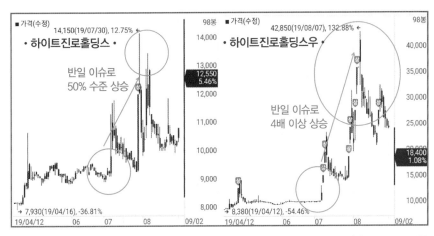

우선주는 유통 물량이 적기 때문에 호재에 매물이 없어서 급등 폭이 더욱 크다. 반일 쟁점으로 (좌) 보통주 50% 상승 대비 (우) 우선주 4배 상승으로 8배 격차를 보였다.

근로 시간제와 최저 임금 이슈는 돌아온다

: 2019년 7월 뉴스 :

52시간제를 단계적으로 도입한다고 발표했다. 최저 임금 인상은 문재인 정부 들어 노동계 최대 관심 사항이다. 관련성이 없을 것만 같던 노동 정책 뉴스가 주식시장에도 영향을 미친다.

52시간제, 저녁이 있는 삶

52시간제 도입으로 일상이 변했다. 과거 아버지 세대의 회식 문화가 사라지고 워크앤 라이프 밸런스가 사회적 트렌드로 자리 잡았다. 자기계발과 휴식, 가정과 일 양립이라는 사안이 학원, 여행, 레저, 항공, 엔터테인먼트 산업 등에는 호재다. 프랑스는 35시간, 독일은 40시간제다. 이 시간을 넘어 일하는 것은 휴가로 적립할 수 있다. 유럽보다 일을 많이 하고 있으니 앞으로도 계속 근로 시간은 줄어들 수 있다. 덕분에 근로 시간제 이슈는 다시 돌아올 수 있다.

골프존이 수혜기업이다. 주 52시간제 도입으로 스크린 골프가 주목받았다. 회식 문화가 줄어드니 골프가 인기다. 매장 관리 인력도 많이 필요 없어 최저 임금 영향도 적다. 그 결과 2019년 상반기 가맹점 수도 늘고 수익성도 개선되니 주가도 우상향이었다. 2020년 주당 2,050원(시가배당률 3%) 배당했다. 2020년 3월 말 기준 부채비율은 65%였다.

■가격(수정)

• 골프존 •

❷ 52시간제 도입, 실적 개선,
고배당 성향 등으로 주가 상승
(6개월간 약 2.5배 상승)

81,900(19/06/21), 18.87%

❶ 실적 하락세 영향으로
주가 점진적 하향 곡선

31,000(19/01/11), -55.01%

134봉
80,000
68,900
0.00%
60,000
50,000
40,000

2017/06   2018   2019   2019/12

① 실적 하락세 영향으로 주가는 점진적 하향 곡선이었지만, ② 2019년 52시간제 도입 등으로 실적 개선, 고배당 성향이 부각되면서 6개월간 2.5배 이상 상승했다.

최저 임금 인상 협상은 돌아온다

최저 임금 인상률이 올라가면 사람이 하던 일을 기계가 대신 한다. 음식점 등에서 기계에 음식을 주문하는 무인 단말기$^{KIOSK,\ 키오스크}$ 관련주(한네트, 케이씨티, 케이씨에스, 한국전자금융, 씨아이테크, 푸른기술 등)에는 호재다. 편의점(BGF 리테일, GS리테일 등)에는 악재다. 아르바이트 비용을 지급하고 나면 남는 게 없다. 다행히 편의점은 1인 가구 증가, 출점 제한 규제에 따른 가맹 수요 증가 등으로 악재는 면하고 있다. 1인 가구가 증가하자 마트와 백화점은 매출 부진으로 울상이다. 최저 임금 1만 원 등 사회적 관심도가 높은 관련 협상은 자주 돌아온다. 최저임금 인상률이 높아질수록 의견 충돌은 늘어난다. 덕분에 뉴스 1면에 언급되고 관련주는 반짝 특수를 누린다.

코스닥 활성화 정책에 바이오가 돌아온다

: 2018년 1월 뉴스 :

2017년 늦여름부터 정부가 코스닥 활성화 방안을 검토하고 있다는 뉴스가 나왔다. 2018년 1월, 정부는 기다리던 관련 대책을 발표했다.

위험하지만 매력적인 바이오주

바이오 주식은 동전의 양면과 같다. 시기만 잘 만나면 인생역전 로또와 같은 주식이 될 수도 있다. 3~4개월간 3~4배 오르는 것은 예사다. 다만, 주가 버블 이후 고점 뒷북 투자로 큰 손실도 준다. 임상 실패, 잦은 유상증자(주식 관련 사채), 적자 누적 상장 폐지까지 큰 아픔도 따를 수 있다. 바이오주 투자를 결심한다면 투자 이유를 차분하게 생각해 봐야 한다.

▼ 바이오주 투자 주요 특징

투자 장점	투자 주의점
· 정책 훈풍에 강하다. · 강세장에 강하다. · 단기간 비이성적으로 급등한다. · 무리지어 오른다.	· 임상 실패 확률이 높다. · 적자 기업이 많다. · 가치투자가 어렵다. · 거품은 원위치로 돌아갈 수 있다.

📊 바이오주를 선택한 이유

첫째, 정책 훈풍에 강하다. 모든 정권마다 주식시장 살리기를 언급하는데, 대형주 중심 코스피보다는 중소형주 코스닥이 주된 타깃이다. 코스닥은 시가총액이 큰 바이오가 주인이다. 바이오가 올라야 코스닥이 오를 수 있기 때문이다. 주식시장 활성화 정책에 바이오가 웃는다.

둘째, 강세장에 강하다. 강세장에 강한 주식은 잘 부풀어 오르는 주식이다. 주가가 잘 오르는 주식은 미래 기대감이 큰 주식이다. 바이오만큼 기대감이 큰 주식도 없을 것이다. 전통적 굴뚝 산업은 미래의 큰 변신과는 거리가 멀다. 임상 실험에 성공만 한다면

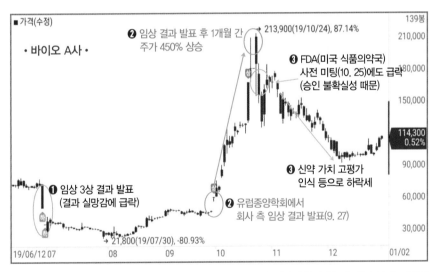

① 항암제 임상 실험 중인 바이오 A사는 2019년 6월 말 기대치보다 낮은 임상 실험 결과를 발표했다. 주가는 실망감에 급락했다. ② 약 3개월 뒤 '개선된 임상실험 결과'에 대한 회사 측의 자체 발표에 주가는 1개월 만에 450% 급등했다. ③ 다만, 공식 검증 기회인 미국 FDA 사전 미팅 일에는 결과 불확실성 때문에 급락했다. 그 이후 신약 가치 고평가 인식 논란 등으로 인해 하락세였다. 급등 정점에 매수했다면 거품이 꺼진 뒤 손해가 클 수 있다.

신약은 만병통치약이 되어 큰돈을 벌어다 줄 것이기 때문에 강세장에서 크게 부풀수 있다.

셋째, 단기간 비이성적으로 급등한다. 예를 들면, 회사 측 자체 임상 실험 중간 발표에 강하게 급등하는 경우이다. FDA^{미국 식품의약국} 등 공인기관 인정 여부는 중요치 않다. 최종 성공 단계가 아닌데도 시장은 이미 축제 분위기다. 테마 바람에 거래량이 쏠리니 과하게 이상 급등한다.

넷째, 무리지어 오른다. 바이오주는 당장의 실적보다 군중심리가 영향을 크게 미친다. 다른 기업 임상 성공 호재에 같이 오르고, 실패 악재에 같이 내린다. 연이은 임상 실패에도 다른 기업 성공 분위기에 휩쓸려 함께 오르기도 한다. 바이오 기업들의 임상 3상 실험 결과 발표 디데이를 눈여겨봐야 하는 이유다.

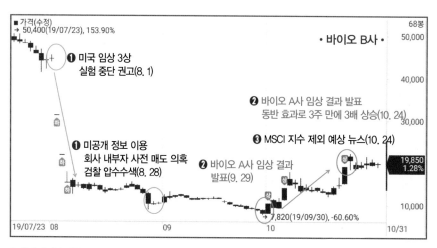

① 항암제 임상 실험 중인 바이오 B사는 2019년 8월 초 미국으로부터 임상 3상 실험 중단 권고를 받았다. 8월 말에는 내부 정보 이용 사유로 검찰 압수수색까지 받았다. ② 2개월 뒤 앞서 설명한 A사 임상 성공 발표 영향으로 3주 만에 이유 없이 주가는 3배 상승하기도 했다. ③ A사 임상 성공 이슈가 MSCI 지수 제외라는 악재도 삼켰다.

📊 바이오주 투자 시 주의 사항

첫째, 임상 실패 확률이 높다. 임상 실험은 총4단계다. 임상 1상은 소수의 건강한 성인 대상 약물 체내 흡수 등 안전성 평가다. 임상 1상은 성공 확률이 높다. 임상 2상은 적정 투약 용량 등을 평가한다. 임상 3상은 수백 명 이상 환자를 대상으로 약물의 유효성, 안전성 등을 최종 검증한다. 임상 4상은 약물 시판 후 부작용 등의 검증이다. 임상 3상에 성공해야 상업화가 가능하다. 임상 3상 성공은 매우 어렵다. 유의미한 결과라도 기존 글로벌 약품보다 뛰어나야 경쟁력을 갖고 상업화가 가능하기 때문이다. 우리나라의 바이오 기업 임상 3상 실패가 유독 많은 이유이기도 하다.

둘째, 적자 기업이 많다. 임상 실험은 때로는 10년 이상, 오랜 기간 동안 지속해야 한다. 수입은 없는데 비용은 많이 발생하기 때문에 적자 누적에 시달려야 한다. 외부 자금 수혈을 위해 유상증자, 주식 관련 사채 발행을 빈번하게 한다. 유상증자 등으로 주식 수가 늘어나니 동일한 시가총액 유지를 위해 주가는 계속 내려간다. 때로는 누적된 적자 지속에 상장폐지가 된다.

셋째, 가치투자가 어렵다. 가치투자법이 성공하려면 안정적인 기업가치가 유지되어야 한다. 잦은 유상증자에 따른 주가 희석, 과한 적자가 지속된다면 믿고 투자하기가 어렵다. 손실 중이라면 추가 매수도 어렵다. 손절매 외에 대안이 없다.

넷째, 거품은 원위치로 돌아갈 수 있다. 신약 성공에 대한 기대감으로 단기간에 급등했어도 그 거품이 빠지면 급락한다. 실적과 무관한 테마 바람 급등인 만큼 과한 급락은 필수다.

■ 가격(수정) 32봉

→ ↑52,300(2017/11), 667.25%

❶ 항암제 글로벌
임상실험 성공
기대감에 급등
(9개월간 17배 상승)

• 바이오 B사 •

❷ 2년 만에 주가 95% 하락

❶ 주가 8,900원
(2017. 2. 24)

❷ 美 임상 3상
실험 중단 권고(8. 1)

7,820(2019/09), -60.60% ←

19,850
1.28%

2017/03   2018   2019   2019/10

① 코스닥 시장 활성화 정책 지원 발표와 임상 성공 기대감에 약 9개월 만에 17배 급등했던 바이오 B사는 ② 2년 만에 급등 정점 대비 95%나 하락한 바 있다.

📊 위험성이 큰 투자일수록 신중하자

바이오 주식은 위험성이 큰 만큼 성공한다면 큰 수익을 낼 수 있다. 이 수익에 잠시 눈이 멀어 임상 1상 성공이 신약 개발의 최종 성공인 것처럼 착각을 한다. 신약 파이프라인도 없는 무늬만 바이오 기업, 부실 작전 기업 바이오 진출에 묻지마 식의 투자는 피해야 한다. 바이오주라면 위험성을 먼저 고민하고 투자하기를 바란다. 관심 대상을 기술 경쟁력을 갖춘 기업 중 임상 3상 중인 곳 중심으로 좁혀 보자. 다만, 과한 적자임에도 임상 3상이라는 이유로 시가총액이 조 단위인 바이오 기업은 가치투자 측면에서는 보수적으로 바라볼 필요가 있다. 개별 바이오 기업의 부실 리스크가 고민인 보수적 투자자라면 여러 바이오 기업 주가의 평균을 따르는 헬스케어 ETF를 대안으로 생각해 볼 수 있겠다.

Chapter 12

남북경협·방산주: 북한은 돌아온다

남북경협주와
방산주 특징

북한은 평화와 전쟁 위협으로 돌아온다

북한의 대남전략은 지킬 앤 하이드처럼 변덕스럽다. 남북 화해를 이야기하다가 갑자기 전쟁 이야기로 빠지는 벼랑 끝 전술을 쓴다. 북한은 항상 평화와 전쟁위협을 줄다리기한다. 대통령이 평양을 방문하고 남북 정상이 판문점에서 두 손을 맞잡았지만 언제 또 도발할지 모르는 상황이다.

남북경협주와 방산주 중 하나는 돌아온다

남북경협주와 방산주는 반비례 관계다. 둘 중 하나는 오르고 하나는 내린다. 남북경협주의 호재인 남북 정상회담이 방산주인 빅텍에게는 악재이고, 방산주의 호재인 북 미사일 실험이 남북경협(비료)주인 조비에겐 악재다.

남북경협과 방산 정체성이 모호한 기업도 있다. 방위 산업체인데 남북경협 테마도 가지고 있는 기업 등이 그렇다. 다만, 본질은 방산주이기 때문에 주가 움직임은 방산 이슈에 좀 더 무게가 있다.

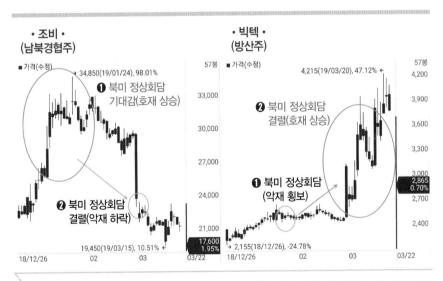

① 북미 정상회담에 앞서 (좌) 남북경협주인 조비는 급등했고, (우) 방산주 빅텍은 약세 횡보다. ② 북미 정상회담 결렬 소식에 조비는 급락한 반면, 빅텍은 급등세다. 북미 정상회담 성사와 결렬에 서로 정반대 모양새를 보였다.

▼ 남북경협과 방산 이슈를 함께 보유한 기업

종목 명	남북경협	방산
현대로템	철도 사업 남북경협	전차 생산
퍼스텍	DMZ 지뢰 제거 장비 생산	전차 구동 장치 생산
웰크론	지뢰 제거 방호복 생산	방탄복 생산

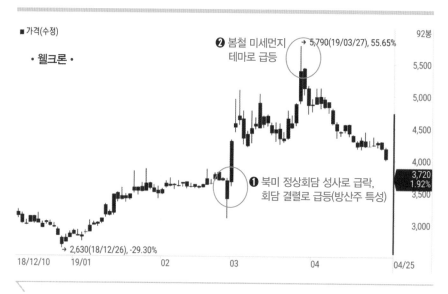

① 북미 정상회담 성사에 급락, 회담 결렬로 급등하는 패턴은 웰크론의 방산주 특성을 더 잘 보여준다. ② 마스크 부직포를 생산하기 때문에 미세먼지 테마에도 엮인다.

진보 정권과 보수 정권, 둘 중 하나는 돌아온다

보수 정권이라면 북한과 화해 제스처를 보이기는 어렵다. 팽팽한 대치 속에 금강산 관광 중단(2008년)과 개성 공단 폐쇄(2016년), 미사일 발사가 이어졌다. 남북경협주의 시련이지만 공포감 덕분에 방산주는 급등한다.

하지만 정치 권력은 영원하지 않다. 보수 정권도 10년 만에 진보로 바뀌었다. 대통령 선거는 5년마다 열린다. 정권 교체가 예상될 경우 유력 주자가 보수 후보라면 방산주, 진보라면 남북경협주를 선점하자. 2017년 5월, 진보 후보 당선이 예상된 상황에서는 남북경협주 선점이 수익을 불렀다. 대통령 취임 초기 북미 간 악화 분위기도 일부 있었지만 2018년 남북 정상과 북미 정상이 만난 덕분에 남북경협주는 급등했다.

정상회담 디데이는 돌아온다

2019년 말 기준, 문재인 대통령 취임 뒤 남북·북미 정상회담이 4차례 이루어졌다. 양측 간 화해 분위기에 남북경협주는 급등했지만 방산주는 울상이다. 남북경협주는 회담 결정 발표일부터 회담일(디데이)까지 상승하는 패턴을 보인다. 기대감에 회담일까지 오름세이니 회담일을 정점으로 매도 디데이를 정할 수 있다.

진보 정권은 끊임없이 북한을 협상 테이블에 초대하고 있다. 미국의 트럼프 대통령도 2019년 전격적으로 판문점에 방문했던 것처럼 정치 이벤트를 좋아한다. 정치적 이해관계가 서로 맞아떨어진다면 정상회담 이벤트는 계속 돌아올 수 있을 것이다.

이웃집이 잘되어야 내 주가도 오른다

남북경협주로 거론되는 범주는 다른 테마에 비해서 많다. ① 인도적 물품 지원, ② 개성 공단과 금강산 관광, ③ 철도, 도로 등 인프라 지원까지 다양하다. 뉴스에 언급될 후보군이 많으니 좋다. 이슈가 하나 생기면 남북경협주 전체가 상승하는 효과도 있다. 가령, 남북 철도 개발 협의 진행이 다른 남북경협 이슈들까지 덩달아 호재를 맞게 한다. 단지 철도주보다 급등 폭만 작을 뿐이지 주가 반등 동질성이 강하다.

58 남북경협주와 방산주 투자 전략

평화로울 때 전쟁에 대비하라

북한의 예측 불가한 변덕 덕분에 청개구리 투자 전법이 통한다. 현재와 반대 상황을 선점하면 된다. 평화로울 때 전쟁에 대비하라는 로마 격언을 기억하면 되는 것이다. 계절 말미에 매수하고 계절 정점에 매도하는 계절주 투자 전략과 같다. 평화 시 남북경협주가 계절 정점이고, 방산주 인기는 시들하다. 평화로울 때 인기 없는 방산주를 매수하는 거꾸로 투자가 수익을 부른다. 손실이면 추가 매수로 매수 단가를 낮추면 된다. 북한 도발은 다시 돌아올 것이기 때문에 느긋하게 기다리면 된다. 다만 북한의 변덕이 언제 올지는 모르기 때문에 오랜 시간 기다려야 할 수도 있다. 그래서 장기 투자가 가능한 가치투자 종목에 집중하는 편이 좋다. 그래야만 불확실성을 불안감 없이 긴 호흡으로 즐길 수 있다.

2019년 2월 말 북미 정상회담 이슈가 방산주에는 악재였다. 주가는 내릴 만큼 내린 상태였기 때문에 합의문에 두 정상이 사인을 한다고 해도 더 내릴 여지도 많지 않았다. 혹여 모를 반전이 생긴다면 방산주가 급등할 수 있었다. 모두의 예상과 달리 협상은 틀어졌고 북한의 강경 메시지는 이어졌다. 평화로울 때 전쟁을 생각한다면 방산주는 큰 수익으로 돌아온다.

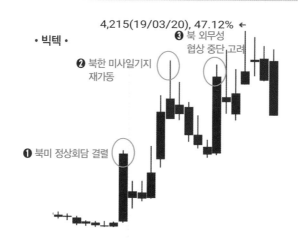

방산주 빅텍은 ① 북미 정상회담 결렬 이후 ② 북한 미사일 기지 재가동, ③ 북한 외무성 북미 협상 전면 중단 고려 뉴스 등 연이은 공포감 덕에 주가가 급등했다.

주목할 3인 메시지를 선점하라

① 북한 김정은 메시지를 선점하라

북한은 김정은 말 한마디가 곧 법이니 그를 주목해야 한다. 그의 육성 발표 뉴스를 선점하면 수익을 부른다. 매년 초 신년사, 북한군 창건일(4. 25) 등에 굵직한 대남 메시지가 나올 수 있다.

<u>2019년 신년사 사례</u> 김정은은 개성 공단과 금강산 관광 재개를 요청했다. 남북경협주 중 유독 개성 공단과 금강산 관련주 폭등을 불러왔다.

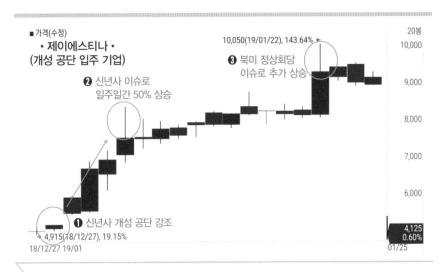

① 개성 공단 입주 기업 제이에스티나는 김정은의 개성 공단 재개 강조 후 ② 일주일 동안 50% 주가 상승세를 보였다. ③ 이후 북미 정상회담 성사 이슈로 상승세를 이어갔다.

② 미국 트럼프 대통령 트위터를 선점하라

트럼프는 CNN 등을 가짜 뉴스라고 정의하고 트위터 정치를 한다. 트럼프 팔로워가 되어 보자. 뉴스보다 정보를 먼저 접하니 선점 효과가 크다. 트럼프는 《협상의 기술》이란 책을 쓴 작가다. 그 기술 중 하나는 되받아치기다. 상대가 주도하는 협상 판세를 뒤집으라는 것이다. 불리하다 싶으면 연신 말을 바꾼다. 종잡을 수 없는 그의 말 바꾸기 전술 덕에 주가는 출렁댄다.

2018년 북미 정상회담 사례 북미 간 회담 일정에 합의를 해놓고도 트럼프는 회담 파기 의사를 트위터에 남겼다. 협상의 기술처럼 판세를 뒤집은 것이다. 트위터 덕에 방산주는 급등(남북경협주는 급락)했다. 당황한 북한이 유화 메시지를 보냈고 트럼프는 싱가포르에서 보자는 답변을 남겼다. 그러자 반대로 남북경협주 급등(방산주 급락) 장세가 되었다.

③ 투자 전문가 짐 로저스, 그를 주목하라

짐 로저스는 워런 버핏, 조지 소로스와 함께 3대 투자자로 불린다. 그는 언론에 북한을 자주 언급했다. 북한이 전 세계에서 가장 흥분되는 투자처이기에 전 재산을 투자하고 싶다고도 했다. 그는 과거 북한 화폐와 채권을 매입한 경험도 있다. 한반도 투자에 대한 책도 썼다.

사외이사 취임 사례 그는 금강산에 골프 리조트를 보유한 아난티 사외이사다. 그의 북한 사랑 덕에 사외이사 취임일 이후인 2018년 말 주가는 급등했다.

골프장 레저산업을 하는 아난티는 금강산에 골프 리조트를 보유하고 있다. 2018년 말 기준 203억 원이 적자임에도 짐 로저스 선임과 북미 정상회담 이슈로 2019년 1월 시가총액이 2조 5천억 원을 넘어서기도 했다.

31,650(19/01/25), 180.09%

• 아난티 •

❷ 북미 정상회담
(짐 로저스 선임 이후)

❷ 북미 정상
판문점 만남

❶ 남북 정상회담
(짐 로저스 선임 이전)

짐 로저스
사외이사 선임

200봉

28,000

24,000

20,000

16,000

11,300
7.76%

8,000

2018　　2019　　2019/10

① 짐 로저스 사외이사 선임 이전 남북 정상회담 당시 급등 폭보다 ② 선임 이후 북미 정상회담 급등 폭이 훨씬 크다.

남북경협 우선주를 선점하라

급등이 확실하다면 보통주보다 우선주를 선점하자. 발행 주식 수가 적어 매도 물량이 잘 나오지 않는다. 보통주 대비 과한 급등이 가능하다. 다만, 팔고 싶을 때 매수세가 안 붙으면 급락도 과하다. 우선주는 매수와 매도 시점을 잘 잡아야 한다. 매수는 저점에 천천히, 매도는 매수세가 몰릴 때 시장가로 파는 것이다. 기업가치(실적, 시가총액, 재무비율 등)가 크게 변하지 않았다면, 과거 학습 효과 등을 고려하여 저점 매수, 고점 매도 전략도 좋다. 우선주도 전제 조건은 우량 기업이다. 보통주 기준으로 기업가치를 보고 적자 기업 우선주 투자는 보수적 관점으로 접근한다. 우선주 시가총액도 중요하다. 우선주 시가총액이 500억 원 이상으로 크면 테마 바람에 급등 폭이 작을 수 있다.

남북경협주 중 우선주가 있는 종목은 현대건설(건설), 쌍용양회(시멘트), 성신양회(시멘트), 대원전선(대북송전), 신원(의류) 등이다.

단기는 인도적 지원, 중장기는 인프라 구축

북한 탄도미사일 전력은 세계 상위권이다. 핵 보유국 지위도 꾸준히 노린다. ICBM^{대륙 간 탄도미사일}에 핵을 탑재해 미국 본토까지 보낼 수 있다고 위협한다. 그 결과 미국은 북한 수출과 수입 차단, 합작사업 금지 등 대북 제재 중이다.

제재가 풀리지 않으니 남북경협도 제재 완화 여부에 따라 단계별로 검토한다. 제재가 풀리지 않으면 단기로 인도적 지원 사업을 한다. 제재 완화의 경우 금강산 관광, 개성 공단 가동이 먼저 풀릴 수 있다. 장기적으로는 철도, 도로, 가스관, 전기 등 인프라 구축이 이어진다. 경제적 가치가 높지만 장기 과제이기에 사업 중단 등 돌발 변수가 많을 수 있다.

남북경협주와 방산주, 양매수 전략도 가능하다

남북경협과 방산 둘 중 하나는 돌아오니 양쪽 모두 매수하는 것도 투자 방법이다. 예로 앞서 언급한 2019년 하노이 북미 정상회담 전 남북경협주와 방산주를 동시에 매수한다. 남북경협주는 협상 타결 기대감을 활용한 고점 매도, 방산주는 혹시 모를 협상 실패를 노리는 것이다. 전제는 손절매 금지다. 손해를 본 종목은 기업가치, 과거의 경험치 기준으로 저점 추가 매수로 매수 단가를 낮춘다. 부실기업이면 장기간 투자가 어렵기 때문에 양매수 전략은 신통치 않다. 한쪽은 큰 수익이 나지만 다른 한쪽은 오랜 기간 손실을 만회해야 하기 때문이다.

북한 뉴스를 빠르게 선점하라

북한 뉴스를 국내 언론사보다 빠르게 선점한다면 수익은 커진다. 38노스[38 North]는 북한을 전문적으로 분석하는 미국 웹 사이트다. 2019년 북미 정상회담 결렬 후 국내 언론보다 발 빠르게 북 동창리 미사일 발사대 설치 소식을 전하기도 했다. 북미 정상회담 등 큰 이벤트에는 CNN, 연합뉴스TV, YTN 등 뉴스 채널도 도움이 된다. 화면이 글보다는 빠르기에 실시간 뉴스 화면의 선점 효과는 상당하다. 2019년 북미 정상회담 결렬 소식도 뉴스 채널 화면이 빨랐다.

테마라도 과한 적자 기업은 제외한다

남북경협주와 방산주 관련 적자 기업이 유독 많다. 테마가 좋아도 기업가치를 무시하지 말자. 적자 기업은 테마 광풍이 지나가면 큰 후유증이 남는다. 2018년부터 일 년여간 뜨거웠던 남북 관계도 2019년 2월 말 북미 정상회담 결렬 후 한랭 전선이다. 남북경협주를 고점에 매수했다면 남북관계 개선 없이는 과거와 같은 급등은 어렵다. 견딜 수 있으면 좋으련만 부실기업이기에 유상증자, 주식 관련 사채 발행을 한다. 적자가 계속 누적되면 상장폐지 가능성도 높다. 테마와 기업가치를 병행해서 지켜봐야 하는 이유다.

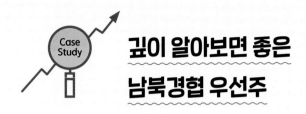

깊이 알아보면 좋은
남북경협 우선주

① 현대건설(현대건설우)

아파트 브랜드 힐스테이트로 친숙한 건설업계 큰 형님이다. 건설과 함께 발전소, 송변전 등 에너지 사업도 한다. 국내 건설 경기가 어려우면 중동 등 해외 수주가 있다. 건설주 중에서 당기순이익, 재무비율 등이 양호한 편이다. 정주영 회장 재임시 북한 내 경수로 사업을 주도한 데다, 정 회장 이름이 붙은 체육관까지 건립했다. 남북경협 활성화가 실적 개선으로 이어질 수 있다. 현대건설우는 2018년 남북경협 이슈로 8배 이상 상승한 바 있다. 2020년 보통주는 주당 600원(시가배당률 1.4%), 우선주는 650원(시가배당률 0.5%) 배당했다.

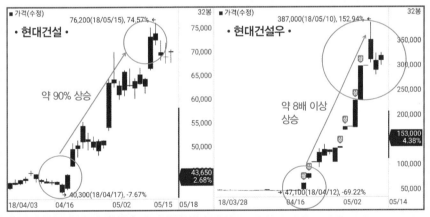

남북 정상회담 이슈 등으로 (좌) 현대건설 보통주는 약 90% 상승한 반면, (우) 현대건설 우선주인 현대건설우는 같은 기간에 8배 상승했다.

② 쌍용양회(쌍용양회우)

시멘트 업계 1위 기업(2018년 기준 시장점유율 25%)이다. 2016년 사모투자펀드[PEF] 한 앤컴퍼니가 지분 77.5%를 인수했다. PEF는 부실기업을 인수한 뒤 우량 기업으로 만들어 되파는 것이 목적이다. PEF 매각설 뉴스도 단기 급등 호재일 수 있다. PEF 매각으로 고배당이 줄어드는 우려감은 있으나 매각 대상 기업이 결정되기 전까지는 관심 유발 호재다. PEF는 투자금 이자 비용 보전과 주주 달래기 목적 고배당 정책이다. 쌍용양회는 배당을 매 분기마다 한다. 2019년 4차례 배당 합계액은 보통주 주당 410원, 우선주 420원이다. 2019년 12월 말 보통주 주가(5,910원) 기준 시가배당률은 6.94%(배당 410원 ÷ 주가 5,910원)다. 배당락 이후인 2020년 1월 말 주가(4,965원) 기준 시가배당률은 8.26%로 더 올라갔다. 2020년 3월 말 기준 부채비율은 88%였다. 쌍용양회우는 남북경협, SOC 예비 타당성 면제 관련 뉴스, PEF 매각설 등에 보통주보다 높은 상승 탄력을 보였고 2018년 남북경협 이슈로도 3배 상승했다.

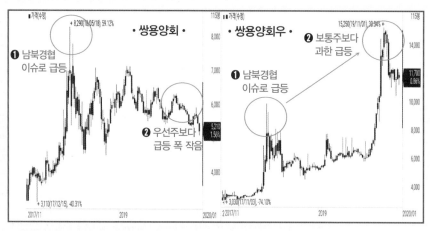

① 2018년 쌍용양회 (좌) 보통주와 (우) 우선주(쌍용양회우) 모두 남북경협 이슈로 급등한 모습이다. ② 2019년 하반기 우선주 유통 물량이 적다 보니 물량 잠김 현상이 발생했다. 보통주보다 과한 급등을 보였다.

③ 성신양회(성산양회우)

시멘트(비중 72%)와 레미콘(23%)을 같이 했으나, 2018년 말 레미콘을 물적 분할(100% 자회사)해서 성신레미콘으로 별도 법인화했다. 시멘트 주원료 중 하나는 석탄재로 상당량이 일본산이다. 2019년 정부는 일본산 석탄재 방사능 심사 강화를 발표했다. 시멘트 생산 차질이 우려됐으나 일본산을 안 쓴다는 이유로 성신양회, 고려시멘트 등은 애국 테마로 엮여 급등했다. 성신양회우는 2018년 남북경협 이슈로 5배 상승했다. 2020년 보통주는 주당 150원(시가배당률 2.1%), 우선주는 200원(2%)을 배당했다.

④ 대원전선(대원전선우)

대형 3사(LS전선, 대한전선, 가온전선)에 이어 중위권 전선 회사다. 구리를 수입해서 쓰기 때문에 국제 구리 가격과 환율의 영향을 받는다. 한국전력에 전력용 전선을 납품하기 때문에 남북경협주다. 2019년 7월 전환사채 30억 원어치를 발행한 바 있다. 대원전선우는 2018년 남북경협 이슈로 4.5배 상승했다.

⑤ 신원(신원우)

베스트벨리, 비키, 지이크 등 브랜드를 보유한 패션 업체다. 니트, 핸드백 등을 OEM 주문자 상표 부착 생산 방식으로도 수출한다. 개성 공단 1호 입주 기업이다. 최근 3년간 영업이익은 흑자이지만 당기순이익은 마이너스다(2018년 영업이익 15억 원, 당기순손실 −63억 원). 다행히 2019년은 흑자(영업이익 90억 원, 당기순이익 5억 원)였다. 2015년 7월 전환사채 350억 원어치를 발행한 바 있다. 신원우는 2018년 남북경협 이슈로 2배 상승했다.

59

| 남북경협주 |

단기는 인도적 지원

대북제재 완화 전 인도적 지원 사업에 주목하자

대북제재 완화 전 실행 가능한 단기 사업은 생필품 지원과 같은 인도적 후원이다. 조림, 비료, 사료, 시멘트, 기타(동물 백신, 의약품, 식품, 의류) 등이 있다.

▼ 단기 인도적 지원 사업 관련주

구분	관련주
조림	한솔홈데코, 선창산업, 이건산업, 무림P&P 등
비료	효성오앤비, 경농, 조비, 남해화학 등
사료	팜스코, 한일사료, 우성사료, 케이씨피드, 이지바이오, 고려산업, 사조동아원, 팜스토리 등
시멘트	쌍용양회, 성신양회, 한일현대시멘트, 한일시멘트, 삼표시멘트, 고려시멘트, 아세아시멘트 등

조림 사업

북한은 나무를 땔감으로 써 민족 명산인 금강산 외에는 민둥산이다. 나무가 없으면 토사가 내려와 하천이 범람하고 농경지가 물에 잠긴다. 이 때문에 북한은 조림 사업을 가장 원한다. 평양 정상회담에서도 동행한 사람들을 양묘장으로 먼저 데리고 간 바 있다. 인도적 지원이 활성화된다면 조림 사업이 우선적으로 추진될 것이다. 2018년에도 남북은 조림 사업을 제일 먼저 추진하기로 했다.

한솔홈데코는 강화마루 등 인테리어 건축 자재 회사다. 원재료로 나무를 쓰기에 나무도 심는다.(조림 사업 2019년 72억 매출) 그 덕분에 2019년 1월 남북 산림 협력단 신설 뉴스에 단기 급등했다. 건축 자재 회사이다 보니 북한의 주택, 건설 사업 지원도 연관성이 있다.

비료와 사료 산업

북한 국토 대부분이 산악 지역으로 20%만 경작이 가능하다. 만성적인 식량 부족에 비료와 사료 지원이 절실하다. 비료는 6월 말 장마, 사료는 돼지열병 더블 역세권이다. 사료는 원재료인 대두(콩) 등을 해외에서 수입하기 때문에 환율과 국제 대두 가격에 민감하다.

효성오앤비는 유기농 비료 생산 업체로 안정적인 재무구조를 갖추고 있다. 2020년 3월 말 기준 부채비율 15%, 당좌비율 359%였다. 6월 말 결산 법인이다 보니 6월 말 배당과 장마 이슈는 덤이다. 2018년 주당 0.5주 무상증자도 했다.

시멘트 산업

과거 인도적 지원 물품에 시멘트가 포함되었다. 시멘트주에게 금리 인상, 건설 규제는 악재, 건설 경기 부양은 호재다. 정부가 사회간접자본[SOC] 활성화를 위해 예비 타당성 면제를 발표하자 시멘트주가 급등했다. 북한 철도, 도로 등 인프라 구축 이슈도 호재다. 아프리카 돼지열병 관련주이기도 하다. 구제역 예방에도 쓰인 생석회를 돼지열병 방역 작업에도 쓰기 때문이다.

고려시멘트는 시멘트주 중 시가총액이 가볍다 보니(2019년 말 기준 983억 원) 홀로 과하게 급등했다. 생석회 주재료인 석회석 광산도 운영 중이라 돼지열병에도 민감하다. 성신양회와 함께 일본산 석탄재를 쓰지 않는다는 이유로 반일 테마로 급등하기도 했다. 매출 비중은 시멘트 79%, 레미콘 21%다. 2020년 주당 15원(시가배당률 0.5%) 배당했다. 2020년 3월 말 기준 부채비율은 34%였다.

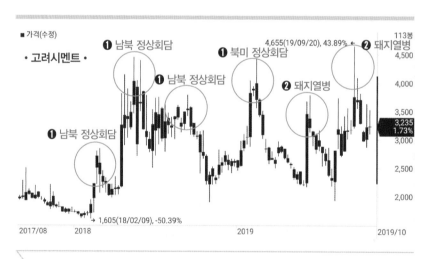

고려시멘트는 ① 2018년~2019년 초에는 남북경협 이슈로, ② 2019년 여름 이후는 주로 돼지열병 이슈로 급등세를 보여줬다.

중기는 금강산 관광과 개성 공단 재개

대북 제재 완화로 먼저 금강산과 개성 공단이 돌아온다

대북 제재 완화 첫 번째 수혜자는 금강산 관광과 개성 공단 재개다. 과거 운영 경험도 있고 철도 등 인프라 구축보다 경제 효과가 빠르게 나타나기 때문이다. 금강산 관광 관련주는 리조트, 크루즈 등 금강산 관광 사업을 담당하는 기업이다. 개성 공단 관련주는 그동안 개성 공단에 사업체를 운영해 왔던 의류, 밥솥 등 제조 기업이다.

금강산 관광은 관광객 총격 피살로 중단(1998~2008년)되었고, 개성 공단은 핵탄도미사일 때문에 폐쇄(2004~2016년)되었다. 김정은 위원장이 조건 없는 재개를 절실히 원한다지만 미국 제재로 인해 재개가 어렵게 되었다. 북한 경제는 후

퇴하고 있다. 하롱베이를 벤치마킹한 마식령 스키장, 원산 갈마 국제관광특구 개발도 더디다. 북한은 금강산, 개성 공단 독자 사업을 공언하지만 제재를 완화하지 않고는 홀로서기가 힘들다.

▼ 금강산 관광과 개성 공단 관련주

구분	관련주
금강산 관광	아난티, 용평리조트, 대명코퍼레이션(이상 리조트 사업체), 한창, 팬스타엔터프라이즈, 현대상선(이상 크루즈 사업체), 현대엘리베이(대북 사업권을 보유한 현대아산의 최대주주) 등
개성 공단	쿠쿠홀딩스(밥솥), 제이에스티나(주얼리), 신원(의류), 인디에프(의류), 좋은사람들(속옷), 자화전자(전자전기), 재영솔루텍(렌즈 부품), 남광토건(개성공단 건설), 인지컨트롤스(자동차 부품) 등

부실기업은 투자 대상에서 제외하자

절실하긴 우리도 마찬가지다. 북한에 설비 투자를 한 상황에서 동남아 등으로 지역을 옮겨 공장을 세우기도 어렵다. 인건비도 북한보다 비싸다. 여러 대안들을 해 봤지만 적자 기업만 늘었다. 북미 대화와 제재 완화 불확실성은 현재 진행형이다. 오랜 기다림이 될 수도 있기에 적자 기업과 재무비율이 불량한 기업은 투자 대상에서 제외하자.

제재 완화 없는 급등은 단기 테마 바람일 뿐이다

협상 재개, 정상회담, 인도적 지원 합의 등 평화 분위기에 휩쓸려 남북경협주가 단기적으로 급등할 수 있다. 하지만 개성 공단, 금강산 관광 재개와 무관한 테마 바람이기 때문에 급등 이후를 생각하며 대응해야 한다. 실적 개선과 무관한 급등은 급락을 부르기 때문에 선점하지 않았다면 뒷북 투자는 주의하자.

장기는 인프라 구축

매력적 카드지만, 변수가 많은 인프라 구축

장기 인프라 구축은 교통망(철도, 도로, 건설), 가스관, 전기(대북송전), DMZ 개발 등이다. 경제적으로 매력적인 사업이다. 배보다 기차가 유럽까지 물류 비용이 싸다. 가스관도 직접 연결하는 편이 저렴하다. 교통망과 전기 인프라 등이 먼저 구축되어야 공장 건설 등 후속 남북경협도 가능하다.

실적과 무관한 테마 바람을 주의하라

장기 사업이다 보니 돌발 변수가 많다. 변덕쟁이 북한이 돌연 사업을 중단할수도 있다. 정권이 진보에서 보수로 바뀌면 사업의 우선순위도 밀릴 수 있다. 북한 제재로 건설에서는 아직 첫 삽도 들지 못했다. 사업이 가시화되지 않는 한 실적 개선과 무관한 테마 바람이므로 뒷북 투자에 주의하자.

* 출처: 통일부

이 그림은 문재인 정부가 구상 중인 '한반도 신경제 지도'이다. 환동해 경제벨트(러시아 연결 에너지, 자원 벨트), 환서해 경제 벨트(개성공단, 평양 등 산업, 물류, 교통 벨트), 접경지역 경제 벨트(DMZ, 금강산 등 환경, 관광 벨트)로 이루어져있다.

구분	관련주
철도, 도로(건축)	대호에이엘(철도 차량 부품), 대아티아이(철도 신호), 리노스(철도 무선통신), 에코마이스터(철도 차륜), 푸른기술(철도역무 자동화), 현대제철(철도 레일), 특수건설(철도·도로 시공), 다원시스(전동차), 세명전기(철도 전력), 중앙오션(철도 모터), 우원개발, 삼부토건, 현대건설, 남광토건, 일성건설(이상 도로 건설) 등
가스관	한국가스공사(LNG 가스), 현대상사, 대동스틸, 동양철관, 하이스틸(이상 가스관 철강), 화성밸브(도시가스 밸브) 등
대북송전	대원전선(전력선), 선도전기, 제룡전기, 광명전기, 이화전기(이상 전력설비), 제룡산업(전력송배전), 비츠로테크(전력기기) 등
DMZ	이월드(고성 토지), 코아스(파주·김포 토지), 일신석재(포천 석산), 유진기업(파주 골재 단지), 자연과환경(생태공원 조성), 시공테크(공원 설계), 유진로봇(DMZ 지뢰제거 로봇) 등

철도와 도로 관련주

노후된 북한 철도는 시속 40킬로미터 수준이다. 포장도로는 700여 킬로미터 뿐이기 때문에 200킬로미터를 이동하는 데 1~2일이 걸린다. 조 단위 이상의 건설 비용이 들지만 장기적인 물류 비용의 절감을 생각하면 괜찮은 사업이다. 경제적 부가가치와 정부의 의지 등을 고려하여 인프라 이슈 중 먼저 추진될 수 있다. 관련주로는 철도 부품, 철도와 도로 건설 기업 등이 거론된다.

리노스는 키플링, 이스트팩 등 캐주얼 가방 국내 유통(매출 비중 75%)과 재난안전통신망 등 무선통신(25%)이 양대 사업 축이다. 매출 비중은 크지 않으나 철도 무선통신도 하기에 철도 관련주로 엮였다. 북한발 바람이 없으면 시가총액도

1,000억 원 이하(2019년 말 543억원)로 철도주 중 버블 정도가 낮다. 2017년 실적부터 주당 0.05주 주식배당(100주에 5주 배당)을 하고 있다. 2020년에도 0.05주 배당을 했다. 2020년 3월 말 기준 부채비율은 43%였다.

가스관 관련주

천연가스에는 기체 형태인 PNG와 기체를 액체로 바꾼 LNG 등이 있다. PNG는 산지로부터 파이프로 공급받는다. 초기 건설비용은 들지만 LNG보다 경제적이다. 정부는 동해안 벨트를 따라 러시아 천연가스를 수입하려는 계획이다. 관련주로는 한국가스공사와 함께 가스관, 도시가스 밸브 제조 기업 등이 거론된다. PNG 가스 도입을 위해서는 북한에 가스관을 매립해야 한다. 덕분에 가스관 관련주가 떠오른 것이다.

한국가스공사는 국내 LNG 공급을 독점하기에 관련주로 엮였다. 수소 경제 관련 수소가스 공급 업무도 담당하고 있다. 다만, 전기료와 마찬가지로 친서민 정부의 가스비 인상 통제, 높은 부채비율(2020년 3월 말 362%), 2019년 말 기준 3조 원이 넘는 시가총액 등을 감안하면 테마보다 실적 개선 여부에 방점이 있다. 2020년에는 주당 380원(시가배당률 1%) 배당을 했다.

대북송전주

대북송전과 DMZ 평화공원 개발은 지난 대선 반기문 전 유엔 사무총장 정책 공약이었다. 남북경협과 정치주 더블 역세권이 될 수도 있다. 대북송전주로는 전력 설비 관련 인프라 기업 등이 거론된다. 2005년 남한이 북한에 전력 직접 공급을 제안하면서부터 주목 받았다. 북한은 지금 심각한 전력난이기 때문에 핵을 포기하는 대가로 미국 측에 발전소 건립을 요구하기도 했다. 철도, 도로 등 인프라 구축을 위해서는 전력 공급이 선행되어야 한다.

제룡산업은 전력 송배전 관련 물품 등을 생산한다. 제룡전기와 함께 대북송전주 대장주다. 북한발 바람이 없으면 시가총액도 1,000억 원 이하(2019년 말 590억 원)로 작다. 2020년 3월 말 기준 부채비율 8%, 당좌비율 1,120%이니 알짜 현금 부자다. 2020년 배당은 주당 100원(시가배당률 1.7%)을 했다.

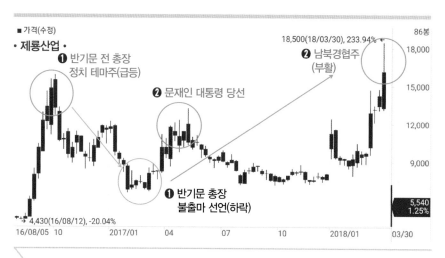

① 반기문 전 총장 정치주(대북송전)로 급등했지만 그의 불출마 선언으로 급락을 맛봤다. ② 문재인 대통령 당선 이후 남북 화해 분위기에 대북송전주는 급등했다.

DMZ 평화공원주

DMZ는 자연 생태계 보존 지역이다. 분단 국가 현실을 나타내는 이정표도 많다. DMZ 개발은 진보 측 대선 후보 정치 공약으로도 자주 소환된다. 남북경협과 정치 더블 역세권이 될 수도 있다. DMZ 주변 땅 부자 기업, 공원 인프라 조성 기업, 지뢰와 폭발물 제거 기업이 부각된다.

건설(토목)주

철도, 가스관, 송전 모두 건설 인프라가 먼저다. 과거 대북 사업을 했던 현대 건설과 남광토건에 관심이 쏠린다. 현대건설은 금강산 개발과 북한 경수로 사업에도 참여했다. 남광토건은 북한에 철골 공장 추진 경험이 있다. 남북경협 이슈에 다른 건설주보다 현대건설, 남광토건 주식이 반응이 더 좋다.

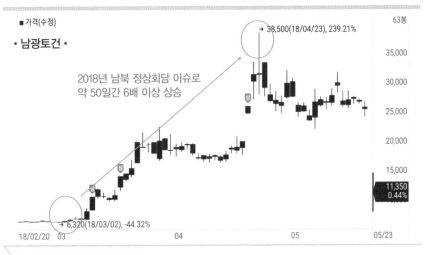

2018년 남북 정상회담 개최 이슈로 약 50일간 남광토건 주가는 6배 급등했다.

62 방산주 특징과 투자 전략

남북 경협주에 비해 수가 적은 방산주

　방산주는 남북경협주에 비해 단출하다. 방산주에는 빅텍(방산 탐지설비), 한화에어로스페이스(항공 엔진), LIG 넥스원(유도무기), 휴니드(전술 통신), 스페코(방산 설비, 아스팔트 도로 작업), 퍼스텍(무기 및 총포탄), 한국항공우주(전투기) 등이 있다. 실적이 적자인 회사가 많으니 투자 시 신중해야 한다. 오래된 학습 효과 결과 대장주는 빅텍이다. 전쟁 위협 속 북한발 이슈에 주가 상승 탄력도가 높다. 연평도 포격 사건이 있었을 때처럼 전쟁 공포가 심하면 라면, 물 등 생필품 회사, YTN 등 뉴스 채널 주가가 상승하기도 한다.

시가총액이 큰 방산주는 실적이 투자 판단 기준이다

무기 사업 등을 하는 방산 회사는 업권 특성상 시가총액 규모가 큰 회사가 많다. 시가총액이 크면 주가 상승 폭이 작을 수 있다. 단순히 거래량만으로 급등을 일으키기는 어렵다. 가치투자 방식인 실적 개선이 투자 열쇠다. 실적 개선은 한 번의 주가 급등보다 지속적인 우상향 그래프를 만든다. 안정적인 주가 흐름이기 때문에 장기간 투자처로써 마음이 편하다. 대형 방산주 실적은 정부 방위비 지출 여부에 달려 있다. 언론에 따르면 2019년 47조 원대의 국방 예산은 2023년 62조 원대로 늘어난다. 대형 방산주의 실적 개선이 기대되는 이유다.

한화에어로스페이스는 항공 엔진, 자주포, 장갑차 등을 생산하는 방산 회사다. 2018년 9월 말 한국항공우주의 미국 고등 훈련기 교체 사업 수주 탈락 여파

한화에어로스페이스 주가는 실적에 따라 움직였다. ① 2016년 3,459억 원 흑자에 급등했던 주가는 ② 2017년 -477억 원 적자로 인해 하락했다. ③ 2018~2019년 주가는 실적 개선으로 2017년 대비 상승세였다.

로 동반 급락을 맛보기도 했다. 2019년 12월 말 시가총액은 1조 8천억 원대다. 시가총액이 크다 보니 남북경협 또는 방산 테마 이슈보다는 실적이 주가를 좌우한다. 2019년 실적 개선 이슈에 점진적으로 주가가 우상향했다. 2019년 2월 말 하노이 북미 정상회담 결렬 호재에도 테마적 급등 성격은 적었다. 대신 방산 계열사를 두고 있다는 이유로 주식 수가 적은 한화우가 소환될 수도 있다. 2020년 미국과 이란의 전쟁 우려 대치 속에 한화우가 급등했다.

한국항공우주 최대주주는 수출입은행(26.4%), 2대주주는 국민연금(7%)이다. 수입에 의존해온 전투기, 헬기 등 무기 국산화를 목표로 설립되었다. 2019년 12월 말 시가총액이 3조 원대로 크다. 북한발 테마보다 실적이 투자 열쇠다. 2017년 악재(방산 비리, 분식 회계 논란 등)로 인한 일시적 적자 후 실적 회복세다. 향후

① 2016년까지 안정적 흑자였으나, ② 2017년 분식 회계 논란 이후 2017년 2,352억 원 적자로 전환했다. 2018년 마리온 헬기 추락과 미국 공군 훈련기 수주 실패 등으로 상당 기간 하락세였다. ③ 2018년부터 흑자 전환 뒤 실적 개선에 따라 2019년 주가는 2018년 말보다 상승 추세였다.

국방 예산 확대와 민간 항공기 부품 사업 진출에 따른 실적 개선 여부 점검이 필요하다. 4~5년 전 외국인 투자자가 가장 사랑하는 종목 중 하나가 바로 한국항공우주였다. 2016년 말에는 외국인 지분이 27%였으나 연이은 악재에 2018년 10월 10%까지 내려갔다. 다행히 2019년 12월 말 외국인 지분이 20.8%까지 올라왔다. 2020년 주당 400원(시가배당률 1.2%) 배당을 했다.

북한의 위협 강도가 주가 상승 열쇠

방산주는 북한의 공포를 먹고 사는 주식이다. 북한 도발로 인한 손절매 남발 시장 패닉에도 방산주 혼자만 웃는다. 혼자만 오르니 모두 사겠다고 달려든다. 거래량 쏠림 덕에 기업가치만으로는 설명 불가능한 급등이 일어난다. 공포감이 강할수록 주가 상승 폭은 더욱 커진다. 방산주로 인생 역전을 노린다면 미리 선점하는 것이 좋다. 급등 막차를 타면 조바심에 오래 버티지 못하고 매도할 수밖에 없다. 그 결과 수익률이 낮거나 혹은 뒷북 투자로 손해를 입을 수 있다.

북한 미사일 발사와 핵실험은 계속된다

북한은 평화 분위기가 깨지면 무력 시위를 한 번만 하지 않고 수차례 예고 없이 한다. 도발 뉴스가 계속 보도되니 테마는 오랜 기간 지속될 수 있다. 수차례 위협이 이어지면 추가 상승을 기대해 평화 시절보다 저점이 높은 횡보가 이어진다. 도발하면 바로 급등할 태세인 것이다. 도발 시점도 주가 상승 폭에 영향을 미친다. 장중이면 바로 탄력을 받아 급등 폭이 높지만, 주식시장이 쉬는 주말에 도발이 일어나면 이미 지나간 뉴스가 되어 월요일의 주가 상승 폭은 상대적으로 작다.

종목 분석 · 방산주

빅텍

경기도 이천의 방위사업체(1990년 설립)로 2003년 코스닥에 상장했다. 방위사업(방향 탐지 장치, 전원 공급 장치 등)과 민간사업(무인자전거 따릉이 등)을 하고 있고, 방위사업 매출 비중은 90%다. 2016년(-8억 원)과 2017년(-11억 원)은 적자지만 그 폭이 과하지는 않다. 다행히 2018년은 8억 원 흑자, 2019년도는 20억 원 흑자다. 시가총액이 작은 방산주 대부분이 과한 적자인 데 비해 양호하다. 2019년 주당 30원(시가배당률 1.2%) 배당도 했다.

2018년 7월 100억 원 규모의 전환사채를 발행했다. 전환사채 주식청구 예상분은 최대 490만 주로 기존 발행 주식 2,450만 주 대비 20%다. 이 중 35%는 최대주주 배정 물

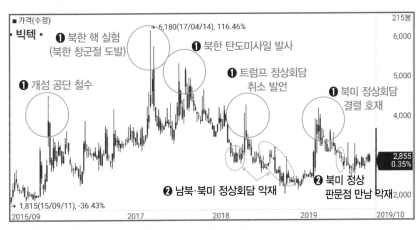

① 개성 공단 철수, 핵실험, 미사일 발사, 북미 정상회담 결렬 등은 호재다. 동 이슈마다 가파른 단기 급등세를 보였다. ② 반대로 남북·북미 간 정상회담 등은 방산주 악재로 급락세였다.

량이다. 나머지 65% 물량은 2019년 7월 이후 주가 급등 시점에 주식으로 청구될 수 있다. 실적보다는 북한 이슈에 더 민감한 테마주의 모습이다. 개성공단 철수, 북한 핵 실험, 탄도미사일 발사, 제2차 북미 협상 결렬 시마다 급등했다. 2018년 남북 및 북미 정상회담, 문재인 대통령 평양 방문 등 평화 모드에는 하락세였다.

반일 감정에 불매 운동이 돌아온다

📊 반일 감정이 테마를 만들다

2019년 일본은 한국 수출 규제 품목으로 반도체와 디스플레이 소재 3개 품목을 지정했다. 반일 감정이 극에 달하니 불매 운동이 연일 뉴스 1면을 차지했다. '가지도 않고 사지도 않는다'는 강렬한 메시지 덕분에 애국이 테마가 된다. 일본 제품과 힘들게 경쟁해 왔던 과자, 문구, 의류, 주류, 화장지, 화장품, 반도체 소재 산업 등이 불매 운동의 반사이익을 누리고 있다.

애국 테마 관련주로는 모나미(문구), 양지사(문구), 쌍방울(속옷), 신성통상(의류), 깨끗한 나라(화장지), 하이트진로홀딩스(주류), 무학(주류), 크라운제과우(과자), 코리아나(화장품), 리드코프(대부업), 바이오제네틱스(콘돔), 아가방컴퍼니(유아용 의류), 성신양회, 고려시멘트(일본 석탄재) 등이다. 반면, 여행과 항공주는 괴롭다. 일본 취항률이 높았던 저가 항공은 실적이 악화되었다. 2019년 1분기 421억 원이던 제주항공 당기순이익이 2분기 −295억 원 적자로 전환했을 정도다.

📊 테마 이슈에 강한 우선주를 눈여겨보라

애국 테마 우선주에는 하이트진로홀딩스와 크라운제과 우선주가 있다. 우선주는 이슈가 강할수록 보통주보다 상승률이 크다. 강력한 단기 급등이 기대된다면 보통주보다 우선주에 집중하자. 반일 이슈에 크라운제과 대비 크라운제과 우선주가 보다 더 급등했음을 기억하자.

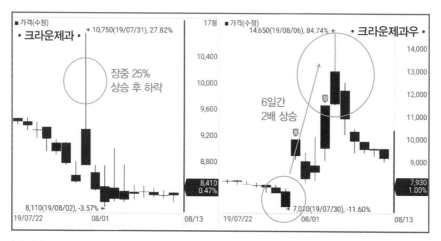

(좌) 반일 이슈로 크라운제과 보통주는 하루 동안 장중 25% 반짝 상승했지만 그 이후 주춤하다. (우) 반면, 우선주는 급등 기간과 급등 폭이 보통주보다 컸다. 크라운제과우는 6일간 2배 상승했다.

실적과 상관없다면 그저 스치는 테마 바람이다

반일 테마는 심리적인 영향이 크다. 일본 도발이 애국심을 야기했지만 사람은 망각의 동물이다. 반일 감정만으로는 오랜 기간 버티기 어렵다. 1년 내내 반일만 외칠 수 없기에 심리가 꺾이면 급등주 공매도 잔치가 벌어진다. 세력은 단기 급등 정점에 이사를 가기 바쁘다. 실적으로 연결되지 않는다면 애국심은 짧은 테마 바람일 뿐이다.

일본의 도발은 정치적 계산이 깔려 있다. 극우 세력 집결을 위해 아베 정부가 경제 제재 무리수를 둔 것이다. 우리가 가지 않으니 규슈 등 일본 지역 경제가 흔들린다. 선거로 먹고 사는 일본 정치인이 이를 모를 리 없다. 일본도 반도체 세계 1위 삼성전자가 일본 소재 산업에 완전히 돌아서는 최악의 상황은 피하고 싶을 것이다. 계속된 대치보다는 대화로 풀 개연성도 높다. 규제 품목 수출 승인이 이루어진 2019년 8월 이후 테마 바람은 약해졌다.

모나미가 애국 테마 대장주 역할을 했다. 반일 감정 이후 한 달 동안 단기 3배 이상 상승세였다. 다만, 급등이 있으면 급락이 뒤따른다. 주가 급등에 발생할 악재인 투자 경고 종목 지정, 공매도 증가, 자사주 매도 공시가 연이어 나왔다. 이와 함께 일본과 관계 개선 등으로 반일 테마 바람은 줄어들었다. 2020년 주당 70원(시가배당률 1.9%) 배당을 했다.

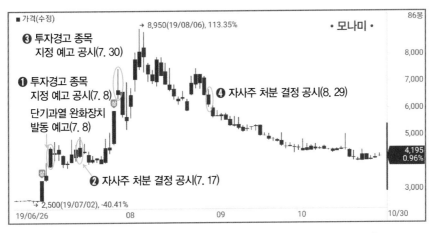

① 주가 급등으로 투자경고 종목 지정 예고, 단기과열 완화장치(3거래일 동안 30분 단위 단일가 매매) 발동 예고 공시는 세력이 이사간다는 신호다. ② 주가가 고점일 때 자사주 처분 결정 공시도 주가 급등에 찬물을 끼얹었다. ③ 다만, 반일 이슈가 워낙 강해서 연이어 투자경고 종목으로 지정 예고되었다. ④ 테마는 바람이기 때문에 이슈가 끝나면 상승분을 반납한다. 여기에 자사주 처분 결정 발표도 악재였다.

📊 반도체 소재 산업은 정부 지원을 받아 실적이 개선된다

반도체 소재 산업은 정책주다. 정부 지원 우선 사업이기 때문에 실적 개선으로 이어질 수 있다. 국산화 부품 소재 기업에 투자하는 애국 펀드(필승코리아펀드)도 등장했다. 대통령도 애국 펀드에 가입했으니 국산화를 강하게 밀어줄 것이다. 대통령이 공장을 방문해 극일 의지를 보여주자 탄소섬유 생산 기업 효성첨단소재 등 관련주가 단기에 급등했다.

언론 등에 따르면 반도체 관련 소재 주식으로는 후성, 솔브레인, SK머티리얼즈(이상 고순도 불화수소), 동진쎄미켐(포토레지스트), SKC코오롱PI(플루오린 폴리이미드), 한솔케미칼(반도체 전구체), 덕산테코피아(반도체 증착소재), 원익IPS(디스플레이 장비) 등이 있다. 기술력 격차는 하루 아침에 줄어들 순 없다. 긴 호흡으로 실적 개선 과실을 체크하면서 주가 우상향을 즐길 필요가 있다.

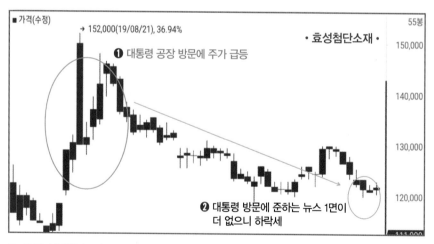

① 대통령이 효성첨단소재 공장에 방문해 극일 메시지를 발표하겠다고 하니 대통령 방문 전부터 기대감에 급등세였다. ② 대통령 방문 이후 뉴스 1면에 나올 추가 뉴스가 없으니 급등 이후 하락세다.

📊 반일 감정에 애국 테마는 돌아온다

일본은 가깝고도 먼 이웃 나라다. 역사를 보더라도 언제든 우리를 위협하는 호전적 민족이다. 세계 최장수 국가인 일본은 노인의 투표가 선거 당락에 중요하다. 일본 극우 정치인에게 한일관계 악화는 고령층 표를 결집시키는 좋은 이슈다. 일본 선거철마다 극우 세력의 도발에 애국 테마는 돌아올 수 있다. 급등했던 주가가 이성을 찾는다면 다음번 이벤트를 위해 저점 선점 기회를 노려볼 만하다.

2020년 3월에도 일본이 코로나19를 이유로 우리나라 국민의 입국을 거부했고 그 결과 애국 테마는 돌아왔다.

미국과 이란 핵 협상 분쟁에 구리가 돌아온다

📊 이란 구리 수출 제재에 구리주가 관심을 받는다

트럼프 대통령은 이란과 오바마 정부 간 핵 협정을 파기하고 이란산 구리 수출을 금지했다. 이란이 주요 구리 산유국은 아니지만 공급 부족 우려에 구리 가격이 급등하리라는 기대감이 생겼다. 덕분에 실적 개선과 무관하게 구리주는 상승세를 탔다.

2019년 4월에는 부산 금련산에 80조 원어치 구리가 묻혀 있다는 묻지마 이슈도 있었다. 둘 다 심리를 이용한 단기 작전이기에 테마 바람이 지나면 주가는 도로 원위치된다는 점도 기억하자.

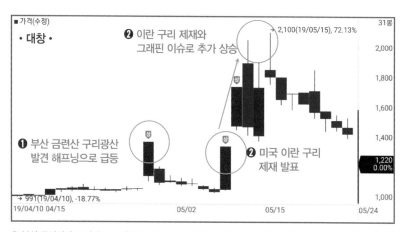

① 부산 금련산에 구리가 80조 원이 묻혀 있다는 소문에 주가는 하루 반짝 급등했다. ② 미국에서 이란 구리 제재를 발표하자 단기 급등세를 탔다. 여기에 그래핀 이슈가 더해져 일주일간 주가 상승은 이어졌다.

칠레가 쥐고 있는 구리 가격

구리 매장량 1위는 칠레, 2위는 미국이다. 칠레는 환태평양 지진대 불의 고리에 있어 지진이 빈번하다. 강진이 발생하면 구리 채굴은 전면 중단된다. 칠레 폭우도 생산에 차질을 준다. 칠레산 구리 공급이 줄면 국제 구리 가격이 급등한다.

구리 가격은 경기 선행지수다

구리는 전선 등 산업 기초 소재로 널리 사용된다. 원유와 함께 세계 경기 동향을 가늠하는 지표다. 구리 소비량 증가에 따른 가격 상승은 향후 경기 활황을 의미한다. 구리는 미리 구입한 후 가공하기 때문에 구리 소비량 증가는 앞으로 경기가 좋아질 것이라는 의미다. 여기에 환율도 중요하다. 원재료인 구리를 수입해 내수 위주로 판매하는 구리 가공 기업 입장에서는 원화 강세(ex. 1달러에 1,200원 → 1,000원)가 반갑다. 원화를 덜 주고 구리를 더 많이 살 수 있기 때문이다. 구리 가격이 오르면 이미 구매한 구리 재고는 싸게 샀기에 좋다. 앞으로 오른 가격에 구매할 구리는 가공품 판매 가격에 올려 받을 수 있기 때문에 괜찮다. 구리 가격 급등에 관련주 주가는 오를 수밖에 없는 구조다.

구리 관련주 종목 분석 사례

관련주로는 대창, 서원, 이구산업, 화인베스틸, 풍산, LS산전 등 구리 가공 기업들이 거론된다.

대창은 황동봉(구리 + 아연) 국내 시장 점유율 44%를 차지하고 있는 기업이다. 풍산 등에 비해 시가총액이 작아서 서원과 함께 테마 탄력도가 높다. 2019년 5월에는 그래핀^{Graphen} 기술 연구 완료를 이유로 그래핀 테마주가 되었다. 그래핀은 흑연(연필심)의 미세한 한 층이다. 열전도성과 강도가 구리, 다이아몬드보다 월등하다. 2020년 주당 10원(시가배당률 0.7%) 배당을 했다.

서원은 동합금괴 제조판매사(국내 시장 점유율 31%)로 대창의 최대주주다. 사외이사가 이낙연 전 총리와 대학교 동문이라는 이유로 정치인 인맥주로도 과한 급등을 누렸다. 다만, 2020년부터 한 회사에서 6년, 계열사를 포함해 9년을 초과해 사외이사로 재직할 수 없다. 서원 인맥주 연결 고리인 해당 사외이사도 2020년 3월 6년 임기를 다 채웠다. 사외이사가 임기 만료로 회사를 나가면서 인맥주 연결 관계는 약해졌다. 2016년 대규모 주주 배정 유상증자(기존 발행 주식 대비 70% 수준)를 한 점도 고려 사항이다. 2020년 주당 10원(시가배당률 0.4%) 배당을 했다.

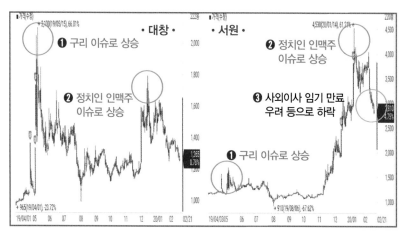

① 구리 이슈로는 (좌) 대창이 (우) 서원보다 강하지만, ② 정치인 인맥주로는 서원이 대창보다 더 높은 급등세를 보였다. ③ 다만, 2020년 3월이 다가옴에 따라 서원 사외이사 임기만료 우려로 인해 하락세로 돌아섰다.

미중 무역 분쟁에 희토류와 대두가 돌아온다

2018년 하반기부터 미중 무역 전쟁이 뜨겁다. 회담 결렬과 관세 폭탄을 주고받고 있다. 미국 측은 구글 등의 화웨이(중국 모바일 기업) 수출도 막았다. 중국도 희토류와 대두(콩)를 무기화하려 했다.

희토류, 무기가 되다

희토류는 희귀한 금속으로 반도체 등 첨단 산업의 핵심 소재다. 세계 생산량의 90% 이상을 중국이 담당한다. 중국은 과거 일본과 센카쿠 열도 영유권 분쟁 때도 희토류를 무기화했다. 미국은 필수 소재인 희토류만은 무관세를 유지했다. 시진핑 주석은 자국 내 희토류 공장 시찰로 미국에 엄포를 놓았다. 희토류 생산과 연관성이 적은 우리 기업들까지 테마에 합류했다. 실적과 무관한 이벤트이기에 단기 급등 이후라면 투자 시 신중해야 한다.

언론에 따르면 관련주로는 유니온, 유니온머티리얼(이상 희토류 대체품 생산), 티플랙스(희소금속 유통) 등이 주로 언급된다. 이들 기업은 북한 광물 개발 관련 남북경협주로도 엮인 바 있다.

유니온은 건축(토목)자재, 내화재, 백시멘트를 만든다. 자회사(유니온머티리얼)가 희토류 대체품(페라이트 자석)을 생산하기 때문에 희토류 테마다. 앞서 언급했듯 북한 지하자원 개발 관련 남북경협주이기도 하다. 2020년 주당 100원(시가배당률 2.5%) 배당을 했다.

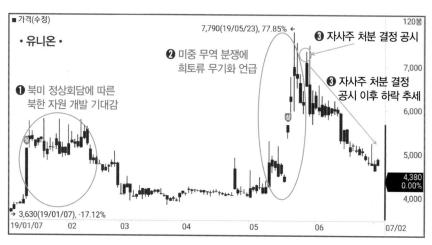

■ 가격(수정)   120봉

• 유니온 •   7,790(19/05/23), 77.85% ←   ❸ 자사주 처분 결정 공시

                          ❷ 미중 무역 분쟁에   7,000
                            희토류 무기화 언급   ❸ 자사주 처분 결정
   ❶ 북미 정상회담에 따른   공시 이후 하락 추세
     북한 자원 개발 기대감   6,000

                                                                             4,380
                                                                             0.00%
                                                                             4,000
  → 3,630(19/01/07), -17.12%
  19/01/07   02   03   04   05   06   07/02

① 북한 자원 개발 기대감에 북미 정상회담 당시 남북경협주에 엮여 급등했다. ② 미중 무역 분쟁에 희토류 무기화
언급으로 실적과 무관한 상승세였다. ③ 주가 고점에 자사주 처분 결정 공시는 악재다. 공시 이후 하락이 이어졌다.

📊 수입 금지로 대두(콩)가 남아돈다

중국인은 세계 최초로 기원 전 164년(한무제)부터 두부를 즐겨 먹었다. 자국 생산으로
도 부족해 미국산 대두를 사들이는 세계 최대 수입국이다. 중국은 트럼프의 재선에
악영향을 주려고 미국산 대두를 수입 금지시켰다. 대두가 남아도니 가격이 싸진다.
대두를 수입하는 식품 업체와 사료 기업 등이 관련 테마가 된다. 미중 무역 전쟁 덕에
값싸게 대두를 사오니 수익 증가를 노리는 것이다. 언론에 언급되는 관련주로는 콩을
원재료로 사용하는 간장(샘표)과 사료 기업 등이 있다.

Chapter 13

엔터테인먼트주: 스타는 돌아온다

63 엔터테인먼트주 특징

잠깐 휴식 후 돌아온다

케이팝 스타는 잠깐의 휴식 후 다음 앨범으로 돌아온다. 영화 흥행은 시리즈물을 만드니 천만 영화도 후속편을 다시 볼 수 있다. 월드컵 등 스포츠 행사도 4년마다 돌아온다. 시간이 지나면 다시 돌아오니 계절주처럼 계절 정점과 말미가 있다. 휴식기가 계절 말미로 저점 매수 기회라면, 앨범 발매(영화 개봉)일이 계절 정점, 고점 매도 디데이가 되는 쉬운 투자법이다.

영화 〈신과 함께〉는 2017년 12월 1편 개봉 후 2018년 8월 다시 돌아왔다. 빌보드 1위 아이돌 BTS는 많을 때는 1년에 신곡을 2~3차례 낸다. 3~4년 후면 멤버들도 군대를 다녀와야 하기 때문에 지금이 왕성한 활동 시기다.

국위선양으로 뉴스 1면을 채운다

요즘 전 세계적으로 케이팝이 대세다. 비행기로 20시간 걸리는 이역만리 페루에서조차 케이팝 공연을 보러 오기 위해 애를 쓴다. 미국 빌보드에서는 이미 케이팝 차트도 생겼다. 유튜브 조회 수도 상상 이상이다. 싸이의 〈강남 스타일〉 덕에 강남 산다면 해외에서도 알아준다. 해외여행 프로그램에서도 가는 곳마다 "Do you know BTS?"라고 묻는다. 아이들 동요인 〈아기 상어〉까지 빌보드를 휩쓴다.

글로벌 1위는 국민들에게 자긍심을 느끼게 한다. 영화제 1등, 빌보드 1등, 월드컵 승리는 당연히 뉴스 1면을 장식한다. 뉴스 1면은 국민 관심을 불러 모은다. 관심은 주식시장에도 반영되니 거래량이 쏠려 주가가 급등한다. 빌보드 1위, 천만 영화 달성, 올림픽 금메달은 한 번만 있는 일이 아니다. 덕분에 뉴스 1면에 엔터테인먼트주가 계속 돌아오니 좋다.

인기는 돌아온다

엔터테인먼트 산업은 대중의 관심과 인기를 먹고 산다. 인기는 영원하지 않으며 명과 암이 있다. 뜨거운 인기는 화산에서 분출된 용암처럼 금방 식는다. 흥행 실패가 이어지면 드라마·영화 제작사도 문을 닫게 된다. 심한 적자 누적 회사는 피해야 한다. 천만 영화 〈7번방의 선물〉, 〈변호인〉, 〈부산행〉과 국민 드라마 〈태양의 후예〉를 흥행시킨 제작사 A는 2018년 〈염력〉, 〈창궐〉을 내놓았지만 크게 흥행하지 못했다. 드라마 〈도깨비〉, 〈미스터 선샤인〉을 만든 드라마 제작사 B도 2019년 〈아스달 연대기〉를 방영했지만 시청률이 기대만큼 높지 않았다. 하지만 천만 영화와 국민 드라마를 만든 저력이 있으니 다시 돌아올 수 있을 것이다.

인기란 생물과 같아 언제 다시 흥할지 모른다. 대중의 관심과 인기는 부모님 세대의 복고 패션이 다시 인기를 얻듯 돌고 돈다. 중국 사드 보복 이슈로 힘들어하던 영화 제작사 덱스터가 천만 영화 〈신과 함께〉로 다시 일어섰다. 심한 부실 적자 기업이 아니라면 인기가 없을 때가 투자 기회일 수 있다. 휴식 이후 다시 돌아올 저력이 있으니 말이다. 빌보드 1위, 천만 영화 인기는 엔터테인먼트주 선점의 매력을 느끼게 한다.

엔터테인먼트주 투자 전략

휴식 기간과 컴백 홍보 기간을 선점하라

긴 호흡으로는 공식 활동 이후 휴식 기간, 짧은 호흡으로는 컴백 직전 홍보 기간이 저점 매수 기회다. 케이팝 스타, 천만 영화도 신작을 위한 휴식 준비 기간은 필요하다. 휴식 기간에는 관련주들의 주가도 함께 쉰다. 무관심에 거래량은 줄고 주가는 흘러내린다. 더 이상 내려가지 않는 횡보 구간이 오면 저점 매수 기회다. 횡보가 길면 길수록 좋다. 분할 매수 관점으로 기나긴 횡보 구간을 즐기면 된다. 매수하고 기다리면 컴백은 다가온다. 키이스트는 BTS 테마에 엮여 주가 급등을 맛봤다. BTS가 2018년 8월 앨범 발매 후 8개월이 지난 2019년 4월 차기작을 발표했다. 앨범 활동을 끝낸 2018년 말부터 2019년 3월까지 BTS가 쉬고

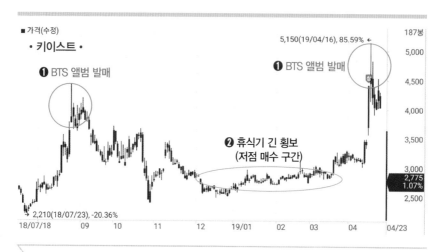

■ 가격(수정)

• 키이스트 •

❶ BTS 앨범 발매

5,150(19/04/16), 85.59% ←

❶ BTS 앨범 발매

❷ 휴식기 긴 횡보
(저점 매수 구간)

2,775
1.07%

2,210(18/07/23), -20.36%

18/07/18   09   10   11   12   19/01   02   03   04   04/23

① BTS 앨범 발매가 급등 고점 매도 기회이고, ② 앨범 발매 이후 휴식기가 긴 횡보가 저점 분할 매수 구간이다.

있으니 긴 횡보 기간이다. 과거 경험치를 보았을 때 이때가 투자 기회인 것이다.

짧게는 컴백 홍보 기간을 선점하라고 했다. 앨범이든 영화든 사전 홍보는 필수로 보통은 앨범 발매(영화 개봉) 1~2개월 전부터 시작이다. 과거 빌보드 1위를 노크했던 싸이도 컴백 홍보일부터 관련주들이 우상향했다.

영화는 예고편 상영, 앨범은 선주문도 받는다. 2019년 BTS도 컴백 한 달 전 선주문을 받았다. 선주문 물량만으로도 이미 빌보드 1위다. 선주문이 홍보되자 주가는 빠르게 움직이기 시작했다. 주식투자자라면 앨범 대신 관련 주식을 선주문하는 감각이 필요하다.

엔터테인먼트주는 홍보 뉴스를 선점해야 한다. 영화 크랭크인, 앨범 녹음, 뮤직비디오 촬영, 아이돌 스타의 제대 일정 등만 선점해도 투자 기회는 열려 있다.

■ 가격(수정)

• 디피씨 •

→ 8,440(19/03/20), 52.90%

113봉

8,000

7,500

7,000

6,500

6,000

❶ BTS 신곡
뮤직비디오
촬영설 기사화

❸ BTS 앨범
발매(디데이)

❸ 앨범 발매
이후 주가
하락세

❷ 앨범 발매
기대감에 급등

❷ BTS 컴백
홍보 시작

5,520
1.43%

↑ 5,210(18/12/26), -5.62%

18/12/14   02   03   04   05   06/03

① BTS 신곡 뮤직비디오 촬영이 기사화되며 반짝 급등했다. 하지만 소속사가 이를 부인해 주가 급등 폭은 다시 줄었다. ② BTS 컴백 공식 홍보를 시작했다. 뉴스 선점이 수익을 부른다. 학습 효과가 있기 때문에 앨범 발매 기대감에 급등세다. ③ 기다리던 앨범 발매일이 매도 디데이다. 과거 경험치가 있기에 발 빠른 치고 빠지기 매도세다. 앨범 발매 이후 주가는 지속적인 하락세였다.

〈신과 함께〉의 속편, BTS 앨범 제작을 알리는 뉴스만으로도 디데이 고점 매도일이 기대된다.

2019년 4월 앨범을 발매한 BTS도 그해 1월 말 신곡 뮤직비디오 촬영 뉴스가 전해졌고, 3월 11일 공식 컴백 뉴스를 발표했다. BTS 관련주 디피씨는 뮤직비디오 촬영 뉴스 시점인 1월 말부터 움직였다. 3월 공식 컴백 뉴스 후에도 앨범 발매일(4월 12일)까지 기대감 학습 효과에 주가 상승했다.

흥행은 매우 짧으니 정점에서 빨리 떠나라

　천만 영화도 상영 기간은 1~2개월이고 빌보드 1위 스타도 컴백 후 3개월, 월드컵도 1~2개월이면 끝난다. 흥행 기간이 짧기에 급등 정점 기간도 짧다. 엔터테인먼트주는 빠른 매도 궁리를 해두어야 한다. 학습 효과가 누적될수록 주가는 디데이 이전에 흥한다. 기대감을 활용한 완만한 상승 투자 전략이다. 기대감이 사라진 디데이 이후 급등 기간은 더 짧아지고 투자자들은 매도하기 바쁘다. 차기작까지 준비 시간이 필요하기 때문에 당분간 더 나올 뉴스도 없다. 디데이 정점을 빨리 파악하고 속히 떠나야 하는 이유다.

　BTS가 처음 빌보드 1위를 한 2018년 5월과 두 번째인 8월의 주가 패턴은 다

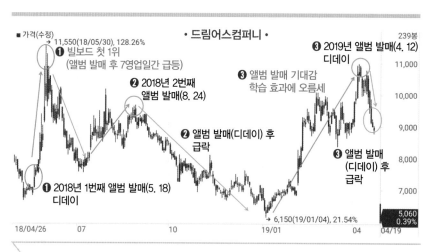

① 빌보드 첫 1위 소식에 앨범 발매 후 7영업일간 급등했다. ②~③ 두 번째 1위부터는 학습 효과로 인해 앨범 발매전까지 기대감에 오름세지만, 앨범 발매일 디데이 이후 급락 패턴이다.

르다. 처음 1위는 생애 처음이라 앨범 발매일 이후 과하게 급등했다. 그러나 두 번째부터는 빌보드 1위를 기대하게 된다. 학습 효과가 쌓이게 되면 디데이 직전 매도가 안전할 수 있다. 기대감에 따른 수익률을 즐긴 후 남들보다 탈출구를 먼저 찾는 것이다. BTS 관련주인 드림어스컴퍼니도 두 번째 1위는 앨범 발매 전까지 오르다 앨범 발매 직후 빌보드 1위 뉴스에 잠깐 급등하고는 끝났다.

연예인 덕후가 되라

소녀시대 광팬이 SM 주식투자로 부자가 되었다는 일화가 있다. 취미를 투자로 연결시키는 것이다. 좋아해야 자주 관심을 가지고 보게 된다. 연예인 덕후가 되는 것도 방법이다. 연예인 뉴스 검색, SNS 친구, 팬클럽 가입은 기본이다. 사생팬들이 흘리는 정보 덕에 뉴스보다 더 빠르게 컴백 정보를 접할 수 있다. 돈도 벌고 스트레스도 날리는 일석이조의 취미 생활이다.

방탄소년단(BTS)은 돌아온다

📊 방탄소년단(BTS) 앨범은 돌아온다

BTS는 7인조 남성 그룹으로 2013년에 데뷔했으며, 2018년에 소속사와 7년 재계약에 합의했다. 소속사인 빅히트엔터테인먼트(이하 '빅히트')의 최대주주는 음악 프로듀서 방시혁(보유 지분 43%)이다. 멤버(92~97년생)들은 모두 한국 국적이기 때문에 군대에 다녀와야 한다. 그래서 그동안 숨가쁘게 일 년에 한 개 이상의 앨범을 발매했다. 빌보드 앨범 차트 1위를 차지한 2018년에는 5월(정규 앨범)과 8월(리패지키 앨범) 두 차례 돌아왔다. 2019년 4월과 2020년 2월에도 정규 앨범으로 돌아왔다.

▼ 언론에 언급되는 BTS 관련주

종목명	언급되는 이유
엘비세미콘	관계사(LB인베스트먼트)가 빅히트 지분 2.38% 보유
디피씨	자회사(스틱인베스트먼트)가 빅히트 지분 12.24% 보유, 3대 주주
드림어스컴퍼니 (아이리버)	모회사 SK텔레콤을 통해 BTS 콘텐츠 공급
키이스트	일본 자회사가 과거 BTS 일본 매니지먼트 계약(2017년 종료), 현재는 일본 팬클럽 관리만 맡음
넷마블	빅히트 지분 25.22% 보유, 2대 주주
CJ ENM	빅히트 독립레이블 설립 방시혁 프로듀싱으로 2020년 남성그룹 데뷔 목표

BTS 관련주로는 엘비세미콘, 디피씨, 키이스트, 드림어스컴퍼니(아이리버), 넷마블, CJ ENM 등이 있다. 키이스트는 일본 자회사가 BTS 일본 매니지먼트를 지원해 왔기에 관련주다. 언론에 따르면 현재는 관련 계약이 종료되어 일본 팬클럽 관리만 하고 있다. BTS 관련성이 많이 약해졌어도 학습 효과 덕에 소환된다. 반면 시가총액이 큰 넷마블과 CJ ENM은 테마 상승 폭이 둔하다.

📊 빌보드 1위는 돌아온다

빌보드는 미국 대중음악 순위다. 메인 차트로는 싱글 부문인 빌보드 100과 앨범 부문인 빌보드 200이 있다. BTS는 2018년 처음으로 빌보드 200에서 1위를 차지했다. 2020년 2월까지 발매한 정규 앨범 4장 모두 빌보드 200 1위다. 앨범 발매일인 디데이

① 앞서 설명한 바와 같이 2018년 1집 앨범 발매일 '이후' 상승세다. ②~③ 경험치가 쌓인 나머지 두 번은 앨범 발매일 '이전' 상승이 특징이다.

에 주가가 급등했다.

엘비세미콘은 반도체 관련 회사로 관계사(LB인베스트먼트)가 빅히트엔터테인먼트 지분 2.38%를 보유 중이다. BTS 테마에 실적 개선을 더하니 더블 역세권이다. 반도체 후공정 업황도 호전되었다. 당기순이익이 2018년 188억 원에서 2019년 365억 원으로 2배 커졌다. 2019년 봄 앨범 발매 당시 실적 증가세가 받쳐주니 다른 관련주보다 급등 폭이 컸다.

📊 빅히트가 주식시장에 돌아온다

빅히트는 2020년 증시 입성이 예상된다. 2020년 2월 주식시장 상장을 돕는 주간사(증권사) 선정을 시작했다. 2019년 빅히트 매출액은 5,879억 원, 영업이익은 975억 원이다. 기존 대형 엔터사인 JYP, SM, YG를 뛰어넘는 실적이니 엔터테인먼트주 대장이 될 수 있다. 2019년 영업이익(435억 원)이 가장 좋은 JYP의 시가총액이 1조 2,000억 원대(2020년 8월)이니 영업이익 975억 원 빅히트의 경우 2조 원대 이상 시가총액이 기대된다. 한술 더 떠 3~6조 원대를 예상하는 언론의 언급도 많다. 빅히트 지분을 보유한 기업(넷마블 25.22%, 디피씨 12.24%, 엘비세미콘 2.38% 등)들이 상장 이슈로 돌아올 수 있다.

2020년 2월 빅히트 상장 이슈가 뉴스화되면서 빅히트 12.24% 지분을 보유한 디피씨 주가는 2.5배 상승한 반면, 2.38%를 보유한 엘비세미콘은 30% 상승하는 데 그쳤다. 다만, 디피씨와 엘비세미콘 지분은 자회사(관계사)인 사모투자펀드^PEF가 만든 펀드 소유분이다. 상장 이익은 펀드 투자자에게 돌아가므로 디피씨와 엘비세미콘이 얻는 상장 이익은 많지 않음을 참고 바란다.

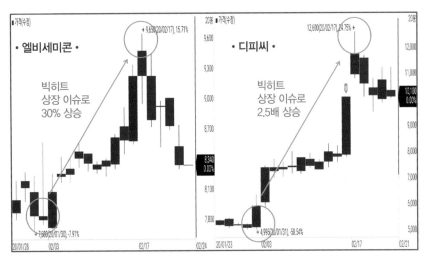

빅히트 상장 관련 뉴스에 (좌) 엘비세미콘은 30% 상승, (우) 디피씨는 2.5배 단기 상승한 바 있다.

강남스타일은 돌아온다

📊 싸이 덕에 아버지 회사 디아이가 춤을 춘다

2012년 가을, 〈강남스타일〉 말춤이 세계를 흘렸다. 빌보드 싱글에서 7주 연속 2위를 차지했다. 빌보드 앨범 부문 1위를 한 BTS도 2019년 말 기준 싱글 2위는 못 해봤다. 지금은 BTS지만 5년 전에는 싸이가 있었다.

싸이의 빌보드 노크에 아버지 회사인 디아이가 춤을 춘다. 〈강남스타일〉 이후 2013년 〈젠틀맨〉, 2014년 〈행오버〉, 2015년 〈나팔바지〉와 〈대디〉, 2017년 〈뉴페이스〉 등을 발표했다. 싸이 앨범과 함께 주가는 급등했다. 앨범 발표 시점마다 보여준 학습 효과 저

〈강남스타일〉 이후 5번의 앨범 발표마다 급등세였지만, 주가 고점은 점진적 하락세다.

력은 기억할 만하다. 다만, 2017년 앨범 발표 시점 상승 폭은 그 이전보다 약하다. 글로벌 인기가 예전보다 덜한 탓이다.

디아이는 1961년 설립된 반도체 검사 장비 회사다. 검사 장비는 반도체 공장 증설이 이어져야 설적 개선이다. 2019년 주당 50원(시가배당률 1.4%) 배당을 했다.

빌보드 1위를 노크했던 싸이의 도전을 기대한다

싸이는 2019년 YG에서 독립해 피 네이션$^{P\ Nation}$이란 회사를 차렸다. 제시, 현아 등을 영입해 제작자로서 새출발을 했다. 싸이는 대다수 곡이 자신의 작품이다. 이승기의 〈내 여자니까〉, DJ DOC의 〈나 이런 사람이야〉 등도 그의 작품이다. 작곡과 퍼포먼스 능력자이기도 하기 때문에 제2의 BTS를 만들지도 모른다. 싸이가 본인 앨범, 소속 가수들과 함께 최고의 자리로 화려하게 돌아올 수 있기를 기대한다.

아기 상어는 돌아온다

📊 아기 상어 덕에 삼성출판사가 춤을 춘다

2019년 1월 핑크퐁 〈아기 상어〉가 빌보드 싱글 차트에서 30위권 안에 들었다. 2015년에 선보인 동요인데 4년 만에 빛을 본 것이다. 북미권 구전 동요를 2분 내외로 편곡한 곡으로 '뚜루루뚜루'라는 후렴구가 흥얼거리게 만든다. 미국 프로야구 워싱턴팀 응원가로도 채택되었다. 삼성출판사 자회사인 스마트스터디가 이 곡을 만들었다. 스마트스터디는 유아용 콘텐츠 브랜드 '핑크퐁'을 소유하고 있다. 삼성출판사와 오로라(핑크퐁 완구 제조), 유진로봇(완구 판매)과 토박스코리아(캐릭터 제품 제조) 등이 강세였다.

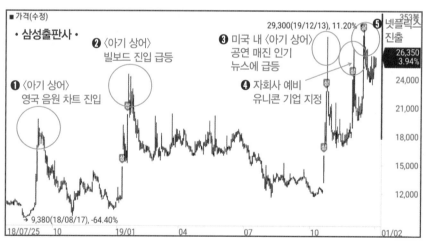

① 〈아기 상어〉의 영국 음원 차트 진입으로 테마가 시작된다. ② 빌보드 싱글 차트 진입, ③ 미국 내 〈아기 상어〉 공연 성공, ④ 자회사 스마트스터디 예비 유니콘 기업 선정, ⑤ 넷플릭스 진출 등으로 주가 급등세를 보였다.

글로벌 인기에 아기 상어는 돌아온다

삼성출판사는 〈아기 상어〉이슈로 수차례 급등을 맛봤다. 영국 음원 차트, 빌보드 싱글차트 진입 뉴스마다 주가는 급등했다. 한동안 잠잠하던 삼성출판사는 2019년 10월 초부터 북미 100개 도시 순회 공연이 연일 매진이라는 뉴스로 9개월 만에 돌아왔다. 그 이후로도 자회사 예비 유니콘 기업(기업가치 1조 원 이상 스타트업 기업) 선정, 넷플릭스 진출 등 뉴스마다 주가 급등으로 소환되었다.

16개 언어로 서비스되고 있는 〈아기 상어〉는 유튜브 누적 조회수가 싸이의 〈강남스타일〉을 넘어섰다. 켈로그 시리얼, 네슬레 아이스크림 등 글로벌 기업과 캐릭터 디자인 사용을 제휴 중이다. 언론에 따르면 〈스폰지밥〉으로 유명한 어린이 채널 니켈로디언은 〈아기 상어〉를 주제로 TV 만화영화 시리즈를 만들고 있다고 한다. 앞으로 TV 만화영화 등으로 만들어진 〈아기 상어〉의 성공 뉴스가 삼성출판사를 돌아오게 할 것이다.

아기상어 흥행에 따른 실적 개선 여부 점검은 필수다

삼성출판사는 출판, 문구(아트박스)가 주된 사업이다. 2018년 기준 문구 매출이 전체의 74%다. 2019년 주당 100원(시가배당률 0.9%) 배당을 했다. 아쉽게도 핑크퐁을 소유한 자회사 스마트스터디 매출이 삼성출판사 회계 처리와 연결되지 않는다.(실적에 잡히지 않는다) 2019년 3분기까지 영업이익도 15억 원으로 핑크퐁 성공분은 실적에 반영되지 않았다. 삼성출판사 매출 성장 여부를 같이 점검할 필요가 있겠다. 테마 바람만을 믿고 실적을 고려하지 않는 고점 뒷북 투자를 하면 크게 손해를 볼 수도 있다.

▼ 삼성출판사 실적

(단위: 억 원)

구분	2016년 말	2017년 말	2018년 말	2019년(9월 말까지)
매출액	1,633	1,766	1,861	1,469
영업이익	122	110	33	15
당기순이익	99	59	5	39

자회사 스마트스터디 상장을 기대한다

삼성출판사는 스마트스터디 지분 25%를 보유 중이다. 언론에 따르면 스마트스터디는 2020년 상장을 추진 중으로 상장 시 시가총액 2,000억 원대를 예상했다. 삼성출판사 보유 지분만 500억 원 이상의 가치다. 2019년 1월 10일 삼성출판사 시가총액이 2,370억 원이니 시가총액 20%만큼의 가치다. 자회사 상장 이슈로 삼성출판사가 관심 대상으로 돌아올 수 있다.

디자인 강국 코리아! 새로운 캐릭터도 생겨난다

〈아기 상어〉 외에도 뽀로로, 캐리언니, 펭수 등 새로운 캐릭터는 끊임없이 생겨나고 있다. 직장인의 대통령, 2030세대 뽀로로라 불리는 펭수도 2019년 대세가 되었다. 덕분에 관련주로 예스24(펭수 굿즈), 유엔젤(EBS 콘텐츠 사업), 카카오(펭수 이모티콘) 등이 관심을 받았다. 웹툰 작가가 초등학생 미래 인기 직업이 된 세상, 대세가 될 캐릭터를 선점하면 수익을 부른다.

오 필승 코리아는 돌아온다

📊 올림픽, 축구 월드컵은 돌아온다

동계 올림픽, 축구 월드컵, 아시안 게임은 4년 단위로 같은 해에 열린다. 그 중간 년도에 열리는 것이 하계올림픽이다. 2016년 하계올림픽 이후 2018년 동계올림픽(2월), 축구 월드컵(6~7월), 아시안게임(9~10월)이 열렸다.

📊 4년마다 아프리카 TV 시청률이 돌아온다

세 가지(동계 올림픽, 축구 월드컵, 아시안 게임) 스포츠 행사가 열리는 해의 관심 종목은 아프리카 TV다. 2014년과 2018년에도 회원 수 증가, 실적 개선, 큰 폭의 주가 상승을 경험했다.

아프리카 TV는 1996년 설립 후 2014년 스포츠 이벤트 때부터 본격 성장을 이루었다. 2015년 이후에도 지속적인 실적 개선이 이루어지고 있다. 게임 산업 성장세로 인해 아프리카 TV가 웃는다. 방송분을 유튜브와 공유하는 상생 전략도 좋은 평가를 받고 있다. 월드컵 중계권료가 계속 오르는 점도 호재다. 2018년도 중계권료는 4년 전 대비 30% 상승했다. 비싼 중계료 때문에 포털 등이 생중계를 포기하면 풍선 효과로 시청자들이 몰리는 것이다. 2019년 주당 470원(시가배당률 1.2%) 배당을 했다. 2019년 9월 말 기준 부채비율은 85%였다.

■ 가격(수정)   339봉

• 아프리카 TV •

72,000(19/05/17), 7.14% ←

❸ 1인 미디어 성장에   67,200
  따른 실적 개선   0.60%

                                                                  60,000

❷ 2018년 월드컵,   50,000
  동계올림픽 등

❶ 2014년 월드컵,   40,000
  동계올림픽 등

                                                                  30,000

                                                                  20,000

→ 8,720(13/12/20), -87.02%   10,000

2013/04 2014   2015   2016   2017   2018   2019   2019/10

① 2014년 월드컵, 동계올림픽으로 급등을 경험했고, ② 2018년에도 동일한 경험이 있다. 스포츠 행사가 끝나면 하락세 패턴도 비슷하다. ③ 2019년 이후에는 1인 미디어와 게임 산업 성장 등에 따른 실적 개선 이슈로 급등했다.

📊 월드컵에 가장 큰 관심은 돌아온다

아프리카 TV는 보통 월드컵을 앞두고 상승세, 월드컵 이후 하락세를 보인다. 경험치가 쌓이다 보니 월드컵 전 기대감에 상승하는 것이다. 월드컵 시즌에는 다들 애국자가 된다. 다음 월드컵 기간은 2022년 11~12월이다. 태극 전사의 선전과 함께 2022년 겨울 아프리카 TV가 기대되는 이유다.

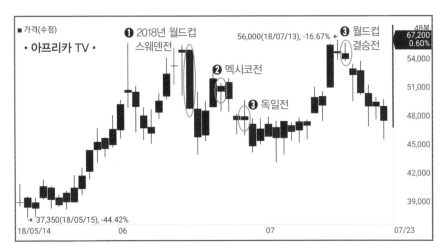

2018년 월드컵 1차전까지 학습 효과 기대감에 계속 올랐다. ① 스웨덴에 1대 0으로 지고 나니 하락세다. ② 뒤이은 멕시코전 패배에 16강 탈락 확정, 월드컵 특수는 끝났다. ③ 사람들 관심이 몰린 결승전에 반짝 상승하고 이후에는 하락세다.

군대 간 오빠는 돌아온다

군대 간 오빠는 돌아온다

한국 남자 셋만 모이면 군대와 축구 이야기다. 예전에는 병역 기피 사건도 종종 있었지만 어느새 연예인들이 해병대도 마다 않는다. 엔터테인먼트 산업은 사람이 자산인데 스타가 자리를 비운 만큼 소속사의 실적도 기운다. 그러나 18개월이 지나면 돌아오게 되어 있으니 그때를 미리 선점하고 기다리면 수익이 난다. 단, 제대할 스타의 계약 기간은 미리 점검해 볼 필요가 있다. 만약 재계약하지 않으면 투자손실을 볼 수 있기 때문이다.

빅뱅의 지드래곤은 돌아온다

대한민국 대표 케이팝 스타인 빅뱅이 빠지자 YG엔터테인먼트는 힘이 빠졌다. 싸이도 떠나갔기 때문에 빅뱅이 차지하는 매출 비중은 절대적이다. 그들이 군대에 가버렸으니 그동안 YG엔터테인먼트의 매출과 영업이익은 현저히 줄었다.

▼ YG엔터테인먼트의 3년간 매출액과 영업이익 추이　　　　　　　　　(단위: 억 원)

구분	2017년	2018년	2019년
매출액	3,499	2,858	2,645
영업이익	252	85	20

YG엔터테인먼트는 '서태지와 아이들' 출신 양현석 대표 프로듀서가 만든 연예 기획사다. SM, JYP, 빅히트와 함께 4대 대형 기획사다. 자회사로 상장사 YG플러스도 두고 있다. 2019년 주당 150원(시가배당률 0.3%) 배당을 했다. 2019년 9월 말 기준 부채비율은 37%였다. 엔터테인먼트 산업 한한령(중국 내 한국 콘텐츠 송출 금지) 해제 등 중국과 관계 회복은 실적 개선에 도움이 된다.

2019년 대표 프로듀서의 도덕적 해이는 실적과 무관할 수 있다. 블랙핑크 등 소속사 아티스트 앨범 발매와는 별개다. 2019년 1월 초 14%였던 외국인 지분은 8월 말 18%까지 올랐다. 외국인은 위기를 투자 기회로 본 것이다. 2019년 11월과 12월 군대에 간 지드래곤과 태양, 대성이 제대를 했다. 빅뱅의 컴백으로 YG엔터테인먼트는 완전체가 된다. 좌 빅뱅, 우 블랙핑크다. 예비역 오빠들은 새로운 앨범으로 돌아올 것이다.

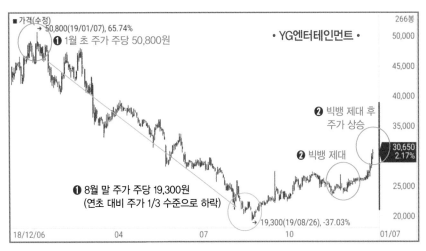

① 2019년 8월 말 주당 19,300원으로 연초 대비 주가는 3분의 1 수준이었다. ② 빅뱅의 군 제대로 인해 2020년 초 주가는 2019년 8월 말 저점 대비 50% 이상 올랐다.

천만 영화 신과 함께는 돌아온다

📊 영화 〈신과 함께〉 덕에 제작사 덱스터가 춤을 춘다

〈신과 함께〉는 주호민 작가의 인기 동명 웹툰을 영화화한 것이다. 한국 영화 역사상 천만 관객 영화 시리즈물의 탄생이다. 누적 관객 수는 1편 1,441만 명, 2편 1,227만 명 등 약 2,600만 관객을 동원했다. 제작사인 덱스터 주가도 그 덕에 급등했다.

덱스터는 원래 국내와 중국 영화 VFX$^{Visual\ Effects,\ 특수\ 영상\ 시각\ 효과}$ 전문회사다. 사드 보복으로 중국 수출길이 막혀 2017년 과한 당기순손실(-342억 원)이었다. 그 결과 2017년 250억 원의 전환사채^{CB}를 발행했다. 다행히 이미 주식 청구 등이 완료되어 향후 주식 청구될 물량은 없다. 두 편의 영화 덕에 2018년에는 흑자로 전환(28억 원)했다. 2019년 9월 말 기준 부채비율 17%, 당좌비율 523%였다. 2020년 2월 CJ ENM은 덱스터에 전략적 투자를 했다. 덱스터 주식 50억 원어치를 유상증자받아 2대 주주가 되었다.

📊 1편 학습 효과가 2편 급등락 구간을 정한다

1편은 개봉 이후 한 달간 계속 상승세였다. 2편은 1편과 달랐다. 개봉 전까지 점진적 상승세였지만 개봉 이후 주가는 하락세로 돌아섰다. 그 이유는 다음과 같다. 첫째, 이미 천만 관객을 경험했기 때문에 기대치가 천만 관객이다. 둘째, 1편 급등 정점이 고점 한계가 될 수 있다. 셋째, 주가 고점에 나올 '전환사채 주식 청구' 물량 부담이다.

당시, 주가 발목을 잡는 악재였다. 경험치가 쌓인 종목이라면 디데이 이전 기대감 정점에 매도하는 것도 방법이다. 학습 효과를 알기에 매도 눈치싸움에 보다 빠른 매도가 필요하다.

개봉일(디데이) 이후 기준으로 1편보다 2편 급등 기간이 짧다. 학습 효과가 있기에 2편은 1편과 달리 개봉 전 상승세가 특징이다.

📊 천만 영화 〈신과 함께〉는 돌아온다

3편 개봉이 상당 기간 이후라는 소식에 2편 개봉 후 주가는 1편보다 많이 흘러내렸다. 언론에 따르면 향후 드라마로도 제작되고, 2021년 3편과 4편이 개봉될 예정이라고 한다. 다시 돌아올 영화이기 때문에 긴 호흡으로 저점 매수하고 기다리면 된다.

📊 천만 영화 시리즈물은 계속 돌아온다

천만 관객 디즈니 애니메이션 〈겨울왕국〉도 6년 만에 〈겨울왕국2〉로 돌아왔다. 대원 미디어(캐릭터 피규어 독점 판매), SM Life Design(국내 패키지 미디어 판권 보유), 유엔 젤(겨울왕국 전용VOD 앱), 헝셩그룹(캐릭터 봉제 인형) 등도 개봉 기대감에 주가가 상승했다.

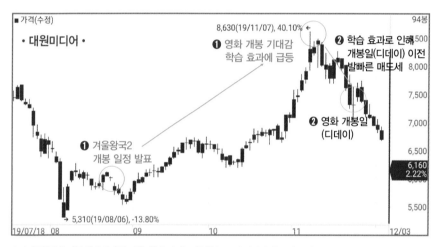

① 〈겨울왕국2〉 개봉일이 공개된 이후 천만 관객 동원 학습 효과 기대감에 주가는 상승했다. ② 과거 경험치 덕에 올랐기에 기대감만 누리고 안전한 탈출 러시로 개봉일(디데이) 이전 빠른 매도세를 보였다.

천만 영화감독은 돌아온다

📊 칸 황금종려상 덕에 영화 〈기생충〉이 춤을 춘다

봉준호 감독은 〈괴물〉, 〈마더〉, 〈설국열차〉, 〈옥자〉 등으로 흥행성과 작품성을 인정받은 감독이다. 관객 수는 〈설국열차〉 935만 명, 〈괴물〉 1,091만 명이다. 영화 〈기생충〉으로 대한민국 역사상 처음으로 칸 영화제 황금종려상을 받았다. 〈기생충〉은 205개국이 넘는 국가에 수출될 정도로 흥행에도 성공했다. 국내에서도 천만 관객을 돌파했다.

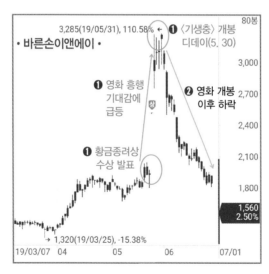

① 황금종려상 수상 발표 이후 영화 흥행 기대감에 급등했다. ② 영화 개봉일 디데이 이후 급등은 짧았다. 당분간 더 나올 뉴스가 없기에 발빠르게 매도할 필요가 있다.

국내 개봉은 칸 영화제 결과 이후였다. 황금종려상 뉴스에 제작사인 바른손이앤에이와 같은 회사 최대주주인 바른손 선점이 수익을 불렀다. 수상 이후 영화 개봉일까지 기대감에 주가는 급등했다. 다만, 영화 개봉 기간은 길어야 한두 달이다.

이미 급등을 경험했다면 개봉일 디데이 매도가 안전할 수 있다. 주가 급등을 이용 주요 주주 A사(지분 9.2%)는 6% 지분을 장내 매도했다. 회사를 잘 아는 이들의(최대주주 등) 매도는 주가 고점 시그널이기에 악재다.

📊 천만 영화감독 봉준호는 돌아온다

황금종려상은 봉준호를 글로벌 감독 반열에 올려놓았다. 미국에서도 골든글로브, 아카데미상 등 수상 소식을 연일 전해왔다. 특히, 92년 아카데미 영화 역사상 비영어

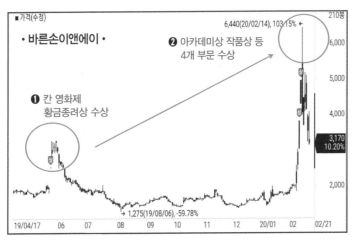

① 칸 영화제 황금종려상 이후 ② 아카데미 작품상 수상으로 바른손이앤에이 주가 급등은 돌아왔다. 아카데미상은 사전 후보자를 발표한다. 아카데미상 발표일도 미리 공지되니 디데이를 선점하면 수익을 부른다. 기생충은 6개 부문 후보에 올랐고 이 중 4개 부문에서 수상했다.

권 작품으로는 처음으로 최고상인 작품상을 수상했다. 덕분에 황금종려상 이후 잊혀졌던 〈기생충〉 관련주가 돌아왔다. 바른손이앤에이, 바른손과 함께 영화에 등장한 짜파구리(짜파게티 + 너구리) 제조사인 농심, 영화 사운드와 편집 등에 참여한 덱스터 등도 반짝 인기였다.

봉준호 감독은 1969년생으로 한창 일할 나이다. 그가 후속작을 공식 발표했을 때 제작사를 눈여겨볼 필요가 있다. 차기작 제작사는 바른손이앤에이가 아닐 수도 있다. 차기작은 서울 한복판에서 벌어지는 공포스러운 사건을 다루는 영화라고 한다. 천만 감독과 그의 영화는 돌아올 것이기 때문에 미리 선점하고 개봉일에 맞춰서 매도 디데이를 기다리면 된다.

Chapter 14

정치주:
정치인은 선거철에
돌아온다

65

정치주 특징

선거는 오랫동안 이슈화되므로 정치주는 자주 돌아온다

선거는 이벤트가 많아 더 나올 뉴스가 계속 발생한다. 보통은 대통령 선거 2~3년 전부터 선거일까지 장기 레이스다. 다음 대통령은 국민들의 관심 사항 1순위다. 대한민국 중장년 남성 셋만 모이면 정치 이야기인 덕분에 오랜 시간 정치인 테마는 지속된다. 그 결과 투자경고 종목 지정도 여러 번 받는다.

유승민 전 대표 인맥주인 대신정보통신도 2015년 이후 대선까지 2년간 마라톤 레이스였다. 그의 정치적 행보에 맞춰 오랜 기간 주가는 우상향했다. 대통령 선거가 끝나고 횡보 무관심 구간이 지나면, 다음 대선 시계 시작과 함께 정치주는 다시 움직이기 시작한다.

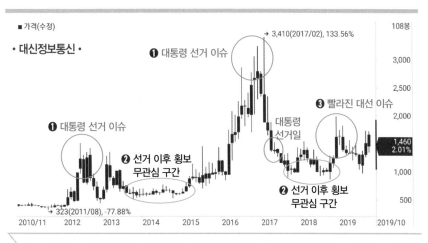

■ 가격(수정)

· 대신정보통신 ·

❶ 대통령 선거 이슈

→ 3,410(2017/02), 133.56%

❶ 대통령 선거 이슈

❷ 선거 이후 횡보 무관심 구간

대통령 선거일

❸ 빨라진 대선 이슈

❷ 선거 이후 횡보 무관심 구간

→ 323(2011/08), -77.88%

108봉
3,000
2,500
2,000
1,460
2.01%
1,000
500

2010/11   2012   2013   2014   2015   2016   2017   2018   2019   2019/10

① 2012년과 2016년 4년 단위로 대통령 선거 이슈에 급등했다. ② 대통령 선거가 지나면 무관심 횡보 구간이다. 그 기간에 저점 매수를 하고 기다리면 선거는 돌아왔다. ③ 2018년은 과거와 달리 대선이 많이 남았음에도 정치주가 빠르게 움직이기 시작했다.

정치인이 10년 넘게 꾸준한 인기를 유지하기란 쉬운 일이 아니다. 기존 정치인의 인기 소멸로 관련 정치인 인맥주도 관심에서 멀어지게 되고 잊혀진다. 그러면서 새로운 정치주도 등장해 문어발식으로 시장을 잠식한다.

선거 일정은 규칙적으로 돌아온다

투자에 있어 반복되는 규칙성은 매력적이다. 선거는 매번 규칙적으로 돌아오니 계절주와 다를 바 없다. 대통령 선거는 5년마다 돌아오는 디데이 투자다. 2020년 4월은 국회의원, 2022년 5월은 대통령 선거다. 선거는 돌아오기에 다음 대선 후보 관련주를 저점 매수하고 기다리면 된다.

어장 형성이 잘되니 투자자 관심은 돌아온다

많아진 대선 후보만큼 정치주도 문어발처럼 우후죽순 늘어난다. 대학교 동문, 지역 후배 등 굴비 엮듯 엮인다. 정치인 한 사람에게 수많은 연관 종목이 생긴다. 가게도 모여 있어야 장사가 잘되듯 정치주도 종목 형성이 잘되니 투자자가 몰린다. 선두 주자가 투자경고 종목으로 지정되면 후발 주자로 계속 종목을 바꿔가며 급등한다. 정치인을 바꿔가면서 달려가기도 하고, 동일 정치인 인맥주들 내에서 갈아타기도 한다. 후발 급등 주자가 계속 나오니 끊임없이 투자자가 모인다.

떠나간 정치인은 선거와 함께 돌아온다

낙선한 정치인은 현실 정치에서 잠시 떠나지만 선거와 함께 다시 돌아온다. 돌아올 듯 말 듯 애간장도 태우지만 문재인 대통령, 안철수 전 대표, 이낙연 전 총리, 황교안 전 총리 모두 선거 시즌에 주목받으며 돌아왔다.

정치인의 컴백 뉴스가 메인 뉴스가 되면 관심도 증가로 정치주는 급등한다. 정치주 투자는 바람이 불어오는 길목을 파악하여 미리 선점하고 서 있으면 되는 간단한 투자다. 연어는 물길을 거슬러 돌아온다. 연어가 오기까지 지루함만 이겨낸다면 물길을 선점한 곰처럼 싱싱한 고기를 맛볼 수 있는 것이다.

우리들제약은 문재인 대통령 인맥주였다. 문재인 대통령도 2016년 1월 당 대표 사퇴로 야인의 길을 걸었다. 히말라야도 가고 잊혀진다 싶었다. 그런데 박근혜 전 대통령의 게이트로 대선 시계는 빨라졌고 그는 바로 돌아왔다. 당 대표 사퇴 당시 주당 6,660원이었던 우리들제약은 2017년 3월 말 28,600원까지 1년 만에 4배 이상 올랐다. 당 대선 후보 선출 이후 대통령 선거까지는 2개월 남짓이다. 당 대선 후보 확정 이후 주가는 빠지기 시작했다. 선거가 끝나면 정치주의 인기는 없어진다. 대통령 당선으로 인맥주 테마가 아예 소멸했다.

① 당대표 사퇴 등 악재를 겪었으나 ② 선거와 함께 주가는 돌아왔다. 당 대선 후보 확정이 주가 정점이었고 ③ 그 이후 선거가 다가올수록 하락세였다.

안철수 전 대표도 대통령 선거와 서울시장 선거 낙선 등의 연이은 아쉬움을 뒤로 하고 2018년 9월 해외로 출국했다. 그리고 약 일 년 후 SNS에 귀국 의사를 표명하고 돌아왔다. 국회의원 선거가 불과 4개월 앞에 다가온 시점이었다. 인맥주인 써니전자는 안철수 전 대표 출국 당시와 대비해 그사이 4배 이상 급등했다.

■ 가격(수정)

· 써니전자 ·

5,970(20/01/03), 5.43% ←

❷ 안 전 대표 귀국 의사 표명
(급등세)

5,660
13.20%

78봉

❷ 떠나간 정치인은 돌아온다는 기대감에
1년여 만에 4배 이상 상승

5,000

4,000

3,000

❶ 안철수 전 대표 출국(2018. 9)

2,000

↗ 1,600(18/11/02), -71.73%

18/07/13   10   2019/01   04   07   10   01/03

안철수 전 대표는 출국 이후 1년여 만에 귀국 의사를 표명했고 주가는 그사이 4배 이상 급등했다.

오세훈 전 서울시장은 오랜 기간 야인이었다. 그가 2019년 2월 자유한국당 당 대표 선거를 앞두고 돌아왔다. 뉴스에 자주 노출되니 네이버 실시간 검색 순위에도 오른다. 관심도가 올라가니 인맥주인 진양산업이 급등했다.

뉴스거리가 많으면 주가는 돌아온다

정치는 관심을 불러일으킬 뉴스가 끊임없이 나온다. SNS 계정에 올린 글만으로도 뉴스가 된다. 정치인 말 한마디, 행동 하나가 대중의 관심사다. 2019년 여름 유시민 작가의 정치 재개 여부가 헤드라인 뉴스였다. 그 기대감에 인맥주 보해양조가 급등했지만 직업 정치를 하지 않겠다는 그의 발언에 주가는 다시 내려

갔다. 헌데, 차기 대통령에 대한 지지율 여론조사가 그를 후보군에 포함하면서
다시 급등했다.

대중의 관심은 테마주가 오래갈 수 있는 비결이다. 여론조사만큼 확실한 주
의 환기 장치는 없다. 여론조사 결과로 신문 정치면이 도배되니 정치주 마라톤
은 계속된다. 언론사마다 조사 결과가 엎치락뒤치락하니 짜릿한 진땀 승부가
펼쳐진다. 1위가 바뀌면 주가도 출렁거린다. 이낙연 전 총리는 2019년 초 대선
여론조사 1위였다. 그해 2월 황교안 전 총리가 야당 당 대표로 선출되었다. 당
대표 선출 효과로 인해 1위가 황교안 전 총리로 바뀌었다. 2개월 뒤 이낙연 전
총리가 양자대결에서 1위를 탈환했다. 덕분에 여야 1위 후보 정치주가 출렁거
렸다.

① 오세훈 전 시장이 2016년 국회의원 선거에 출마하겠다고 발표하니 급등세다. ② 선거에서 낙선하면 오
랫동안 잊혀지게 된다. ③ 2018년 말 그는 돌아왔다. 자유한국당 당 대표 선거 출마 선언으로 급등세다. 다
만, 그의 인기도에 비례해 급등 고점은 2016년 대비 낮아졌다.

정치적 이벤트도 끊임없는 뉴스거리이자 주가 상승 요인이다. 2019년 1월 29일 황교안 전 총리는 야당 당 대표 출마 선언을 했다. 그의 인맥주인 한창제지는 장중 26% 상승했다. 다음날 아직 출마 선언 전인 오세훈 전 시장의 또다른 인맥주 진양화학은 24%, 홍준표 인맥주 세우글로벌은 21% 장중 상승했다.

대선 초반 인맥주 vs. 대선 중후반 정책주

대선 초기에는 인맥주가 인기다. 대선 후보 난립으로 최종 후보만을 위한 맞춤형 정책이 다듬어지지 않아서다. 정책주는 대선 중후반에 부각된다. 정책은 정당별 후보가 압축되고 나서야 완성된다. 그제야 정책 대결이 이루어지고 정책주가 급등한다. 예를 들어 이명박 전 대통령의 4대강 테마, 반기문 전 총장의 대북송전주 등이 정책주다.

인맥주는 기업가치와 무관한 실체 없는 신기루다. 대선 후보와 같은 학교를 나와서, 고향이라서 등 연결 고리도 약하다. 인맥이라는 이유만으로 급등한 적자기업도 수두룩하다. 정치인이 낙마라도 하면 인맥주는 회복이 불가능해진다. 새로운 정치인과 인적 연결 고리를 만들기도 어렵다. 인맥주와 다르게 정책주는 정책이라는 알맹이가 있다. 대선에 언급된 정책은 국가 발전을 위한 핵심 과제다. 선거철마다 돌아오는 저출산, 고령화, 고용 확대, 남북 이슈, 미래 산업 등 단골 손님에 주목할 필요가 있다.

남북경협과 연결되니 자주 돌아온다

대통령의 정치 이념에 따라 남북경협과 방위산업은 정치주가 된다. 좌우 정치 이념이 바뀔 수 있다면 방산주(보수) 또는 남북경협주(진보)를 선점하자. 문재인 대통령 당선을 예상했다면 미리 남북경협주를 사고 기다리는 것이다. 비록 취임 초기 북한 미사일 실험 등으로 남북 관계는 잠시 주춤했지만, 정상회담 등으로 개선되었다. 그 덕에 남북경협주 제룡전기가 웃고 방산주 빅텍은 상당 기간 하락했었다.

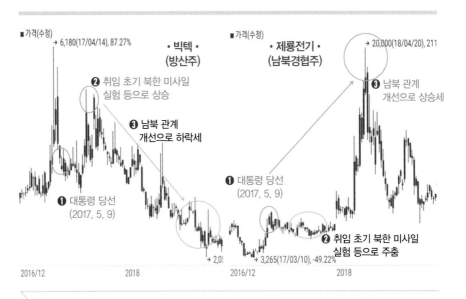

① 문재인 대통령의 당선 기대감에 (좌) 방산주 빅텍은 선거를 앞두고 하락했고, (우) 남북경협주 제룡전기는 오름세였다. ② 대통령 취임 초기 북 미사일 실험 등이 있었으나 ③ 2018년에 들어 남북 관계 개선으로 남북경협주는 상승했고 방산주는 하락했다.

테마 불사 정치주는 죽지 않고 돌아온다

정치주는 오랫동안 거품이 존재하다 보니 투자경고 종목 등 이상 급등 종목 지정, 거래소 조회 공시 요구, 금감원과 거래소 특별 감리(주가 조작 집중 감시) 단골 손님이다. 관련 뉴스는 과열된 주가를 내린다. 투자경고 종목 지정 예고에 세력은 이사 준비를 시작한다. 작전 세력을 색출해 낸다는 특별 감리 강화 뉴스에 투자 심리는 얼어붙는다. '특별한 급등 이유 없음'이라는 조회 공시 회사측의 답변에 실망 매물들이 출현하지만 각종 규제에도 내성이 생기듯 어느새 주가는 다시 오르기 시작한다.

테마로 한번 엮이면 끈질긴 생명력을 유지하는 경우도 있다. 안철수 인맥주인 한창제지는 황교안 인맥주가 되었다. 이낙연 인맥주로 인기였던 남선알미늄은 보물선 테마주다. 과거 보물선 탐사를 담당했던 기업 지분을 보유했기 때문이다. 4대강 테마주 이화공영은 녹조 사태로 촉발된 4대강 복원 이슈로 잠깐 상승세를 탔다. 박근혜 전 대통령의 친동생이 최대주주인 EG도 황교안 전 총리의 정치 입문 덕분에 관심을 받았다.

인맥주와 달리
정책주는 돌아온다

Case Study

반기문 전 유엔 총장 인맥주 지엔코는 2016년 당시 실적은 적자였으나 그의 외조카가 대표이사라는 소문 때문에 급등했다. 한편, 대북송전주 선도전기도 반기문 총장 정책주였다. 2017년 2월 그의 대선 불출마 선언으로 둘 다 급락했다. 인맥주는 다시 돌아오지 못했지만 정책주는 시간이 걸렸을 뿐 2018년 남북경협 이슈로 화려하게 비상했다.

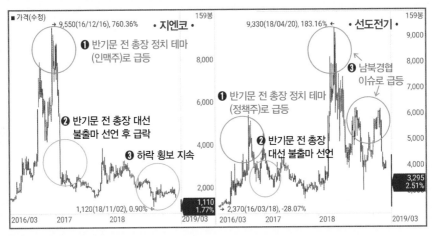

(좌) 인맥주 지엔코는 반기문 전 총장의 대선 불출마 선언 후 하락했지만 (우) 정책주 선도전기는 남북경협 이슈로 급등했다.

퇴사 리스크를 주의해야 하는 친인척 인맥주

피는 물보다 진한 법이다. 친인척 인맥주는 가장 강력한 대장주가 된다. 친인척이 기업 오너라면 상관없으나 월급쟁이 사장이라면 퇴사 리스크가 있다. 퇴사로 인해 연결고리가 사라지면 실망 매물이 한꺼번에 쏟아진다. 하한가가 2~3일 속출할 수밖에 없다. 예를 들어 반기문 전 총장의 친동생이 보성파워텍에 사표를 제출하면서 인맥주 테마가 소멸했다. 남선알미늄 관계사에 근무했던 이낙연 전 총리 동생의 퇴사도 한창 급등한 주가에 찬물을 끼얹었다. 주가는 고점 대비 50% 이상 단기 하락했다. 반대로 박근혜 전 대통령의 친동생이 소유주인 EG와 안철수 전 대표가 최대주주인 안랩 등은 퇴사 리스크와는 거리가 멀다.

① 반기문 전 유엔 총장의 친동생 재직 덕분에 정치인 인맥주로 엮어 급등했으나, ② 그의 사표 제출로 인맥주에서 탈락했고 지속적인 하락세를 보였다.

66

정치주 투자 전략

여야 여론조사 1위 후보에 집중하라

정치주와 함께 하겠다면 여야 여론조사 1위 후보가 선택지다. 여론조사 1위
후보는 뉴스에도 자주 나오고 오랫동안 인기도 누린다. 높은 지지율 덕분에 당
선 가능성도 높아진다. 덕분에 여론조사 1위 후보 관련주가 급등 폭도 크고 테
마 지속성도 높다. 지지율이 낮다면 관심받지 못하니 사라지기 쉽다. 불확실성
도 커서 장기간 함께 가기 어렵다.

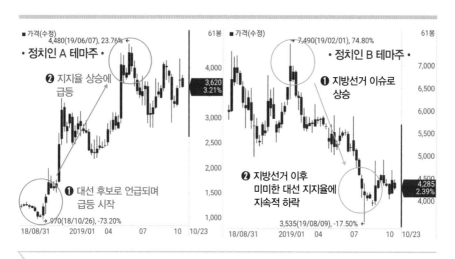

(좌) 정치인 A 테마주는 대선 후보 지지율 1위로 급등했지만, (우) 정치인 B 테마주는 지방 선거 이슈로 반짝 상승했으나 대선 후보 지지율이 미미해 지방선거 후 하락세다.

급등 첫 뉴스를 잡아라

대선을 향한 정치주 출발 시계가 빨라지고 있다. 17대(이명박 정부)는 4개월 전, 18대(박근혜 정부)는 1년 전, 19대(문재인 정부)는 2년 전부터 정치주 급등이 시작되었다. 20대는 3년 6개월 전인 2018년 10월부터 정치주가 움직이기 시작했다. 10년이 넘는 기간 동안 축적된 경험치가 출발을 빨라지게 만드는 것이다. 현직 대통령 지지율이 낮아지면 다음 대선 후보가 나타난다. 차기 대선 후보 여론조사 발표는 정치주 관심에 불을 붙인다. 대선 이슈 첫 뉴스에 맨 처음 오르는 종목이 대장주다. 관련 정치인 언급마다 관심 대상이 된다. 빠른 정보 습득이야말로 투자의 성공 요소가 된다. 정치인과 소통할 수 있는 각종 네트워크를 모두 열

(좌) 황교안 전 총리 입당 제의 뉴스에 첫 상한가 시작이다. (우) 첫 상한가 이후 약 3개월 뒤 주가는 4배 상승했다.

어두고 특히 뉴스는 정치면부터 보자.

황교안 전 총리에게 입당 제의가 있었다는 이유로 한창제지가 상한가였다. 상한가임에도 당시 한창제지 PER은 낮았다. 기업가치도 저평가인데 정치와 엮이니 더욱 좋았다. 3개월 뒤 주가는 4배 상승했으니 첫 상한가 뉴스가 늦은 것이 아니었다.

정치 이벤트, 선거일 등 디데이에 집중하라

정치주도 계절주처럼 캘린더에 충실하다. 시골 5일장처럼 확실히 돌아올 매도 디데이라는 믿는 구석이 있다. 매수에 앞서 정치 이벤트가 있는지 점검해야

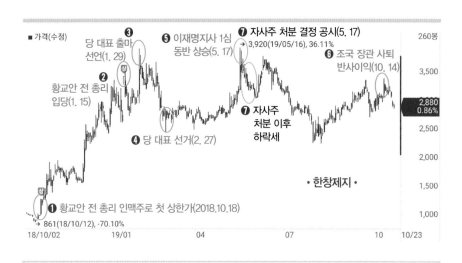

■ 가격(수정)
❸ 당 대표 출마 선언(1. 29)
❺ 이재명지사 1심 동반 상승(5. 17)
❼ 자사주 처분 결정 공시(5. 17) → 3,920(19/05/16), 36.1%
❷ 황교안 전 총리 입당(1. 15)
❻ 조국 장관 사퇴 반사이익(10. 14)
❼ 자사주 처분 이후 하락세
❹ 당 대표 선거(2. 27)
• 한창제지 •
❶ 황교안 전 총리 인맥주로 첫 상한가(2018.10.18)
→ 861(18/10/12), -70.10%
18/10/02   19/01   04   07   10   10/23
260봉
3,500
2,880 0.86%
2,500
2,000
1,500
1,000

①~③ 황교안 전 총리 입당, 당 대표 출마 선언 등 기대감에 급등했다. ④ 당 대표 선거 후 당분간 나올 이슈가 없기 때문에 하락 후 횡보다. 긴 안목으로 보면 저점 매수 기회일 수 있다. ⑤~⑥ 이재명 경기도 지사 1심과 조국 장관 사퇴 등 정치적 이슈마다 반사이익으로 주목받았다. ⑦ 다만, 자사주 처분 결정은 악재로 상당 기간 주가 하락세였다.

한다. 이벤트 디데이가 없다면 정치주가 아니다. 만약 이벤트가 기다리고 있다면 심플한 투자가 된다. 무관심 저점 구간 매수 후 정치 이벤트에 맞춰 매도 일정을 잡자. 중요 정치 이벤트는 각종 선거일, 대선 후보 정치 일정(입당 선언, 당 대표 출마, 선거 출마 선언 등), 은둔 정치인 활동 재개, 정치인 재판 선고일 등이다.

2019년 이재명 경기도지사 재판 공판일은 이벤트 디데이였다. 법적 결과에 따라 정치주는 생사가 갈린다. 이재명 경기도지사 인맥주 에이텍의 경우 1심 후 무죄 발표로 공판일 뒤 상한가였고, 2심 후에는 일부 유죄 선고로 하한가였다. 반대로 경쟁자 이낙연 인맥주 남선알미늄의 경우 1심 후 정치주 이웃 효과로 동반 상승, 2심 후에는 반사 이익 풍선 효과로 나홀로 강한 상승세였다.

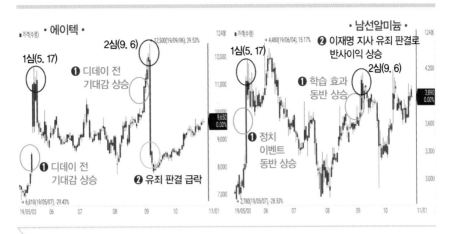

① (좌) 이재명 지사 인맥주인 에이텍과 (우) 이낙연 전 총리 인맥주인 남선알미늄 모두 1심 공판 디데이 전 기대감에 상승세였다. 공판 결과 무죄 판결에 에이텍은 급등했다. 남선알미늄도 정치주 이웃 효과로 동반 상승했다.
② 반면, 2심 일부 유죄 판결에 에이텍과 남선알미늄 주가 패턴은 달랐다. 에이텍은 하한가였던 반면, 남선알미늄은 반사이익으로 강한 상승세를 보였다.

한 번만 급등하지 않으니 급등 이후 눌림목을 선점하라

정치주는 일반 테마보다 지속성이 높다. 오랜 대선 기간 동안 자주 언급되어 그렇다. 장기 투자 종목을 고르기 위한 전제는 첫째, 지속적으로 관련 뉴스가 나와야 하며 둘째, 특별한 정치 이벤트 디데이가 남아 있어야 한다. 셋째, 과다 당기순손실로 망할 기업이 아니어야 한다. 넷째, 이왕이면 급등했음에도 시가총액이 가볍고 PER까지 낮으면 금상첨화다.

주가 조정 구간 눌림목도 노려야 한다. 몇 가지 시그널이 있는데 첫째, 이동평균선 부근이 눌림목이다. 급락하고 20일(또는 60일) 이동평균선 부근에서 횡보하는 경우다. 이동평균선을 지지하면서 버틴다면 오를 가능성이 있다. 둘째, 급락이 멈춘 횡보 구간에 특별한 악재 이슈가 없는데 거래량이 크게 증가한 경우 매수세가 붙은 것일 수 있다. 급등 정점 과한 거래량은 세력이 다른 곳으로 이동했음을, 반대로 급락이 멈춘 이후 과한 거래량은 세력이 되돌아옴을 뜻한다. 셋째, 급등 폭의 절반 정도 내렸을 경우도 기술적 반등을 기대해 볼 수 있다.

① 주가 급등으로 단기과열 완화 장치 발동 예고, 투자경고 종목 지정 예고 등 공시에 거래량이 실리며 세력이 이사가니 하락세다. ② 급등 이후 5일선과 20일선이 만나는 눌림목 구간에서 아직 더 나올 뉴스는 있고, 급등했음에도 PER은 높지 않았다. 눌림목 부근에서 거래량이 실리며 2차 주가 급등이다.

일반적으로 투자경고 종목 지정 해제 이후 급등은 많지 않다. 이미 한번 급등해서 더 이상 오를 요소가 많지 않기 때문이다. 예외적으로 2차 급등이 가능한 경우도 있다. 기업가치가 견딜 만하고 무엇보다 더 나올 뉴스가 있는 경우다.

· 한창제지 ·

❸ 투자경고 종목 지정 예고 공시(12. 4)
투자경고 종목 지정 공시(12. 5)

투자경고 종목
지정 공시(11. 5)

❶ 지정 해제
(11. 20)

❷ 위탁증거금률 완화(11. 29)
(100% → 40%)

투자경고 종목 지정 해제 이후 예외적으로 2차 급등한 사례다. ① 한창제지도 투자경고 종목 지정 해제 이후 ② 7영업일째 위탁증거금률이 100%에서 40%로 완화되었다. 그 결과 2차 급등이 시작되었다.

대통령 선거일, 다음 대선 후보를 선점하라

대통령 당선은 정치인에게는 최고의 축복이나 정치주에는 사망 선고다. 떨어진 2등에게는 다음 선거 기회가 있지만 당선자는 더 이상 선거가 없으니 머무를 자리가 없다. 박근혜 전 대통령 동생이 최대주주인 EG도 2012년 말 대선 당시의 주가를 회복하지 못하고 있다. 대통령 당선자 인맥주는 당선 이후 주가 거품이 빠진다. 호재가 사라졌으니 기업가치대로 평가를 받아야 하기 때문이다. 이렇게 되면 뒷북 고점에 들어간 투자자만 과한 손실에 속상할 뿐이다.

선거일부터 다음 대선 시계는 움직인다. 선거는 돌아오기 때문에 낙선했다고 실망하지 마라. 냉정하게 보자면 선거일과 같은 저가 매수 기회는 많지 않다. 부동산도 규제가 심한 약세장에 사야 한다. 낙선 후 무관심 저점 구간이 투자 기회다. 선거일에 다음 선거를 내다보는 발 빠른 투자 습관이 필요하다.

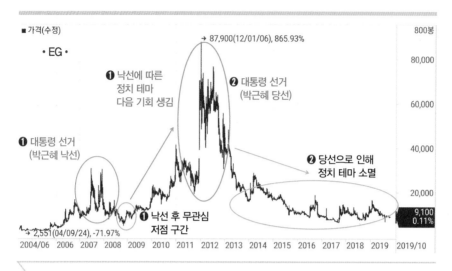

■ 가격(수정)

• EG •

❶ 낙선에 따른
정치 테마
다음 기회 생김

→ 87,900(12/01/06), 865.93%

❷ 대통령 선거
(박근혜 당선)

❶ 대통령 선거
(박근혜 낙선)

❷ 당선으로 인해
정치 테마 소멸

→ 2,551(04/09/24), -71.97%

❶ 낙선 후 무관심
저점 구간

800봉
80,000
60,000
40,000
20,000
9,100
0.11%

2004/06 2006 2007 2008 2009 2010 2011 2012 2013 2014 2015 2016 2017 2018 2019 2019/10

박근혜 대통령 동생이 최대주주인 EG다. ① 대통령 선거 낙선으로 무관심 저점 구간이 생겼지만 다음 기회가 있는 것이다. 다음 대선은 강력한 당선 후보이기에 지난번 대선보다 더한 급등세다. ② 다만, 대통령 선거 당선은 다음 기회를 없앤다. 당선 이후 지속적인 주가 하락세다.

여야 후보 양매수 전략을 취하자

여야 한쪽만 집중했을 때 해당 정치 집단의 인기 몰락은 상대편 급등만 바라볼 수도 있기 때문에 뼈아프다. 그럴 경우 여야 1위 후보 양쪽을 함께 매수하는 양매수 전략을 취할 수도 있다. 특별한 악재가 없다면 여야 1위 후보 중 한 명은 대통령으로 당선된다. 오른 종목은 올라서 좋고, 내린 종목은 저가로 추가 매수할 수 있어서 좋다. 운이 좋으면 정치적 관심 집중에 둘 다 오를 수도 있다.

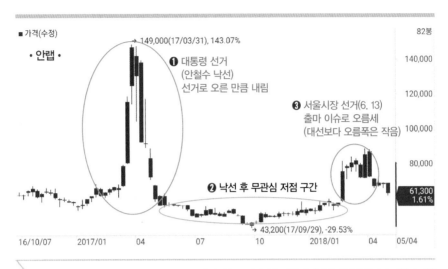

■ 가격(수정)　　　　　　　　→ 149,000(17/03/31), 143.07%　　　　　82봉

・안랩・

❶ 대통령 선거
(안철수 낙선)
선거로 오른 만큼 내림

❸ 서울시장 선거(6. 13)
출마 이슈로 오름세
(대선보다 오름폭은 작음)

❷ 낙선 후 무관심 저점 구간

→ 43,200(17/09/29), -29.53%

61,300
1.61%

16/10/07　　2017/01　　04　　　07　　　10　　2018/01　　04　05/04

안철수 전 대표 정치주 안랩이다. ① 대통령 선거 이슈로 관심받은 만큼 올랐다가 선거가 끝나자 거품이 꺼졌다. ② 다음 대선은 5년이나 남았기에 무관심 저점 구간이다. ③ 서울시장 선거에 다시 뛰어드니 다시 오름세다. 다만, 낮아진 인기도에 지난 대선보다 고점은 낮아졌다.

정치주 옆집 효과를 주목하라

장사는 같은 업종이 모여야 잘된다. 주식도 옆집이 잘되면 덩달아 내 집도 잘되는 효과가 있다. 옆집에 손님이 많으면 대기 손님이 내 집으로 넘어오는 것과 비슷하다. 바이오 기업 A사의 임상 실험 성공에 바이오주 전체가 급등하는 현상이다. 이낙연 전 총리의 정치 복귀 소식에 상대편인 야권 1위 후보의 인맥주도 덩달아 오른다. 반대로 옆집 급락으로 대체재를 찾는 풍선 효과도 있는데, 예를 들어 대장주 급등으로 투자경고 종목 지정 예고가 되면 시가총액이 가벼운 다른 종목으로 이동하는 것이다. 이낙연 전 총리의 동생 퇴사로 남선알미늄이 급락하자 그동안 무심했던 서원이 갑자기 급등세로 돌아섰다.

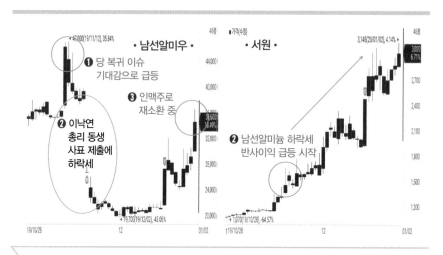

① 이낙연 전 총리의 선거 출마를 위한 당 복귀 기대감에 급등했지만 ② 동생이 대표로 있는 회사에 사표를 제출했다는 소식에 (좌) 남선알미우(남선알미늄 우선주)가 급락했다. 시장은 대체재를 찾았고 시가총액이 1천억 원 이하였던 (우) 서원이 풍선 효과를 누렸다. ③ 비록 동생은 사퇴했으나 아직 대통령 선거는 많이 남아 있고, 남선 알미늄 최대주주와 이 전 총리 인맥 연관성이 여전히 유효하다는 인식에 남선알미우는 횡보 이후 반등세다.

리스크를 최우선으로 생각하라

인맥주는 같은 고향, 학교, 회사, 친인척 등을 이유로 묶는데 합리성이 부족하다. 기업가치는 없고 연결 고리가 약한 인맥만 있다. 선거 낙마, 인재 사고 등 뜻하지 않은 돌발 변수도 많다. 최소한 망할 기업은 피해야 한다. 요행수 수익이 났다고 투자 금액을 키워서도 안 된다. 정치주 투자에 앞서 분산 투자를 꼭 기억하자. 리스크가 큰 만큼 종목은 최대한 분산해야 한다. 투자 금액 한도도 총 투자 금액의 30% 이내를 권한다. 빚을 내서 투자해서도 안 된다. 기한이 정해진 미수나 신용 융자 등도 금지다.

정치주 늪에 빠지지 마라

갯벌에 빠진 것처럼 정치주를 탐닉하게 되면 빠져나오기가 쉽지 않다. 어느덧 올바른 투자 습관은 없어진 지 오래다. 정치주에만 투자하는 것은 큰 모험이다. 모험이 매번 맞을 리 없으며 수익과 손해를 반복하다가 큰 손실 한 번으로 투자금을 다 잃게 되기 쉽다. 사람은 망각의 동물이라 손실은 오래 기억하지 못하고 큰 수익만 기억한다. 도박 중독에서 빠져나오지 못하는 이치다. 만족할 만한 수익을 거두었다면 일단 쉬는 것이 답이다. 참기 힘들다면 수익 금액만 재투자하는 것도 방법일 수 있다.

남보다 먼저 탈출하라

대통령 선거를 몇 차례 치르면서 경험이 늘었다. 학습 효과가 쌓이니 빠른 매수와 더 빠른 매도 욕구가 강하게 생긴다. 산이 높으면 골이 깊듯 급등은 급락을 부른다. 정치주도 점점 더 그 출발과 탈출이 빨라지고 있다. 정치주가 처음 관심을 받은 17대 대선은 선거일 직전까지 뜨거웠다. 4대강 테마였던 이화공영은 대통령 선거 2주 전까지 급등했다. 18대 대선의 경우 EG는 선거일 4개월 전까지 급등했다. 학습 효과 경험치가 탈출을 빨라지도록 만든 것이다.

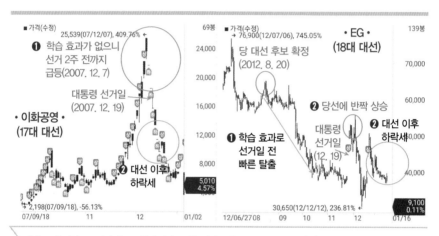

(좌) 17대 대선 2주 전까지 급등했던 이화공영은 대선 이후 끝없이 하락했다. (우) 18대 대선 당시 EG도 당 대선 후보 확정 이후 발 빠른 매도세였다. 대통령 선거일을 거치며 하락 추세는 지속되었다. 대통령 선거에 앞서 안정적인 매도 기회를 놓쳐서는 안 된다.

선거 기대감은 기업가치와 무관한 급등이다. 다음 선거까지는 오랜 기다림이 필요하다. 모두가 떠나갔으니 기업가치 수준으로 하락한다. 매도 정점 디데이에 욕심을 내리고 안정적 수익 실현에 집중할 필요가 있다. 정치주 중에는 적자 부실기업도 수두룩하다. 대통령 선거에 앞서 매도할 시기를 놓치면 세력 투매 폭탄을 떠안게 되는 것이다.

대선별 정치주의 역사

17대 대선: 4대강 사업 관련 정책주가 급등하다

이명박 대통령 대표 공약인 4대강 사업은 22조 원 예산이 투입될 국책 사업이었다. 찬반 논란으로 국민적 관심도 높아 연일 뉴스 1면을 장식했다. 당연히 4대강 개발 관련주 급등을 불렀고, 이 시점부터 정치 테마주가 탄생한 셈이다. 4대강 테마 대장주인 이화공영은 대선 5개월 전부터 대선 2주 전까지 25배 급등했다.

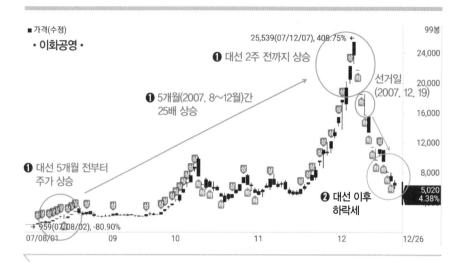

■ 가격(수정)

• 이화공영 •

❶ 대선 2주 전까지 상승

25,539(07/12/07), 408.75% ←

❶ 5개월(2007. 8~12월)간
25배 상승

선거일
(2007. 12. 19)

❶ 대선 5개월 전부터
주가 상승

❷ 대선 이후
하락세

959(07/08/02), -80.90%

07/08/01   09   10   11   12   12/26

5,020
4.38%

99봉
24,000
20,000
16,000
12,000
8,000

① 대선 5개월 전부터 대선 2주 전까지 25배 올랐다. ② 주가 버블은 선거 10일 전부터 빠지기 시작해 한 달 뒤인 연말에는 고점 대비 주가가 75% 내렸다. 거래일 13일 중 9일이 하한가였다.

18대 대선: 인맥주가 활성화되다

인맥주가 보다 활발해졌다. 박근혜 대통령 동생이 최대주주인 EG, 안철수 후보가 설립한 안랩, 문재인 후보 동문과 소속 법무법인 연관 회사가 급등했다. 학습 효과 덕에 17대 대선보다 출발과 탈출이 빨라졌다. 이화공영(대선 5개월 전~10일 전)과 달리 EG는 대선 1년 전부터 대선 4개월 전까지 전성기였다.

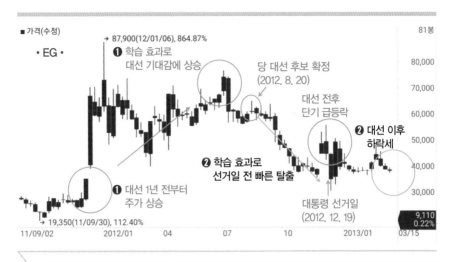

■ 가격(수정)   81봉

· EG ·   → 87,900(12/01/06), 864.87%   80,000

❶ 학습 효과로
대선 기대감에 상승   당 대선 후보 확정
                                       (2012. 8. 20)   70,000
                                                              대선 전후
                                                              단기 급등락   60,000
                                                                        ❷ 대선 이후
                                                                           하락세   50,000
                                    ❷ 학습 효과로
                                       선거일 전 빠른 탈출   40,000

    ❶ 대선 1년 전부터
       주가 상승   대통령 선거일   30,000
                                                        (2012. 12. 19)   9,110
→ 19,350(11/09/30), 112.40%   0.22%
11/09/02   2012/01   04   07   10   2013/01   03/15

① 대선 일 년 전부터 상승해 대통령 선거일 4개월 전인 당 대선 후보 확정일까지 급등세였다. ② 당 대선 후보
확정 이후 급격한 하락세로 돌아섰다. 대선 전후 관심도 증가로 단기 급등락이 있었지만 대통령 당선으로 테마
는 소멸했고 하락세를 멈출 수는 없었다.

19대 대선: 떠나간 정치인이 돌아오다

안철수, 문재인 등 떠나간 정치인은 돌아왔다. 문재인 후보는 히말라야 봉사
활동 등 현실 정치와 거리를 두었다가 대선 1년 6개월 전인 2016년 7월 귀국했
다. 정치주를 선점하려는 노력도 더욱 빨라졌다. 17대 대선 5개월 전, 18대 1년
전이라면 19대는 원래 선거 일정 기준 2년 전부터 상승세였다. 다만, 박근혜 전
대통령이 임기 중에 탄핵되면서 대선도 급하게 치러졌다.

■ 가격(수정)

• 우리들제약 •

→ 28,600(17/03/31), 360.55%

❷ 민주당 대선 후보
공식 확정(4. 3)

박근혜 전 대통령
탄핵(12. 9)

히말라야에서
문재인 후보 귀국

❶ 더 빨라진
대선 시계
(대선 2년 전)

헌법재판소
탄핵 인용(3. 10)

임시 대선일
(5. 7)

❸ 대선 이후
하락세

→ 5,020(15/08/28), -19.16%

137봉

28,000

24,000

20,000

16,000

12,000

8,000

6,210
2.48%

2015/05   2016   2017   2018/01

① 18대 대선보다 1년 빨라진 대선은 2년 전(탄핵과 무관하게 원래 대통령 선거 일정 기준)부터 급등세였다. ②
18대 대선도 당 대선 후보 공식 확정일부터 급격한 하락세였는데 19대도 동일한 패턴이다. 대선 후보 공식 확정
이후 하락이 지속되었다. ③ 문재인 대통령이 당선되었으니 정치주 테마는 끝났다.

20대 대선: 정치주 출발이 더욱 빨라졌다

대선 3년 6개월 전인데도 정치주는 이미 출발했다. 차기 야권 유력 후보가 움
직였기 때문이다. 야당 전당 대회에 발 맞춰 황교안 전 총리의 강연 정치, 입당
선언, 당 대표 당선 등이 있었다. 홍준표 전 대표와 유시민 작가의 유튜브 활동,
오세훈 전 의원 당 대표 출마, 유승민 전 대표 강연 정치, 안철수 전 대표의 조기
복귀론, 이낙연 전 총리 여권 대망론 등 경쟁자들의 움직임도 활발해졌다. 언론
의 발 빠른 여론조사도 군불을 지폈다. 여야 여론조사 1위 후보 인맥주들이 4~5
개월 사이 4배 이상 급등했다.

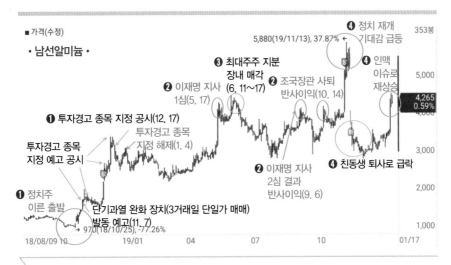

・ 남선알미늄 ・

■가격(수정)

❶ 정치주
이른 출발

투자경고 종목
지정 예고 공시

단기과열 완화 장치(3거래일 단일가 매매)
발동 예고(11. 7)

❶ 투자경고 종목 지정 공시(12. 17)

투자경고 종목
지정 해제(1. 4)

970(18/10/25), -77.26%

❷ 이재명 지사
1심(5. 17)

❸ 최대주주 지분
장내 매각
(6. 11~17)

❷ 조국장관 사퇴
반사이익(10. 14)

❷ 이재명 지사
2심 결과
반사이익(9. 6)

5,880(19/11/13), 37.87%

❹ 정치 재개
기대감 급등

❹ 인맥
이슈로
재상승

❹ 친동생 퇴사로 급락

18/08/09   19/01   04   07   10   01/17

남선알미늄은 이낙연 전 총리 인맥주로 맨 먼저 급등했던 종목이다. ① 19대 대선보다도 1년 6개월이나 빠른 대선 3년 6개월 전부터 출발했다. 수차례 투자경고 종목 지정 예고 끝에 투자경고 종목으로 지정되었다. 투자경고 종목 지정으로 세력들이 짐을 싸니 주가는 상당 기간 상승하지 못했다. ② 이재명 경기도 지사 재판, 조국 장관 사퇴 등 경쟁자 불운은 상대편에게는 행운인 셈이다. 여권 1위 후보이기 때문에 여러 정치 이슈로 계속 급등은 돌아왔다. ③ 주가 고점 최대주주 지분 장내 매각은 악재다. 공시 이후 상당 기간 주가는 하락세였다. ④ 정치 재개에 대한 기대감에 급등했지만 이낙연 전 총리 친동생의 퇴사로 단기간 50% 하락했다. 급락 후 최대주주와 인맥 연관성이 언급되면서 다시 상승 전환했다.

▼ 대선별 정치주 사례 정리

구분	주요 특징
17대 대선(이명박 대통령 당선)	4대강 사업 공약 관련 정책주가 급등하다.
18대 대선(박근혜 대통령 당선)	EG, 안랩 등 다양한 인맥주가 등장하다.
19대 대선(문재인 대통령 당선)	떠나간 정치인이 돌아오다.(문재인, 안철수)
20대 대선(당선자 미정)	정치주 출발이 더욱 빨라지다.(대선 3년 6개월 전) 5개월(17대) → 1년(18대) → 2년(19대) → 3년6개월(20대)

Chapter 15

품절주:
약세장 품절주는
돌아온다

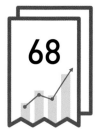

68 품절주 특징

유동 주식 수가 적은 품절주

품절주는 최대주주 지분 등이 많아 유동 주식 수(유통 주식 수)가 적은 주식이다. 대부분 유통 가능 주식 수가 20~30% 미만이다. 유통 물량이 적으면 원하는 가격에 매수·매도가 어렵다. 호재에 사람이 몰려드니 금세 품절이다. 수요는 있는데 공급이 없으니 상한가에 매수 물량이 쌓이기만 한다. 이왕이면 시가총액도 과하게 크지 않아야 좋다. 2016년 3월 2주 동안 코데즈컴바인 주가는 8배가량 폭등했다. 상장 주식 대부분이 보호예수^{일정기간 동안 주식 매각 제한}로 묶이면서 유동 주식 수가 발행 주식 총수의 0.7%에 불과했기 때문이다. 우선주는 유통 가능 주식 수가 적고 시가총액도 작으니 품절주다. 시가총액이 100억 원대 이하도 많다.

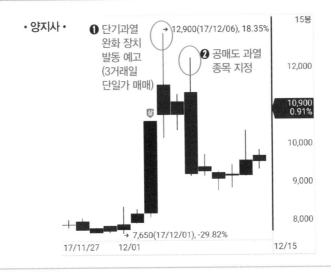

품절주인 양지사도 주가 급등에 ① 단기과열 완화 장치 발동 예고, ② 공매도 과열 종목 지정 등을 겪었다. 주가 고점에 세력이 이사를 가는 신호다. 악재 공시 이후 주가는 하락 추세다.

과한 거래량으로 주가 급등은 돌아온다

소수 세력은 시가총액이 작고 유동 주식 수가 적다는 품절주의 특징을 십분 활용한다. 소규모 자금으로도 충분히 주가 왜곡을 일으킨다. 그 결과 소수계좌(지점) 관여 종목 지정 공시가 많다. 주가 급등에 따라 투자경고 종목 지정, 공매도 과열 종목 지정, 단기과열 완화 장치 발동 공시도 많다.

조회 공시(거래소는 풍문, 주가 급등 등에 대해 회사 측에 익일까지 답변을 요구)에도 '특별한 이유 없음'이라는 답변이 대부분이다. 세력은 미리 매수해 놓고 거래량

조회공시 요구(현저한시황변동)에 대한 답변(중요정보 없음)	
1. 제목	최근의 현저한 시황변동 (주가급등) 관련 조회공시 답변
2. 답변내용	당사는 한국거래소 조회공시 요구(2017.09.14)와 관련하여 코스닥 시장 공시규정 제6조 제1항에 해당하는 사항의 유무 또는 검토중 여부 및 이로 인한 주가 및 거래량에 대한 영향을 신중히 검토하였으며, 위 규정에 의거 최근의 현저한 시황변동(주가급등)과 관련하여 공시할 중요한 정보가 없습니다.

거래소 조회 공시 요구에 대해 회사가 공시한 답변 내용이다. 주가 급등에 대해 '특별한 이유 없음'으로 답변했다.

을 일으키면서 주가 급등을 만든다. 사려는 자가 몰리니 주가 고점에 저점 매수한 주식을 내다 판다. 합리적 이유가 적은 과한 급등이다 보니 분위기에 휩쓸려 고점 뒷북투자 가능성도 높다.

상하한가 확대가 품절주 급등을 만들었다

증권거래소는 2014년 11월 상하한가 확대(±15% → ±30%) 계획을 발표했다. 하루 최대 변동폭이 기존 30%에서 60%까지 늘어나니 유통주식수가 적어 고무줄처럼 잘 늘어나는 품절주가 인기였다. 2014년 품절주 중 하나였던 신라섬유는 거래소 발표 이후 매도물량 잠김 현상(매수자만 있을 뿐 매도자는 없음)으로 3개월간 15배나 단기 급등했다. 당시 신라섬유 최대 주주 등의 지분율은

90.44%로 유통 가능한 주식 비중은 9.56%였다.

품절주라면 최대주주 지분 변동은 지속적으로 체크할 필요가 있다. 2018년 이후 신라섬유 최대주주 등 지분이 줄어 2019년 12월말 최대주주 등 지분은 66.8% 수준이다. 유통가능 주식수가 늘어나게 되니 품절주로서의 매력도는 많이 낮아진 상황이다.

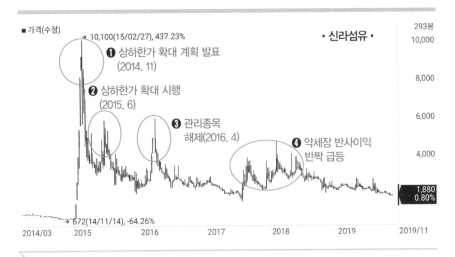

① 2014년 11월, 증권거래소가 상하한가 확대 계획을 발표하자 품절주였던 신라섬유는 3개월간 15배나 급등했다. ② 2015년 6월, 상하한가 실시에 앞서 또 한 차례 상승했다. 그 당시 유통 가능한 주식 수가 9.56%였기 때문에 소액 주주 지분 미달로 관리종목에 지정되었다. 코스닥은 소액 주주 수가 20% 미달이면 관리종목 지정, 그 이후 1년 더 지속하면 상장폐지 대상이다. ③ 최대주주 등 지분 매각으로 2016년 4월에 관리종목에서 해제되었다. 관리종목 해제는 상장폐지를 면했다는 점에서는 다행이지만 품절주에서 탈락했다는 점은 악재다. 주가도 관리종목 해제 후 반짝 상승 후 하락세로 돌아섰다. ④ 2017~2018년 약세장 품절주 반사이익으로 반짝 급등했다.

하루짜리 급등 이벤트로 돌아온다

상하한가 확대 시행 시점과 같은 영광은 없어도 가끔씩 하루짜리 급등이 만들어진다. 거래량 쏠림으로 만든 이유 없는 상승이기 때문에 짧은 시간 급등이다. 보통은 오전에 오르고 오후에는 내려간다. 긴 꼬리 역망치형(⊥) 캔들이다. 역망치형은 장이 시작할 때 가격과 끝날 때 가격 차이가 크지 않다. 그러나 장중 고가_{가장 높은 가격}는 시가_{장 시작 가격}나 종가_{장 마감 가격}보다 높은 경우다. 고가가 높을수록 꼬리는 더욱 길어진다. 1년에 몇 차례 이러한 급등이 있을 수 있기 때문에 횡보 구간에서 저점 매수하고 기다리면 된다. 2018년 당시 품절주였던 신라섬유도 약세장에서 하루짜리 짧은 급등을 여러 차례 만들었다.

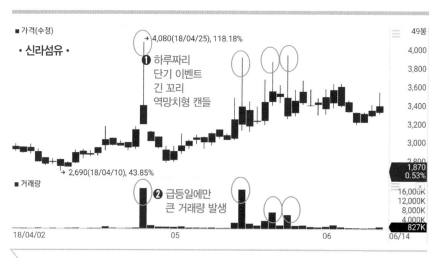

① 특별한 호재가 없음에도 오전에 급등, 오후에 상승분 반납의 긴 꼬리 역망치형 캔들을 만들었다. 하루 단타꾼들의 놀이터인 셈이다. ② 역망치형 캔들이 만들어진 날은 거래량이 크게 발생했다.

약세장에 품절주가 돌아온다

강세장에서는 오를 게 많으니 유동성이 낮은 품절주를 찾을 이유가 적다. 횡보 구간에서는 보통주보다 주가 변동 폭이 작을 수 있어 매력도가 낮아진다. 반면, 시장을 이끄는 주도주가 없는 약세장에서는 이유 없는 품절주 급등이 많다. 길 잃은 돈이 잠시 머물 곳을 찾는데 품절주, 특히 우선주들을 돌아가며 상승시키기도 한다. 이유 없는 우선주 급등 현상을 강세장 종료로 보는 시각도 많다. 우선주는 급등락 롤러코스터를 잘 탄다. 호재에는 과하게 오르지만 내릴 때도 단번에 내린다.

미중 무역 분쟁으로 약세장이던 2018년 말, 태양금속 우선주(태양금속우)가 이유 없이 급등했다. 거래량을 동반한 긴 꼬리 역망치형(⊥) 하루살이 이벤트를

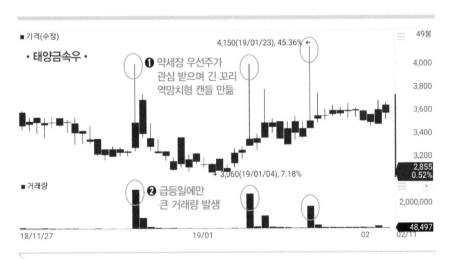

약세장 우선주가 관심받으며 하루짜리 단기 이벤트를 만들었다. ① 오전에 주가가 급등하고 오후에는 떨어지니 긴 꼬리 역망치형 캔들 모양이다. ② 거래량이 만든 하루짜리 급등이기에 급등일만 큰 거래량이 발생했다.

펼쳤다. 태양금속 우선주는 2014년 상하한가 확대 발표 당시에 18배 상승하기도 했다. 주식 수는 330만 주로 1주당 3,000원이면 시가총액은 100억 원이다. 다만, 태양금속은 3년 연속 적자(2017년 −42억 원, 2018년 −52억 원, 2019년 9월 말 −106억 원), 2019년 9월 말 기준 부채비율 352%, 당좌비율 50% 등 투자 리스크가 있다.

호재 이슈에 우선주의 과한 급등은 돌아온다

호재에 한번 바람을 타면 우선주는 급등한다. 평소 거래량 부족으로 애를 먹었던 황제주 롯데칠성이 액면 분할 결정을 했다. 주식 수가 늘어 거래가 활발해지면 주가가 상승하리라는 기대감이 생긴다. 롯데칠성 우선주는 단기간에 50% 상승했다.

계속 뉴스 중심에 서면 연일 상한가로 3~4배 급등도 가능하다. 대한항공 지주 회사격인 한진칼 우선주는 오너가 사망한 뒤 5영업일 연속 상한가로 4배가 올랐다. 정치 테마주인 남선알미우(남선알미늄 우선주)도 2018년 말 정치 바람이 불자 14영업일 만에 5배 상승했다. 현대건설 우선주도 남북경협 바람에 한 달 만에 8배가 올랐다. 호재를 기다리고 우선주 한번 잘 사 두면 인생이 바뀔 수도 있다.

주식 상속(증여)세는 사망(증여) 앞뒤 2개월간 평균 주가 기준이다. 최대주주 사망은 상속세 이슈로 최소 2개월간 잘 오르지 않는다. 그러나 예외도 있는데 대

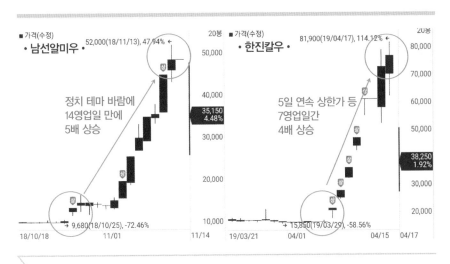

테마 바람에 (좌) 남선알미우는 14영업일간 5배, (우) 한진칼우는 7영업일간 4배 상승했다.

한항공은 오너 사망 후 주가가 상승했다. 상속세 때문에 자녀들이 주식을 내다 판다면 2대 주주인 행동주의 펀드와 경영권 분쟁이 벌어질 것이라는 기대감 때문이었다. 경영권 분쟁은 지분 싸움으로 서로 주식을 경쟁적으로 매수하기 때문에 호재다. 우선주 급등은 보통주와 비교해 보면 확연히 차이가 났다. 동일한 이벤트에 보통주보다 훨씬 많이 상승했다.

증권거래소가 2020년 6월부터 코스피200지수 내 삼성전자 시가총액 비중을 30%로 제한하는 30% 캡룰 적용을 검토중인데, 이 제도가 확정되면 삼성전자 우선주인 '삼성전자우'가 틈새시장으로 주목받을 수 있다. 보통주와 달리 우선주는 30% 캡룰 적용 대상이 아니다. 삼성전자 보통주 주가 상승으로 30% 캡룰 적용을 받으면 대안으로 삼성전자 우선주를 찾는다는 옆집 효과를 노리는 것이다.

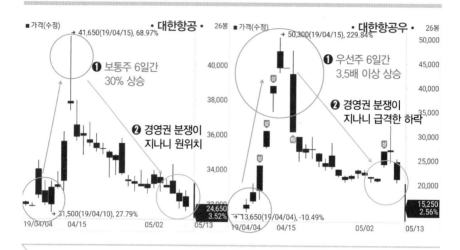

① (좌) 대한항공 보통주는 6일 동안 30% 상승했고, (우) 대한항공우는 3.5배 이상 상승했다. ② 경영권 분쟁은 실적과 무관한 테마이기 때문에 지분 싸움이 끝나면 관심권에서 멀어져 하락 추세.

우선주는 더블 역세권이라 좋다

우선주는 보통주보다 배당을 더 준다. 품절에 배당까지 더블 역세권이다. 남북경협 등 테마 이슈가 더해지면 트리플 역세권까지 가능하다. 양지사는 품절, 남북경협, 배당이다. 약세장 주가 하락에 증권사 우선주 등 고배당주 시가배당률은 더욱 올라간다. 테마 바람이 없어도 시가배당률이라는 든든한 배경이 있으니 투자하기에 좋다.

경영권 분쟁으로
급등한 품절주

Case
Study

한진칼은 대한항공 지분 29.96%를 소유한 최대주주다. 한진칼을 두고 남매 간 경영권 분쟁이 뜨거웠다. 2020년 3월 27일 주주총회를 앞두고 조원태 회장(우호세력은 델타항공) 측과 조현아 전 부사장(우호세력은 행동주의펀드인 KCGI, 반도건설) 측 모두 연일 주식을 사들였다. 양측 모두 과반수 이상의 주식을 먼저 가지기 위해 한 주라도 더 매입하려는 것이다. 과열된 지분 매집 경쟁으로 인해 유통 가능 주식 수가 10% 미만이 되니 한진칼이 품절주 대열에 합류했다. 덕분에 기업가치 대비 과한 주가 급등을 맛봤다. 실적과 무관한 이슈이기에 한쪽이 50% + 1주 이상을 보유하거나, 양측 간 합의로 경영

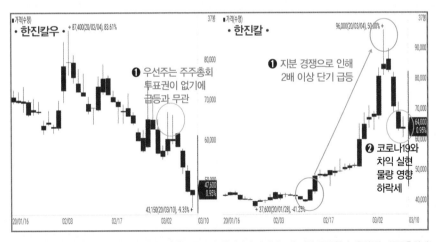

① 경영권 분쟁에 따른 지분 싸움으로 인해 (우) 보통주인 한진칼이 단기간 2배 이상 급등했다. 우선주는 주주총회에 참석해 투표할 권리가 없기에 (좌) 한진칼우는 보통주와 다른 모습이다. ② 코로나19와 주가 급등에 따른 차익 실현 물량 영향으로 하락세다.

권 분쟁이 종료되는 경우에는 급락을 맞을 수도 있다. 주가 변동성이 커질 수 있기에 보수적인 투자자라면 뒷북 투자는 삼가는 것이 바람직하다. 다만, 지분 싸움이 종결되지 않았다면 매년 주주총회 때마다 경영권 분쟁이 주가 급등으로 다시 돌아올 수 있다.

품절주 투자 전략

지루한 횡보 시점이 저가 매수 기회

모두의 무관심이 최고 매수 기회다. 모두가 무관심하니 주가는 크게 오를 일이 없다. 뉴스도 없고 거래량도 적으니 큰 움직임이 없는 횡보 구간이 계속된다. 횡보는 힘을 응축하는 기간으로 좋은 투자 기회다. 매수와 매도가 팽팽히 맞서고 있다. 오랜 바닥 다지기는 고층 아파트가 되기 위한 기본이다. 기나긴 횡보로 바닥을 다졌으니 테마 바람만 불면 급등한다. 횡보 기간이 길면 길수록 좋다. 지루한 횡보 시점에 '못 사면 말지'라는 편한 마음으로 매일 저가 매수를 걸어두자. 품절주 투자는 인내심을 가지고 해야 한다. 품절주는 유통 물량이 적어서 한꺼번에 많이 사기도 어렵다. 한꺼번에 다 사려다 보면 괜히 고가에 매수하게

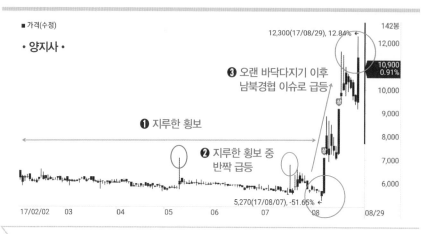

■ 가격(수정)

· 양지사 ·

142봉

12,300(17/08/29), 12.84%

12,000

10,900
0.91%

❸ 오랜 바닥다지기 이후
남북경협 이슈로 급등

10,000

❶ 지루한 횡보

9,000

8,000

❷ 지루한 횡보 중
반짝 급등

7,000

6,000

5,270(17/08/07), -51.65%

17/02/02 03   04   05   06   07   08   08/29

① 품절주는 특별한 이슈가 없으면 소외주의 특징인 지루한 횡보 장세를 보인다. 거래량은 적고 주가는 큰 움직임이 없다. ② 지루한 횡보 중에 이유 없는 반짝 급등으로 긴 꼬리 역망치형 캔들이 나왔다. 오전에 급등시켜 놓고 오후에 급등분 반납인 하루짜리 단타다. ③ 오랜 바닥 다지기 이후 양지사는 개성 공단 토지 이용권이 부각되며 남북경협 이슈로 급등했다.

된다. 지루함을 못 참는 투자자의 급매물을 기다리는 것이다. 매수할 수 없어 아쉽다면 처음 매수만 공격적으로 하고 추가 매수는 천천히 기다려 보자. 그래야 저가에 사서 고가에 파는 전략이 될 수 있다.

오랜 기다림이 필요하니 망할 기업은 피하라

품절주는 기업가치를 봐야 한다. 소외주도 많고 거래량 급등이 갑자기 이루어지기 때문에 오랜 횡보를 참고 기다려야 한다. 우량 기업만이 오랜 기다림을 견딜 수 있다. 품절이란 가면을 쓴 부실기업이면 망할 수 있으니 조심하자.

학습 효과 저점에서 분할 매수하라

학습 효과가 높은 품절주라면 과거 박스권 하단을 노리는 분할 매수 전략이 좋다. 박스권 하단은 더 이상 내려가지 않는 지지선이 된다. 이 지지선을 저점 매수 구간으로 삼을 필요가 있다.

① 강세장에서 약세장으로 전환되는 시기에 품절주가 인기다. 거래량은 이유 없는 주가 급등을 만든다. ② 다만, 실적과 무관한 테마 바람이 지나고 나면 주가는 하락하는데 ③ 박스권 저점 구간이 주가 하락을 막는 지지선이 된다.

하루짜리 이벤트이므로 매도는 빠르게 해야 한다

특별한 호재 없이 거래량이 만든 급등이라면 하루짜리 이벤트일 수 있다. 위 꼬리가 긴 역망치형 캔들을 만드니 오전 매도가 수익률이 높을 수 있다. 거래량이 만든 급등락 투자운이기에 매도 시점을 예측하기가 어렵다. 안전하게 급등일 오전에 매도하는 편이 나을 수 있다. 품절주는 매수세가 따르지 않으면 매도가 어렵다. 목표 수익률을 고집하기보다는 매물을 받아주는 이가 있을 때 적당히 수익을 내고 빠져나오는 것이 안전한 매도 방법이다.

유동 주식 수가 적기 때문에 품절주 매도는 시장가^{가격은 정하지 않고 수량만 정함} 주문을 권한다. 매수는 저점 분할 매수를 한다고 하지만 매도의 경우 한꺼번에 매도 주문이 몰리니 빨리 팔아야 한다. 타이밍 맞추기가 어렵다면 예약 매매나 시세 알림 서비스를 활용해도 좋다. 품절주는 점심시간에 자주 급등락하기 때문에 틈틈이 시세를 확인해 보자.

종잡을 수 없기에 매도일에 재매수는 하지 말자

품절주는 급등락을 종잡을 수 없으니 매도했다면 시세판을 끄는 것이 좋다. 그렇지 않으면 고가에 재매수하는 실수를 범할 수 있다. 팔고 더 많이 올랐다고 속상해하지 마라. 손해를 보지 않고 적당한 수익을 얻었으면 만족하자. 팔고 속상해하는 습관을 들이면 투자 고수가 되기는 어렵다. 매번 안정적인 수익을 내는 것이 운에 기대 크게 한 번 수익을 내는 것보다 더 나은 가치투자 방법이고 투자 고수로 가는 지름길이다.

우선주는 보통주를 기준으로 기업가치를 평가하라

우선주는 보통주 기준으로 시가총액과 PER 등을 분석해야 한다. 기업가치가 나쁘면 우선주 매수는 보류하자.

보통주와 우선주 오름폭이 둘 다 커야 좋다. 보통주는 큰 변동이 없는데 우선주만 혼자 올랐다면 우선주 매도가 안전할 수 있다. 호재에 둘 다 올라야 정상인데 우선주만 과하게 오르면 이유 없는 급등에 치고 빠지기 전략일 수 있기 때문이다. 우선주도 시가총액이 가벼워야 상승 탄력을 잘 받는다. 시가총액이 무거운 우선주는 상한가를 치기 어렵다.

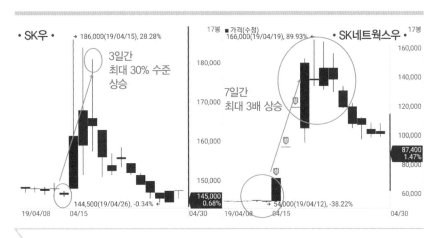

2019년 아시아나항공 매입 대상으로 거론되던 SK그룹 우선주가 급등했다. 2019년 4월 시가총액 기준 SK네트웍스우(62억 원)가 SK우(832억 원)보다 훨씬 가벼웠다. 시가총액이 가벼운 (우) SK네트웍스우는 3배 상승했지만 (좌) SK우는 약 30% 오르는 데 그쳤다.

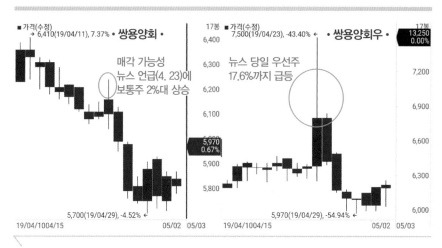

2019년 3월 쌍용양회 매각 가능성에 대한 기사가 나왔다. 단지 가능성에 대한 뉴스이기 때문에 (좌) 쌍용양회 보통주는 2%대 상승했다. (우) 쌍용양회우는 보통주와 달리 17.6%까지 상승 후 하락했다.

유동성 부족에 따른 상장폐지에 주의하자

품절주의 단점은 유동성이 부족하다는 점이다. 지루한 횡보 구간에서는 거래량이 부족해 팔고 싶을 때 못 팔고 사고 싶을 때 못 사는 경우가 많다. 급하게 필요한 돈이거나 신용 융자 등의 기한이 있는 대출금으로 품절주 매수는 권하지 않는다. 오랜 기다림을 참을 수 있는 여유 자금으로만 가능한 투자다.

품절주는 상장폐지를 감안해야 한다. 거래량 부족, 주식 분산 기준 미달 등이면 일단 관리종목에 지정된다. 관리종목에 지정된 품절주는 투자에 신중해야 한다. 상장폐지를 피하기 위해 최대주주 지분 매각 등을 통해 유동 주식량을 늘린다. 상장폐지는 면했지만 품절주로서의 매력은 떨어진 것이다.

과거 나노스는 계속된 영업 적자에도 품절 이슈로 14개월 만에 11배 올랐지만 주식 분산 기준 미달로 인해 관리종목에 지정되었다. 상장폐지를 피하기 위해 최대주주 지분 일부를 무상감자했다. 소액 주주 지분이 기존 2.4%에서 11.18%까지 증가했다. 품절 매력이 이전보다 낮아지며 주가는 상당 기간 하락했다.

▼ 관리종목 지정 및 상장폐지 요건

구분	관리종목 지정 요건	상장폐지 요건
거래량	반기(코스닥은 분기) 월평균 거래량이 유동 주식 수 1% 미달	2반기 연속 (코스닥은 2분기 연속)
주식 분산	일반 주주 200인 미만 또는 일반 주주 지분 5%(코스닥은 20%) 미만	2년 연속

① 품절 테마 이슈로 14개월 동안 주가는 11배가 급등했다. ② 주식 분산 기준 미달로 관리종목에 지정되었다. ③ 최대주주 대상 무상감자로 일반 주주 지분을 늘렸다. 관리종목 지정 사유 해소는 좋지만 품절주의 특징은 약해졌다. 주가는 관리종목 탈피 기쁨에 잠깐 급등 후 하락세다.

종목 분석: 품절주

양지사

양지사는 양지 다이어리, 달력 등을 생산하는 굴뚝 기업이다. 1980년에 설립되어 1996년에 코스닥에 상장했다. 품절주, 남북경협주, 6월 배당주의 트리플 역세권이다. 2019년 말 기준 최대주주 75.53%, 자사주 14.04%를 제외한 약 10.4%가 유통 가능 주식이기 때문에 품절주가 되었다.(코스닥 종목은 소액 주주 20% 미만이면 관리종목에 지정되나 ① 300인 이상의 소액 주주가 ② 유동 주식 수의 10% 이상으로서 ③ 100만 주 이상을 소유하는 경우 적용 배제하는 예외 조항이 있어 이에 해당) 개성 공단 토지 이용권을 보유하고 있다는 이유로 남북경협주로도 엮인다. 6월 결산 법인이기 때문에 6월 말 기준으로 배당을 준다.

실적은 2017~2019년 3년 연속 20~30억 내외 흑자로 안정적이다. 2020년 3월 말 기준 부채비율도 25%였다. 다이어리, 달력 제품 특성상 연말에 매출이 몰리고 나머지 분기는 상대적으로 매출이 적다. 2019년 6월 말 기준 주당 50원(시가배당률 0.6%) 배당을 했다. 최대주주가 1941년생으로 추후 증여(상속) 이슈가 있을 수 있다. 2019년 9월 내부 회계 관리 제도 비적정 등의 사유로 투자주의 환기 종목으로 지정된 바 있다. 투자주의 환기 종목은 경영 투명성 등에 주의가 필요한 기업이 지정 대상이다. 다행히 2019년 9월 외부 감사 법인의 감사 의견이 적정하게 나왔다. 회계 관리 내부 통제만 앞으로 잘 된다면 일회성 악재일 수 있다.

2014년 상하한가 확대 정책으로 품절주 테마주가 되었다. 계획 발표(2014년 11월)와 실제 시행(2015년 6월) 당시 두 번 급등했다. 2017년부터 남북경협주로도 엮였다. 남북 관계 개선에 따라 급등락이 반복되어 왔다. 2019년 초 북한의 개성 공단 재개 의지에 급등했지만, 북미 정상회담 결렬에 급락했다. 2019년 여름에는 약세장에서 품절주 다운 강한 면모를 보였다. 특별한 호재 없이도 약세장이라는 이유만으로 거래량과 주가는 급등했다. 2018년 이후 주가 박스권 하단(시장 급락이 없다는 전제)은 9,000원 선 부근이었음을 참고하자. 2019년 12월 보유 토지를 1,700억 원에 매각하기로 결정했다. 2019년 말 시가총액과 거의 맞먹는 수준이다. 매각대금 1,700억 원이 들어오면 현금 부자 저PBR주가 된다. 관련 공시에 반짝 급등했지만 거래량은 크게 증가하지 않았다. 토지 매각이라는 실체가 있기 때문에 세력이 거래량으로 이유 없는 급등을 만드는 품절주 패턴과는 다른 모양새다.

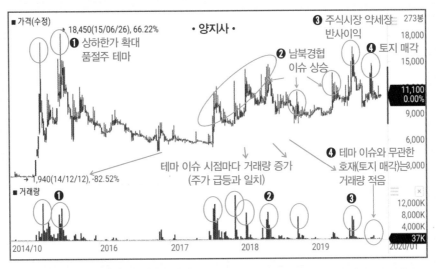

① 상하한가 확대 이슈로 품절주 테마가 된 이후 ② 남북경협 테마, ③ 약세장 품절주 반사이익 등으로 급등했다. ④ 2019년 말 토지 매각 호재 이슈로도 상승했다.

수익률을 높여 주는 투자 습관, 나는 이렇게 길렀다

투자의 성패는 습관이 결정한다

자랑하고픈 나만의 투자 습관에는 〈지킬 박사와 하이드〉 같은 게으름과 부지런함의 양면성이 존재한다. 게으르다고 한 이유는 매매가 잦지 않아서다. 일지에 적은 매매일을 보니 2018년 총 매매일수는 10일 정도다. 웬만큼 매력적이지 않으면 매수하지 않으니 까다로운 투자자다. 그럼에도 연간 100%에 육박하는 수익을 올렸다.

반면, 정보 수집에는 지독할 만큼 부지런하다. 언제든 부르면 나갈 수 있게 타격감을 유지하는 야구 후보 선수처럼 투자 감각을 유지하기 위해 항상 노력한다. 매일 네이버 등 포털 사이트의 인기 검색 종목을 리뷰하고, 노트에 적으며 투자 상황을 객관화시키다 보니 쌓인 데이터베이스도 상당하다. 나의 하루는 다음과 같다.

매일 뉴스를 본다

하루에 두세 번, 시간이 있을 때마다 증권면 뉴스를 검토한다. 정말 바쁠 때는 저녁에 한 번이라도 꼼꼼하게 모든 소식을 점검한다. 아침과 저녁은 출퇴근 시간을 활용하고 점심은 식사를 마치고 5분 정도의 시간을 활용해 정보를 모은다. 네이버 인기 검색어 확인도 습관화되었다. 포털 사이트의 뉴스란에 가장 먼저

인기검색종목			
코스피		**코스닥**	
1 이글벳	6,600	↑ 1,520	
2 코오롱생명과..	22,000	▲ 1,600	
3 제일바이오	5,360	▲ 990	
4 국일제지	3,655	▼ 155	
5 우진비앤지	3,795	▲ 770	
6 넥슨지티	16,050	▲ 700	
7 현대바이오	18,000	▲ 50	
8 신라젠	54,900	▲ 1,800	
9 바른손이앤에..	3,090	▼ 15	
10 에이비엘바이..	33,000	▲ 200	

트렌드 랭킹 ⑦						2019.11.04 기준
검색		뉴스	증권사	토론	블로그	카페
1		에이치엘비	161,500		-6.32%	
2	↑7	필룩스	9,500		+4.28%	
3	↑1	에이치엘비생...	33,400		-5.11%	
4	↑4	삼성전자	52,200		-0.19%	
5	↑8	케이엠더블유	49,700		+0.71%	
6		삼성제약	4,670		-2.51%	
7	↓4	신라젠	18,350		0.00%	
8	↑8	텔콘RF제약	8,700		+13.28%	
9	↓7	나노메딕스	11,450		-6.91%	

네이버 금융 화면 중 (좌) 인기 검색 종목은 코스피, 코스닥 상위 10위를 실시간으로 안내한다. (우) 트랜드 랭킹은 검색, 뉴스, 토론 등 주제별 인기도 순위다.

떠 있는 이슈들도 살뜰히 챙겨 본다. 반면 시세판은 자주 보지 않으려 노력한다. 시세판을 자주 보면 불안감이 생기고 투자 심리가 흔들리기 쉽기 때문이다.

나만의 시간을 갖는다

뉴스를 확인한 후에는 그 뉴스로 주가가 오를까 또는 내릴까를 추리해 본다. 결론을 위해서는 '왜?'라는 고민이 필요하다. 고민하는 과정이 실력을 키운다. 누구에게 의지하지 않고 오롯이 스스로 생각해야 한다. 틀려도 괜찮다! 실수를 반복하며 고쳐 나가는 것은 좋은 방법이다. 가령 '대기업 형제 간 마찰 뉴스에 경영권 분쟁으로 주가는 상승할 것이다'라고 예측할 수 있다. '웅진코웨이 매각에 웅진, 아시아나항공 매각에 금호산업 재무구조가 좋아질 테니 주가는 우상향할 것이다'라고 예측할 수도 있다. 이렇게 매일 하는 추리가 꽤 맞는 덕에 주식 고수라는 소리를 듣게 되었다. 시계를 잘 고치기 위해서는 수없이 뜯어보아야 하듯, 주식 고수가 되기 위해서는 끊임없이 생각하는 연습을 해야 한다.

종목 분석으로 합리적 근거를 찾는다

주식투자는 이성적인 투자 근거가 있어야 완벽해진다. 결론을 내리기 전에 종목 분석을 통해 합리적 매매 이유를 찾는다. 종목 분석의 원칙은 '손해 볼 행동은 하지 말자'이다. 적자기업이면 미련 없이 돌아선다. 친구에게 돈을 빌려줄 때도 갚을 능력이 되는 사람에게만 빌려주는 것과 같은 이치다.

종목 분석을 하는 경우는 다음과 같다. 첫째, 뉴스 1면에 등장해 뜨거운 관심을 받는 뉴스 관련주인 경우와 둘째, 실적 개선과 고배당에 관한 뉴스가 뜬 경우, 셋째, 과거 투자해 본 종목에 호재 이슈가 발생한 경우다. 종목 분석에 대한 자세한 내용은 앞서 '신호등 종목 분석표'에서 이미 다루었다.

샌드타이거샤크의 투자 방향성

내 필명은 모래상어인 샌드타이거샤크다. 한번 물면 이빨이 뽑히기 전까지 놓지 않는다. 철저히 분석하고 이길 싸움에만 뛰어들기에 일시적으로 손해가 나도 끝까지 버틴다. 물러섬이 없어서 손절매도 없다. 투자금을 잃지 않기 위해 종목 선정에 무척 신중할 수밖에 없다. 또한 한 치의 양보도 없는 냉정한 승부사다. 타깃이 정해지면 먹이를 발견한 상어처럼 망설임 없이 투자한다. '어떻게든 되겠지' 하는 대충주의는 있을 수 없다. 부레가 없어 평생 헤엄치는 상어처럼 끊임없이 노력해야 한다. 앞서 언급한 투자 습관대로 꾸준히 경험과 생각을 쌓아가고 있다.

마인드 컨트롤이 투자 승리의 열쇠

　이론적인 실력이 쌓인 이후부터 심리 컨트롤이 가장 중요하다. 투자 성공을 위한 나만의 마인드 컨트롤 방법은 다음과 같다. 절박함을 가지되 조급함과 불안감은 없이 투자하는 것이다. 이를 위해서는 투자 전 분석을 완벽하게 끝내고 자신뿐만 아니라 남도 설득할 수 있는 논리력, 합리성을 갖추어야 한다.

　마지막으로 나무보다 큰 숲을 보려 한다. 내 인생 좌우명은 소탐대실(작은 것을 탐하다가 큰 손실을 입는다)이다. 그런 의미에서 저축은 미덕이지만 투자 마인드로는 좋지 않다고 여긴다. 절약에만 집중하면 축소 지향적으로 살게 되기 때문이다. 아끼다 보면 작은 것에만 사고가 치우치고 손실을 보는 것이 두렵기 때문에 큰 결단을 내리기 어렵다. 투자를 할 때는 오히려 큰 그림을 그릴 줄 아는 대범함이 필수다.

책 출간 이후 머니투데이방송(MTN) 아침 생방송에 출연해 테마주 가치투자법에 대해 강의를 하고 있다.